山西省乡村旅游耦合发展研究

张海鸥◎著

南京出版传媒集团
南京出版社

图书在版编目（CIP）数据

山西省乡村旅游耦合发展研究 / 张海鸥著 . -- 南京：南京出版社，2021.10

ISBN 978-7-5533-3408-0

Ⅰ . ①山… Ⅱ . ①张… Ⅲ . ①乡村旅游—旅游业发展—研究—中国 Ⅳ . ① F592.725

中国版本图书馆 CIP 数据核字（2021）第 176986 号

书　　名　山西省乡村旅游耦合发展研究
作　　者　张海鸥
出版发行　南京出版传媒集团
　　　　　　南 京 出 版 社

社址：南京市太平门街 53 号　　邮编：210016
网址：http：//www.njcbs.cn　　电子信箱：njcbs1988@163.com
联系电话：025-83283893、83283864（营销）　025-83112257（编务）

出 版 人　项晓宁
出 品 人　卢海鸣
责任编辑　聂　焘
装帧设计　马静静
责任印制　杨福彬

印　　刷　三河市德贤弘印务有限公司
开　　本　710 毫米 ×1000 毫米　1/16
印　　张　14.75
字　　数　234 千字
版　　次　2022 年 4 月第 1 版
印　　次　2022 年 4 月第 1 次印刷
书　　号　ISBN 978-7-5533-3408-0
定　　价　73.00 元

用微信或京东 APP扫码购书

用淘宝APP 扫码购书

前 言

在20世纪发达国家的乡村地区，区位经济弱势的现象几乎是普遍的。工业化和城市化的快速发展改变了乡村社会结构和政治地位。乡村地区整体发展缓慢，就业机会减少、人口老龄化、基础设施落后以及公共服务短缺等问题愈演愈烈。西方社会的政府部门进行了积极干预，以期解决这些问题，并取得了不同程度的成效（Lane，1994）。与乡村衰落相反的是，旅游业在西方发达国家方兴未艾。在一些交通可进入性强的乡村地区，来自城市的游客大量涌入，这些游客通常是对大城市生活条件不满的人——这种趋势被称为反城市化。乡村旅游资源是乡村旅游可持续发展的重要支撑，自然和景观保护被提到日程上来，历史建筑和传统乡村社会备受关注（Pacione，1984；Robinson，1990；OECD，1993）。城市居民可支配收入的增加、带薪假期的延长、工作时间的缩短、教育水平的提高以及交通和通信网络的迅速改善促进了乡村旅游的发展，乡村旅游成为乡村经济复兴的重要工具，对乡村地区社会发展产生了深远影响（Briedenhann&Wickens，2004；Fleischer&Felsenstien，2000；Hall，2005）。

乡村旅游作为当今世界旅游发展的潮流，也是推动中国乡村社会经济发展的重要产业力量。原中国国家旅游局将2006年的全国旅游主题确定为“2006中国乡村游”，推动了中国乡村旅游的发展和乡村产业融合发展。2015年的中央一号文件明确提出，要积极开发农业多种功能，挖掘乡村生态休闲、旅游观光和文化教育价值。2016年的中央一号文件指出，应积极推动休闲农业和乡村旅游的发展，乡村旅游开发应以科学规划为先导，在财政方面以优惠政策倾斜支持休闲农业与乡村旅游业开发。2017年10月18日，十九大报告提出了乡村振兴战略，特别指出，农业、农村、农民问题是关系国计民生的根本性问题，解决“三农”问题是全党工作的重中之重，对于落实乡村振兴战略部署具有重要意义。

2018年的中央一号文件再次明确了社会主义新农村建设的重要性，提出要按照“产业兴旺、生态宜居、乡风文明、治理有效、生活富裕”的总要求实现乡村振兴。在乡村振兴战略的背景下，乡村旅游成为产业兴旺的重要抓手，焕发出新的生机与活力。

山西省乡村地域蕴含了丰富的历史文化、农耕文化和民俗文化资源，具有开发乡村旅游的强势旅游吸引力，山西省乡村旅游的提档升级和健康发展对于落实乡村振兴的战略部署具有重要意义。本书针对山西省乡村旅游发展现状，提出了原真性、开发模式、产业融合、古村落开发、板块协同、智慧旅游、品牌建设、利益相关、发展保障等耦合要素，将这些耦合要素与乡村旅游发展相结合，进一步阐释乡村旅游发展的耦合路径，即以原真性挖掘提升山西乡村旅游文化品位，以开发模式应用增强山西乡村旅游活力，以产业融合完善山西乡村旅游产业链条，以古村落开发丰富山西乡村旅游资源内容，以板块旅游布局推动山西乡村旅游发展，以智慧旅游应用助力山西乡村旅游升级，以品牌建设提升山西乡村旅游市场影响力，以利益协调激发山西乡村旅游主体参与度，以长效发展保障体系落实人才保障、环境保障和土地保障措施。

作　者

2021年7月

目　录

第一章　乡村旅游概论

第一节　乡村旅游的概念与内涵

一、乡村旅游的概念

（一）国外相关研究

乡村旅游的概念无统一的表述，最主要的原因有三个：一是各国对乡村地域的定义不同，不同国家使用的标准有差异。二是并非所有发生在乡村地域的旅游都具有严格意义上的乡村性。例如，传统城市旅游属性的度假村、主题公园、分时度假和休闲酒店往往取址于乡村地域（Murdoch，1993；CPRE，1994）。三是乡村地域本身正处于复杂的变革过程中。尽管一些乡村地域仍在经历衰退，但城镇化、长途通勤和第二居所的发展已经模糊了城市和乡村之间曾经明显的界限（Robinson，1990）。

西班牙学者吉尔伯特（Gilbert）和唐（Tung，1990）认为，乡村旅游（Rural Tourism）就是农户为旅游者提供食宿等条件，使其在农场、牧场等典型的乡村环境中从事各种休闲活动的一种旅游形式。经济合作与发展组织（OECD）将乡村旅游定义为：发生在乡村地域的旅游，乡村性是乡村旅游的核心和独特卖点（OECD，1994）。莱恩（Lane，1994）认为：乡村旅游是小规模的，具有不同的类型，乡村旅游不仅是基于农业的旅游活动，而且是一个多层面的旅游活动，它除了包括基于农业的假日旅游外，还包括特殊兴趣的自然旅游、生态旅游，假日步行、登山和骑马等活动，探险、运动和健康旅游，打猎和钓鱼，教育性的旅游，文化与传统旅游，以及一些区域的民俗旅游活动。瑞切尔、罗文格特和米尔曼

(Reichel, Lowengart & Milman,2000)提出：乡村旅游就是位于农村区域的旅游，具有农村区域的特性，如旅游企业规模要小、区域要开阔、具有可持续发展性等。

（二）国内相关研究

马波(1995)对乡村旅游的定义突出了乡村旅游资源的特性：乡村旅游是以乡村社区为活动场所，以乡村独特的生产形态、生活风情和田园风光为对象系统的一种旅游类型。杜江和向萍(1999)从旅游供需两方面的关系来界定：乡村旅游是以乡野农村的风光和活动为吸引物，以都市居民为目标市场，以满足旅游者娱乐、求知和回归自然等方面需求为目的的一种旅游方式。王兵(1999)在充分阐释乡村旅游活动多样性的基础上提出了乡村旅游的概念：以农业文化景观、农业生态环境、农事生产活动以及传统的民族习俗为资源，融观赏、考察、学习、参与、娱乐、购物、度假于一体的旅游活动。范春(2002)以资源、需求、活动为关键词来定义乡村旅游：乡村旅游指的是以典型乡村景观资源为吸引点，能够满足游客求异、求知、求根等需求的旅游活动现象。它包括旅游者的乡村旅游活动以及在此基础上所进行的乡村旅游景观开发、设计活动。

从上述乡村旅游概念的共性内容来看，学者们均认为乡村旅游是指发生在乡村地区，以具有乡村性(rurality)的自然资源和人文资源为旅游吸引物的旅游活动。其中乡村地域性和乡村性是两个关键元素。综合学者们的相关研究，可将乡村旅游定义为：开发经营者以乡村地域的自然资源和人文资源吸引游客到来的旅游活动和经济活动。乡村旅游资源具有乡村地域的乡村性，乡村旅游活动和经济活动发生在乡村地域。

二、乡村旅游的内涵

（一）乡村性

乡村性是游客所关注的、与都市风格不同的旅游资源特质，是吸引游客到来的决定性因素，是乡村旅游市场的卖点。关于乡村性的讨论，主要包括三个讨论点：(1)聚落形态：人口密度和住区规模；(2)经济状况：土地利用状况，以及农业和林业的地位；（3）社会文化：传统社会结构、社区身份和遗产（OECD，1992；Robinson，1990；Carter，1981）。

乡村性突出的地区，人口密度很低，居民点规模很小，而且相距很远。这些乡村地区存在着大片自然或半自然状态的荒野以及未开垦的土地，耕地和森林主宰着聚落环境，经济活动以农业和林业为主导。弗林（Flinn，1982）指出了美国三种体现乡村性的传统社会结构：（1）小城镇社会：紧密团结，坚信民主，但往往不与自然密切接触。（2）农业社会：以家庭农业、农场生活和季节活动为基础。（3）乡村主义者：生活在城镇之外，重视开放空间，尊重自然和自然规律。

鲁滨孙（Robinson，1990）认为乡村性可以在一个滑动的尺度上进行评估，人口稀少的偏远地区是尺度的一个极端，而相反的极端为城市化地区。在这两个极端之间乡村性是渐变的，中间地带为城市最外边缘的郊区。莱恩（Lane，1994）认为，乡村旅游发生于乡村地区，他还对乡村性做出了详细的描述：（1）乡村空间辽阔，拥有自然资源和文化遗产的底蕴，具有传统社会特征。（2）乡村建筑和住区通常是小规模的。（3）乡村发展缓慢，且因为地理环境、历史文化和经济结构的不同而呈现出多样化的风格。乡村旅游不一定会体现出完全的乡村性特征，因为城乡一体化使有些乡村地区显示出一些城市特征，故有些乡村旅游目的地将会向大型城市度假村转变和发展。

在辽阔的乡村地域，由于远离工业化的浸染和大规模的来客造访，其自然资源和文化遗产的底蕴深厚且保存相对完整。乡村地区人口密度较低，表现出环境宽松、风景宜人、祥和宁静的氛围。由于长期的区位经济弱势，现代科技渗透不充分，都市化的影响较弱，乡村地域往往具有传统社会的特征。由于自然禀赋存在差异、历史发展进程不同、文化积淀形式多样化，乡村性会客观上存在差异性和多样性。

"没有城市的城市文明"在美国日益发展，这源于受过教育的、独立工作的或退休的城市居民为寻求乡村性而在乡村环境生活。这些新到农村的人们直言不讳地表达了对乡村性保护的意愿，特别关注以农业、林业、公园和小规模定居点为主的景观乡村性（Berry，1980）。很多农村地区妇女缺少工作机会，而旅游业历来能够为女性劳动力提供较多的就业岗位。因此，对于寻求就业的农村妇女来说，乡村旅游具有特殊的重要性（Bouquet & Winter，1987）。

乡村是人类早期聚居地，在人类发展史上具有"家"的属性。乡村自然风貌和长期的农业社会活动形成了内涵丰富的旅游资源，即乡村自然资源和乡村人文资源，其所蕴含的乡村性特质，在历史的描述中和人们的脑海中形成概念意象，即乡村意象，它由乡村认知意象和乡村情感意象两部分组成。乡村意象是乡村旅游资源的文化印记和心理共识，是乡村性特质抽象化集成的印象。而乡村意象进一步促成了乡村依恋情怀，即乡村依赖和乡村认同。这种乡村依恋情怀在乡村旅游者的心理活动中形成了旅游需求，进而体现为城市人溯源农耕文化地域、亲缘、血缘关系的旅游动机。

通过上述分析可知，乡村性的保持和提炼对于提升乡村游客原真性体验，促进乡村旅游健康发展具有重要意义。

中国已经完成了脱贫攻坚目标任务，在具有良好的交通条件和旅游资源条件的乡村地域，村民更加关注如何通过乡村旅游阻止返贫，并获得持续的旅游产业收益。都市居民在逆城市化思潮的影响下，更加关注和向往乡村地域良好的自然生态环境，并对其丰厚的历史文化和独特的民俗风情怀有强烈的探究愿望。随着人们可自由支配收入的提高，在感知社会主义新农村崭新面貌的同时，乡村游客对乡村旅游管理水平和服务质量提出了更高的要求。乡村旅游发展将由规模扩张进入质量提升时期，乡村旅游产品能否在质量上满足乡村游客的需要，成为乡村旅游市场竞争的关键点。

（二）乡村旅游资源

旅游业在许多方面都是游客逃避现实的一种手段，大多数游客来自人口稠密的大型聚居地，他们在度假时寻求环境的改变（Plog，1991）。19 世纪和 20 世纪的快速城市化产生了不同于农村“传统”社会的新社会结构，怀旧和逃避城市压力的动机使城市居民成为乡村旅游的重要客源。乡村“性格”保留了旧的生活方式和思维方式，正是这种残存的特征，加上乡村的风景价值和娱乐机会，吸引了来自城市地区的游客。乡村地区在很大程度上是野生动植物的宝库，对于游客来说，这会给人一种空间的印象，一种传统的非城市、非工业经济的自然环境。世界遗产约 70% 分布在乡村地域，在广袤的乡村，动植物种类繁多，自然风光、农业景观和聚落形态各具特色，农耕文化、传统文化、民俗文化和历史文化交相辉映，形成了丰富的乡村旅游资源。乡村旅游资源是发展乡村旅游业的吸引物，是吸引旅游者前来乡村地域进行旅游活动的因素，是乡村旅游供给的核心组成部分，它包括自然资源和人文资源两大类。乡村旅游凭借旅游资源和旅游设施提供旅游服务，具有乡村性的旅游资源、旅游设施和旅游服务是乡村旅游供给的三个重要组成部分。

（三）乡村旅游活动

在城市化问题日益突出的背景下，乡村旅游通常被认为能够满足日益增长的个性化旅游、原真性体验和传统文化认知的需求。教育水平不断提高、健康意识逐渐增强、交通运输的现代化以及乡村旅游设施相对完善等因素也促进了乡村旅游活动的广泛开展，而乡村旅游的发展又对乡村地区社会、经济和文化的发展产生了积极影响（Mormont，1987）。

尼尔森（Nilsson，2002）认为：乡村旅游包含多方面活动，农庄旅游是典型的乡村旅游。莱恩（Lane，1994）指出：农业旅游（Agritourism）和农庄旅游（Farm Tourism）是乡村旅游（Rural Tourism）的重要组成部分，在欧洲德语区很多地方发展得很成功，受到农业部门和学术界的极大重视。在已面世的乡村旅游文献中，农业旅游和农庄旅游成为最大的、独特的分支。

乡村旅游活动形式多样，除农业旅游和农庄旅游外，还包括生态旅游、康养旅游、体育旅游、研学旅游、艺术和遗产旅游。在少数民族地区，民族风情旅游成为游客关注的重点。和平、宁静和放松的乡村环境对乡村游客具有重要的意义。莱恩（Lane，1994）将假日活动分为三种，即典型的城市活动和度假活动、混合型假日活动、典型的乡村假日活动。

典型的城市活动和度假活动包括：（1）城市观光；（2）购物；（3）高强度海滩度假；（4）高强度下坡滑雪；（5）城市遗产和文化假日活动；（6）动物园游乐；（7）健康度假；（8）工业旅游；（9）大型会展旅游；（10）娱乐和赌博（部分西方国家）；（11）度假胜地活动；（12）基于人工设施的大型体育赛事旅游。

混合型假日活动包括：（1）游泳；（2）低等或中等强度海滩度假；（3）中等强度下坡滑雪；（4）需要半自然环境下人工设施的运动，如打高尔夫球；（5）烹饪和美食旅游；（6）公众假期活动；（7）环境保护假日活动；（8）教育假期活动；（9）文化节日活动；（10）行业假期活动；（11）露营；（12）观光和旅游；（13）中小型会展活动；（14）航行和巡航；（15）海上垂钓。

典型的乡村假日活动可细分为:(1)步行;(2)攀登;(3)探险;(4)划船;(5)漂流;(6)越野滑雪;(7)雪地旅游;(8)低强度下坡滑雪;(9)户外环境中的自然研究,包括观鸟和摄影等;(10)狩猎;(11)自行车旅游;(12)骑马;(13)景观欣赏;(14)农村遗产研究;(15)小城镇和村庄旅游;(16)需要乡村环境的假日休闲;(17)小型会议;(18)农村节庆;(19)垂钓;(20)需要自然环境的体育活动。

佩拉莱斯(Perales,2002)认为,乡村旅游活动可划分为传统乡村旅游和现代乡村旅游两大类。工业革命以后的传统乡村旅游,主要表现为有乡村居所或亲缘关系的城市居民回家度假,也包括其他城市居民的乡村休假和康养。传统乡村旅游季节性强,开展的时间多集中在假日,没能给乡村地区带来市场规模效益和更多的就业机会。20世纪80年代在西方社会兴起的现代乡村旅游,表现出与传统乡村旅游较大的差异,乡村游客的造访时间不再只集中于假期和夏季,而且近郊短途乡村旅游快速发展。现代乡村游客具有崭新的形象,他们追求环境质量和原真性,更深入地利用景观、环境、自然和建筑资源;不仅给乡村地域增加了财政收入,还创造了就业机会,给当地疲软的传统经济注入了新的活力。

乡村旅游活动还可以划分为景观游和乡村文化游两类。乡村景观游的游客以欣赏乡村的自然风貌、聚落形态、农业景观和田园风光为旅游目的,乡村文化游的游客以探索乡村农耕文化、民俗文化和历史文化为旅游目的。

第二节　乡村旅游资源的分类

一、乡村旅游资源基本分类

乡村旅游资源的基本分类是从人文地理学角度来阐释的,可分为乡村自然旅游资源、乡村人文旅游资源和乡村衍生旅游资源。

(一)乡村自然旅游资源

乡村自然旅游资源包括:乡村地质地貌、乡村水域风光、乡村气候气象和乡村生物景观。(1)乡村地质地貌包括地质构造、岩石、化石、地壳运动遗迹、海岸地貌、山岳地貌、岩溶地貌、沙漠和草原地貌等。（2）乡村水域风光包括：江河湖泊、瀑布溪涧、温泉、海域等风景。（3）乡村气候气象包括云雾、雨景、冰雪景、云霞、旭日、夕阳、雾凇、日晕等景观。（4）乡村生物景观包括植物景观和动物景观。

（二）乡村人文旅游资源

乡村人文旅游资源是乡村地域文化的积淀，具有一定地域性、时代性、民族性特点，分为有形和无形两类。有形的乡村人文旅游资源包括特色地域建筑、典型民族村寨、聚落分布形态、乡村遗迹遗址、乡村古建筑、乡村农业景观、生产工具遗存、宗教建筑、特色服饰、特色饮食、土特产、工艺品和纪念品。其中农业景观最为丰富，包括水利工程、各具形态的农田、农作物景观、养殖畜牧基地、园艺园林基地、农业科技园区、农业博览园、农业教育基地等形式。无形的乡村人文旅游资源以历史文化和传统文化为底蕴，呈现出乡村农耕文化、民族民俗风情以及传统礼制和礼仪等多种形态。

（三）乡村衍生旅游资源

乡村旅游经济活动围绕着旅游资源，形成了直接服务于游客的多样化旅游设施，如农家乐、乡村客栈、休闲农庄和度假村，当基于这些设施的乡村旅游经济活动以独特的风格吸引了游客的注意时，也往往衍生出新的旅游资源。

二、乡村旅游资源主题分类

在乡村发展进程中，开发建设者为了突出特色，将乡村旅游资源的基本分类进行组合，衍生出多样化的主题分类。

（一）乡村农业景观

乡村农业景观主要是大规模连片农田、多种类型的经济果林与蔬菜园区，呈现出大面积的农林作物景观，并以山地风景和水域风光为背景和衬托，其特点是场面辽阔，具有浓厚的乡村风情。

（二）乡村聚落景观

乡村聚落是村民们居住、生活、休息和进行社会活动的场所分布形态，也包括除耕地之外的生产劳动场所的分布形态，具体包括：(1)分散型：这种聚落呈点状分布，每户房前屋后常有庭院；(2)集聚型：这种聚落呈团状、带状和环状分布；(3)特殊型：如水村、土楼、窑洞和堡寨。乡村聚落景观具有历史性、传统性、整体性和独特性等特点，是当地村民社会活动的载体。

（三）乡村建筑景观

乡村建筑是乡村聚落的具体建筑形式，多取材于当地的石材和木材。不同地方的乡村建筑往往具有风格迥异的地域特色，从而给游客留下深刻的印象，建筑的特色往往是乡村之间区别的显著标志。乡村建筑以乡村民居为主体，还包括戏台、历史建筑、宗祠建筑、宗教建筑、园艺园林、休闲建筑等。在旅游业发达的乡村地区，规划齐整的乡村客栈群、食品一条街等旅游接待设施，也组成了乡村建筑的亮丽风景线。

（四）乡村农耕文化

农耕文化是农民在长期农业生产和农业生活中形成的风俗文化，它存在于人类历史的早期，对人类文明发展进程影响巨大。乡村农耕文化与生产力水平和自然地理环境密切相关，表现出不同的文明进程和文化特色，包括乡村物质文化、乡村制度文化和乡村心理文化三个方面。中国农业生产源远流长，农耕文明决定了汉族文化的特征。

（五）民族民俗文化

民族民俗文化包括民族文化和民俗文化两方面，民族文化和民俗文化发展演变的结晶，既有物质的形态，也有抽象的内容。狭义的民族民俗包括生产民俗、流通民俗、消费民俗、游艺民俗、信仰民俗、节日民俗。广义的民族民俗风情还包括乡村制度文化和乡村精神文化。

（六）乡村制度文化

乡村制度文化指特定乡村地域约定俗成的伦理道德及礼仪规范。乡村伦理道德包括家庭行为规范和乡村社会权力制度。乡村礼仪规范包括乡村日常礼仪与重大礼仪两部分。

（七）乡村精神文化

乡村精神文化反映了特定乡村地域的世界观、价值观和人生观，是乡村社会共同的心理情感。它潜存于乡村人文旅游资源之中，是乡村旅游资源的内核，而且是无形的，游客只有通过长期的或者深刻的体验才能领悟。

第三节　乡村旅游产品的类型

从乡村旅游供给角度来看，狭义的乡村旅游产品是指乡村旅游服务；广义的乡村旅游产品不仅包含旅游服务，还包括服务凭借的物质条件，即乡村旅游资源、乡村旅游设施、乡村旅游购物品和乡村旅游目的地可进入性。从乡村旅游需求的角度看，乡村旅游产品是乡村旅游者的消费经历和感受（陶汉军、林南枝，1994）。

一、乡村旅游产品层次划分

（一）核心产品

乡村旅游核心产品是乡村旅游供给方向游客提供的服务的基本效用或利益，即使用价值，它是游客购买和消费的主体部分，对于提升客户的核心体验具有重要意义，也是吸引乡村游客到来的动力源泉。具体表现为基于乡村景观和乡村文化的乡村性、原真性及其审美感受。

（二）外延产品

乡村旅游的外延产品是指乡村旅游资源和乡村旅游设施，即乡村旅游供给的物质形态，是旅游服务依赖的物质条件。乡村旅游资源包括自然景观和人文景观两大类，为乡村游客提供了审美和学习的物质载体，乡村旅游设施为乡村游客提供了食宿、休闲和娱乐的物质凭借。设施建设应保障基本旅游供给的系统性和完整性。

（三）辅助产品

乡村旅游辅助产品包括乡村旅游产品形象、乡村旅游品牌建设、乡村旅游管理和服务水平。乡村旅游辅助产品是乡村旅游市场竞争的抽象要素，对于提升游客的体验具有重要意义，在互联网时代要充分利用信息与通信技术提升经营管理水平，并开展乡村游客便捷服务。

二、乡村旅游资源划分

（一）聚落建筑旅游产品

聚落建筑旅游产品是指耕地之外的村民居住、生活、休息、劳作和进行社会活动的场所及其分布形态，包括分散型的农家庭院，集聚型的团状、带状和环状聚落，特殊型的水村、土楼、窑洞和堡寨，等等。乡村建筑包括当地民居建筑、公众活动场所的各类建筑，以及规模化和专业化的旅游接待设施，它是乡村聚落的具体表现形式，多取材于当地的建筑材料，具有独特的传统范式和地域风格。

乡村地域由于长期的区位经济弱势，交通设施相对落后，受都市化和现代化的影响进程缓慢，不但保持着古朴的乡村聚落形态，还保存有大量的古代建筑、民族建筑和特色建筑，这些成为现代乡村旅游资源开发的重要支撑。例如山西的晋商大院、浙江的乌镇和江苏的同里古镇、安徽的西递和宏村、江西婺源古村落群、贵州的西江苗寨、福建永定土楼群落、河南的郭亮村等。在乡村旅游产品设计中，要注重保护与开发并举，去掉落后与弊端，留住乡愁和传统，传承古老文明。有些乡村地区虽然没有丰富的传统文化资源，但因地制宜、合理规划，在乡村建设过程中展示了社会主义新农村的风貌。

（二）民俗风情旅游产品

乡村民俗风情包括民族民俗和制度民俗，这些与城市化迥异的异质文化，吸引了诸多城市游客。民族民俗是传统的乡村民俗文化和民族文化长期积淀的结果，既有物质的形态，也有抽象的内容。乡村制度民俗也是广义的民族民俗文化的特殊组成部分，包括乡村的权力民俗和礼制民俗两方面。

乡村民族民俗包括：（1）生产民俗，如农耕民俗、手工业民俗；（2）商业民俗，如集市、交易民俗；（3）消费民俗，包括饮食和服饰等方面；（4）游艺民俗，如民间竞技、民间游戏、口承语言民俗、民间音乐和舞蹈、民间戏曲和曲艺等；（5）信仰民俗，如宗教、禁忌、崇拜等；（6）节日民俗，如传统节日、民族年节等。

乡村制度民俗中的权力民俗包括：（1）家族民俗，如称谓民俗、排行民俗、继承民俗等；（2）组织民俗，如行会民俗、社团民俗等。乡村制度民俗中礼制民俗包括婚嫁、寿诞、葬礼等方面的民俗。

（三）田园生态旅游产品

田园生态旅游产品是在乡村的田园生态环境背景下，将各种农事活动、乡村社会活动与旅游活动相结合而开发形成的乡村旅游产品。可分为农业景观游、农业科技游和务农体验游三种类型。

1. 农业景观游

农业景观游包括田园风光游、林区风光游、渔区风光游、草原景观游等。农业景观游融入了生态旅游和绿色旅游理念，再加上农耕文化元素，旨在让游客感受到丰富的景观审美情趣和深厚的农业文明底蕴。

2. 农业科技游

农业中的科技应用提升了农业现代化的水平，激发了“农业 + 科技 + 旅游”新业态的创新活力。例如，农业科技示范园和农业园艺博览园将农业生态科技和农业生产过程相结合，促进了乡村一二三产业的融合发展。

3. 务农体验游

城市居民分为原居民和迁入居民。历史上乡村经济长期弱势，故有乡村人口主动迁入城市寻求生存空间。在城市扩张和城乡一体化的发展进程中，一部分乡村人口纳入城市人口范畴。对于城市原居民而言，农耕生活是新奇而有魅力的。对于城市外来居民而言，乡愁和怀旧成为体验农耕生活的动机，于是催生了专门的务农体验游。

（四）自然风光旅游产品

乡村自然旅游资源丰富多样，涉及地质地貌、水域风光、气象气候和生物多样性，因此，乡村自然风光旅游产品包括地质地貌旅游、水域风光旅游、气候气象旅游和生物景观旅游。

三、乡村旅游体验划分

（一）乡村观光旅游产品

乡村观光旅游产品是以乡村自然旅游资源和人文旅游资源为观光对象的旅游活动形式，涉及基于乡村旅游资源划分的所有产品形式，如聚落建筑、民俗风情、田园生态、自然风光。乡村观光改变了城市游客的居住环境，在游玩的过程中游客开阔了眼界，增长了见识，陶冶了性情，提高了自然与人文之美的鉴赏能力。

（二）休闲娱乐旅游产品

乡村民族民俗具有浓厚的传统文化底蕴，许多内容被评定为非物质文化遗产，为乡村休闲娱乐活动提供了重要支撑。其中的游艺民俗内容丰富，诸如庙会、戏曲、秧歌、锣鼓、旱船、龙舟、杂技、竞技等活动，增强了游客休闲娱乐的参与度。乡村旅游中的瓜果蔬菜采摘、特色饮食品尝、主客互动演艺、风俗礼仪参与和乡村工艺品制作等体验性活动，使得游客更多了解到乡村地域的风土人情，进而深刻体会到乡村生活的欢乐和美感。

（三）体育康养旅游产品

乡村地域生态环境优美，空气质量普遍较好，拥有辽阔的空间、多样化的地质地貌、丰富的药膳食材，可以开展登山游、乡村跑、日光浴、温泉浴、森林浴等活动，还可以进行心理治疗、康复疗养以及药食养生等。

（四）乡村度假旅游产品

靠近都市周围的乡村地域，常凭借美丽的自然风光和温泉疗养条件开辟乡村旅游度假村。乡村旅游度假村对于喜爱一日游、周末度假和近距离旅游的城市居民来说具有较强的吸引力。公司会议、会展旅游、家庭聚会常在这里举办。此外，乡村旅游度假村还通过举办节庆娱乐活动和农耕文化研学活动吸引了众多亲子游的城市游客。

（五）乡村研学旅游产品

通过乡村旅游活动开展研究性学习和旅行体验相结合的校外教育活动，让孩子和学生感受乡土风情，体验乡村生活方式。乡村研学旅游活动引导青少年亲身参加亲近社会与自然的实践活动，促进其社会化，增强其群体交往的能力，充分体现了体验性和群体性的教育特色。乡村研学旅游作为综合实践育人的有效途径，可以有效承载道德养成教育、社会教育、国情教育、爱国主义教育、优秀传统文化教育、绿色环保教育、创新精神和实践能力培养。

（六）户外探险旅游产品

乡村地域常具备地质条件多样化的特点，为开发户外探险旅游提供了条件。户外探险旅游因具有探索自然界奥秘的吸引力，成为乡村旅游产品的一个突出的主题形式，也是体育活动和户外娱乐的形式，它提高了人类对自然与艰险的适应性，磨炼了人们的意志和品格，深受驴友、背包客和探险旅游者的喜爱。

（七）乡村节日旅游产品

乡村节日对游客的吸引力和聚合效应常形成规模旅游市场，形成了乡村节日旅游产品。乡村节日旅游产品根据节日活动内容的不同大致可以分为以下五种：农村风光节日、农业产品节日、民俗文化节日、历史典故节日和综合类节日（如各地的乡村生态旅游节）。

（八）乡村会议旅游产品

乡村会议旅游产品指的是以乡村自然生态环境和人文社会环境为背景，将举办会议作为切入点而开发的一种乡村旅游产品。会议举办单位比较关注为与会者提供一个良好的环境，以期得到与都市会议不同的氛围。

（九）乡村购物旅游产品

乡村购物旅游产品即具有乡村地域特色的旅游纪念品、工艺品、生活用品和土特产品，亦即有形的乡村旅游商品，它丰富了乡村游客的购物体验。乡村企业和手工业者可就地取材进行加工，许多购物品同时具有纪念性、鉴赏性和实用性。例如，乡村和民族服饰、包具、收纳盒以及微缩景观等，深受乡村游客的喜爱。此外，乡村地域食材丰富，可手工制作多样化的食品，这也是游客返回住地后馈赠亲朋的上好选择。

（十）其他专项旅游产品

体验型的乡村旅游产品除上述常规分类之外，还有其他小众市场所青睐的专项产品，如野营旅游、怀旧旅游、摄影旅游、影视旅游、遗址旅游、亲子旅游、童趣追忆体验、忆苦思甜体验等。

乡村旅游满足了都市人“乡村怀旧”和“回归自然”的心理需求，迎合了中国旅游产品结构化调整的客观要求，是旅游开发形式转变的新探索，成为中国旅游业的重要组成部分。

第四节　乡村旅游的发展历程

一、西方乡村旅游历史沿革

在大多数西方国家，乡村旅游由来已久。乡村旅游自工业革命以来就一直存在，并带有回家的含义（最初来自农村地区的城市居民通常在他们的“家乡”度假）。19 世纪城市化发展带来的社会问题与环境问题，给城市居民带来生存压力和生活压力，故向往乡村场景的浪漫主义思想抬头，乡村娱乐的兴趣有所增长。新兴的铁路交通将城市游客运送到乡村，阿尔卑斯山以及美国和加拿大的落基山脉成为早期的乡村旅游胜地（Feifer，1985；Runte，1990）。自19世纪以来，中高阶层对访问乡村地区越来越感兴趣。由于火车的游客导流作用，接近城市核心区，拥有治疗性温泉和其他康养资源的乡村地域的旅游活动得以发展。19世纪，尤其是20世纪，最发达国家的快速工业化和城市发展，导致了农村社会政治和经济地位的深刻变化。正如卡瓦科（Cavaco，1995）所指出的那样，欧洲人口发生了从乡村到城市的强烈迁移，大多数根系乡村的城市人回乡度假，这种模式一直持续到现在。

回归乡村的旅游者对所选目的地绝对忠诚，支出水平较低，对旅游服务水平要求不高。他们的假期乡村旅游活动促进了乡村经济的发展，乡村地域在旅游经营旺季（通常是夏季）积累了利润。在一定程度上，形成了包括瑞士、奥地利、瑞典和德国在内的一些国家基于农庄住宿的乡村旅游的悠久传统。法国和奥地利在20世纪50年代相继建立乡村旅游管理机构，政府也制定相应优惠政策予以扶持，促进了传统乡村旅游的发展。这种传统乡村旅游于20世纪60年代也在西班牙生根，属于乡村旅游活动的先驱。西班牙传统乡村旅游意味着远离住所享受假期，使农村社会与城市世界取得了联系，但传统旅游业本身往往无法创造就业机会和有足够吸引力的商业环境，因此，至少在西班牙，传统旅游业未能促进乡村旅游目的地的可持续发展（Perales，2002）。

自19世纪70年代以来，在所有发达国家，农村地区的旅游活动显著增加，出现了现代乡村旅游活动。在一些社会经济不景气的农村地区，乡村旅游对其发展发挥了关键作用（Blaine and Golan，1993；Dernoi，1991）。传统乡村旅游的市场规模有限，但是现代乡村旅游的拉动作用对农村经济发展更有价值。进入20世纪70年代，英国、德国、意大利以及东南亚经济发达地区的乡村旅游都取得长足发展（马波，1995）。发达国家的乡村旅游进入高速发展时期是在20世纪80年代以后，不但具有市场规模，而且进入规范发展的层次，显示出巨大的潜力与旺盛的生命力（王兵，1999）。从20世纪70年代至90年代，发达国家乡村游客人数增长很快，超过70%的美国人参与了乡村娱乐活动，其他国家参与人数稍低一些，但也形成了市场规模。随着汽车租赁业务的发展、个人以及家庭汽车拥有量的上升，交通运输逐渐现代化并促进了乡村旅游的发展，以汽车为交通工具的乡村游客数量远超铁路运输带来的乡村游客数量。最重要的是，旅游业已经从壮观的风景区延伸到乡村地域，旅游业态摆脱了大型和专业度假村的形式，乡村小镇旅游脱颖而出（Knudson，1984；Bramwell，1990）。

城市人向往乡村旅游是因为许多城市人视农村生活为一种娱乐形式（Nilsson，1995），而且乡村旅游有助于提升当地服务和就业水平，促进基础设施建设和外来资金的流入。因此，世界旅游组织曾经提出“乡村旅游拯救欧洲乡村”的口号（WTO，1996；Butler et al.，1998），欧盟及其成员国的政治家们也积极鼓励乡村旅游发展（Nilsson，2002）。20世纪90年代，乡村旅游的发展吸引了越来越多城市游客的兴趣，农村地区的旅游业产值可能占全部旅游业的10% ~ 25%（Eurobarometer，1998）。短途游客和过夜游客纷至沓来，乡村旅游呈现多样性和分散性。在统计乡村旅游时，有的国家统计数字包括乡村地域的农庄旅游和自然层面的旅游活动，而另一些国家的统计数字则包括城市地区以外的许多经济活动，乡村旅游被泛化为发生在乡村地区的所有旅游活动。

20世纪70年代，发达国家现代乡村旅游在传统乡村旅游的基础上开始起步，进入20世纪80年代，发达国家现代乡村旅游蓬勃发展。20世纪90年代至今为西方发达国家现代乡村旅游相对稳定、繁荣的发展时期。

二、中国乡村旅游发展历程

（一）中国乡村旅游发展概况

中商情报网2018年8月发布的中国乡村旅游统计数据显示，在2012—2017年间，中国乡村旅游人数呈逐年上升态势，2012年为7.2亿人次，2017年增至28亿人次，占国内游客总接待人次的56%，增长十分迅速。2012—2017年中国休闲农业和乡村旅游营业收入持续增长，2013年、2015年、2016年，较前一年均达到30%以上的增幅，2017年营业收入达到7400亿元，占国内旅游总收入的16.2%。随着余暇时间的增多、交通运输的现代化、人均可自由支配收入的提高，离开都市、回归自然、追求田园风情的乡村旅游具有了广阔发展前景。2016年全国有10万个村开展了休闲农业与乡村旅游活动，休闲农业与乡村旅游经营单位达 290 万家，其中农家乐超过 200 万家。而到了 2017 年，初步统计全国农家乐数量达到了 220 万家。中国乡村旅游从业人数不断增加，2017 年中国休闲农业和乡村旅游从业人员共 900 万人，乡村旅游已成为农村产业融合的主体。中国乡村旅游行业发展分析报告指出，2018 年全国休闲农业和乡村旅游接待超 30 亿人次，营业收入超过 8000 亿元。截至 2019 年 8 月，全国已创建 388 个休闲农业、乡村旅游示范县（市），推介 170 个中国美丽休闲乡村；以休闲农业、农家乐等为主要平台的乡村旅游已经成为农民收入的新增长点，成为乡村产业振兴的一大标志[①]。

在中国国民经济持续稳定发展的基础上，城乡一体化进程不断推进，国家实施乡村振兴战略，中国乡村旅游在市场需求的驱动下和相关政策扶持下也进入快速发展时期，并且在助力扶贫攻坚的过程中产生了积极影响。中国的乡村旅游不但具有了产业规划，而且开始走上规范化发展的道路。2019 年 9 月，为全面落实《中共中央国务院关于实施乡村振兴战略的意见》，推进全国乡村旅游重点村建设，促进乡村旅游产业提档升级，文化和旅游部办公厅、中国农业银行办公室联合印发了《关于金融支持全国乡村旅游重点村建设的通知》。乡村旅游目前已经成为中国乡村产业的重要组成部分，兼容乡村地区的生产生活方式和自然生态环境；乡村旅游的产业链横跨一、二、三产业，融合了城乡发展的新产业新业态，包含了绿色食品生产加工产业、旅游商品创意设计和生产加工产业。乡村旅游业将盘活乡村全域旅游资源，朝着融观光、研学、娱乐、购物和度假于一体的综合型产业方向发展。中国乡村旅游业态形式不断升级，产业聚集度不断提高，市场规模和影响力不断扩大，由传统点式开发趋向联合线路开发和旅游目的地建设，产业经营模式从最初的“农家乐”向特色小镇和田园综合体的方向发展，“乡村旅游 +”的经营模式焕发出勃勃生机。

（二）中国乡村旅游发展趋势

乡村旅游的发展助推乡村社会化基础服务体系不断完善，从而打造出宜居、宜业、宜游的美丽乡村。在乡村旅游发展进程中，对村民的旅游

① 张舒，祝福恩．以绿色旅游激活乡村生态经济 [EB/OL].（2019-08-27)[2020-07-27].https://www.sohu.com/a/336633637_114731.

接待礼仪培训和旅游服务规范培训，也极大提升了村民的精神文明建设水平。目前中国乡村旅游呈现出以下发展趋势。

1. 乡村旅游需求迅速增长

中国乡村旅游从20世纪80年代起步发展至今，业态形式不断丰富完善、经营模式更加科学合理、经营管理水平和服务水平不断提高，乡村旅游供给内涵不断向高质量的乡村旅游需求靠拢。在城市化进程中，城市居民对回归自然、回归传统、回归乡村的旅游需求不断增加。随着余暇时间不断增多，人均可自由支配收入不断提高，乡村游客的旅游动机被激发出来。加之交通运输现代化，提高了城乡之间的位移效率，乡村旅游蓬勃发展。

2. 乡村旅游业态呈现多样化

初级乡村旅游产品已不能满足大众所需，产品日趋精品化、高端化。当前乡村旅游产业规模不断壮大，新兴业态日益丰富，成为旅游经济新生力量和主要力量，形成了庞大的乡村旅游市场，乡村旅游业成为产业型、环保型、生态型、文化型、现代型的新型旅游产业。乡村旅游产业链逐步完善，在工业化和城镇化发展的进程中，农业现代化也同步进行。城乡统筹发展、建设新型农村、提升农民生活幸福感等工作不断深入。这一切都为发展乡村旅游奠定了供给基础。加之乡村旅游需求不断扩大，乡村旅游供给与需求相互促进，产业结构进一步完善。在国家大力发展乡村休闲旅游产业的背景下，新业态与新营销不断融入乡村旅游发展进程。

3. 乡村旅游产业拓宽就业渠道

乡村旅游为当地村民提供了就业岗位，拓宽了农民增收渠道。在乡村旅游的经营过程中，村民作为所有者、经营者和劳动者，可谓“三位一体”，这种格局促进了劳动力、土地和资本相结合的旅游投入，充分发挥了村民自主经营、创造财富的积极性。在旅游资源富集的乡村地区，兴旺的旅游业带来乡村居民收入的持续增长，曾经的“空心村”吸引了外出打工的村民回乡创业，乡村自然旅游资源得到了有效保护和合理开发，乡村文化旅游资源得到了有效传承和发扬光大。

三、山西省乡村旅游发展概况

（一）发展成效

山西乡村旅游的起步，以1994年汾阳贾家庄的生态农业开发为标志，经过20多年的发展，山西乡村旅游接待游客量从2005年的不足100万人次，发展到2016年的2300万人次，吸纳20余万农民就业（周梅，2018）。2020年4月29日山西省政府新闻办召开的新闻发布会公布，2019年全省休闲农业企业及各经营主体达5900多个，年接待游客5500余万人次，年营业收入82.1亿元，吸纳农民就业33万人，带动农户25万户，农副产品销售收入达到35亿元。在全省各级政府和相关部门的共同努力下，山西乡村旅游取得了显著成效。

1. 促进了农村产业结构的优化

过去山西农村产业结构单一，普遍呈现出“一产为主，二产较弱，三产极少”的状况，绝大多数农民以务农为主，靠天吃饭，收入微薄。乡村旅游的发展为山西农村产业结构优化升级提供了有效途径。旅游涉及吃、住、行、游、购、娱多种要素，关联作用极强，乡村旅游的发展，不仅为农副产品提供了销路，同时农业休闲、中医药保健、温泉养生、花卉种植等乡村业态获得了发展。乡村餐饮产业、民宿产业与旅游产业得以融合发展，农民不仅可以不再单纯地靠天吃饭，还可以通过经营餐厅、加工和销售农副产品、制作和售卖手工艺品、提供温泉养生服务等多种途径获取收入。

2. 促进了城乡统筹发展

山西乡村旅游的发展扩大了城镇居民在乡村旅游地的消费，加快了城市信息、资金、技术等资源向乡村的流动；部分乡村为发展旅游还专门修建了旅游公路，逐渐发展出较大规模的旅游景区，乡村经济得到较快发展，吸引了资金流和回乡创业者。这些乡村因此摆脱了空心化的状态，聚集了人流、物流、技术流、资金流、信息流，成为休闲旅游集散中心，进而成为地区新兴的商业贸易中心，真正实现就地城镇化，在此势头的推动下，城乡地域结构正在悄然发生转变。

3. 促进了扶贫富民工程的开展

山西是历史上国家扶贫重点省份，随着山西乡村旅游的不断发展，其新兴的产业活力在促进脱贫致富方面的作用日益凸显，特别是其就业门槛低，为贫困的乡村农民、家庭妇女就业创造了可能（吕林欣，2017）。乡村旅游早已成为全省甚至全国农村产业扶贫和"造血式"扶贫的有效形式。尤其是2015年实施乡村旅游扶贫工程以来，乡村旅游的扶贫成效愈加凸显。仅2015年，山西省32个乡村旅游扶贫试点村引导各类企业参与旅游扶贫项目总投资高达2.14亿元，旅游人次较2014年增加了70%，村集体总收入同比提高了54%，带动建档立卡贫困户1908户，贫困人口4931人增收，户均收入增加1957元。在2020年底，全国脱贫攻坚任务已经完成，但是乡村地域阻断返贫的任务依然艰巨，乡村旅游作为产业抓手将在乡村振兴领域继续发挥重要的作用。

4. 促进了乡村人居环境的改善

山西乡村旅游的发展首先促进了当地农村道路交通、排水、公共厕所等基础设施的建设，使乡村污水、垃圾得到了有效治理，乡村卫生得到有效改善；其次，促进了活动场所、卫生设施等公共服务设施的建设。同时，有效利用了乡村山水资源，对绿水青山进行开发，使其转变为景观旅游吸引物，尤其是生态庄园型的乡村旅游景区，通过大规模移民搬迁、"四荒"（荒山、荒坡、荒沟、荒滩）地绿化美化，进行了旅游开发，极大地提高了当地农村绿化覆盖面积，改善了生态气候环境。

（二）山西乡村旅游发展中的问题

1. 缺乏科学统筹规划

个别项目盲目开发，导致旅游项目在建成后效益低下，甚至关门歇业。部分村落的开发建设，缺乏科学合理的规划，在经济利益的驱使下，一些村民拆古建筑盖新房，使古村落的"乡村性""原真性"以及乡村的自然环境受到了较严重的破坏。

2. 管理服务水平不高

在乡村旅游经营的过程中，经营管理不规范，环境卫生不达标的现象普遍存在。由于缺乏旅游服务规范标准的培训，服务态度与服务质量不佳。这些因素影响了游客对山西省乡村旅游的消费体验和满意度。

3. 旅游特色建设不足

由于科学规划不到位、经营管理粗放,造成了地域文化内涵的融入与展现不足。具体表现为千村一面、同质化严重、项目与目的地建设缺乏特色,乡村旅游活动以“吃农家饭、干农家活、住农家房”为主。

4. 旅游设施尚需完善

由于乡村经济区位弱势,硬件设施落后。旅游公路可进入性差,交通服务设施不完善。有些乡村旅游地的公共设施和食宿条件简陋,卫生状况堪忧。旅游设施建设不完善,阻碍了管理与服务水平的提升,使游客很难有满意的旅游体验。

5. 旅游专业人才匮乏

在偏远的乡村地区,专业人才短缺现象比较严重,旅游管理人才相对较少。存在着村民参与的积极性不强、整体文化程度偏低、旅游专业操作能力差等问题,这些成为制约山西省乡村旅游管理服务提档升级的瓶颈和短板。

6. 经营单位协同欠缺

一些乡村旅游企业规模较小,整体实力较弱。还有些地区和经营主体急功近利、单兵作战,团结协作少,长远打算少,土地利用方式单一,资源、资金和人力无法形成有效合力,故乡村旅游产业链条和产业体系有待完善。

7. 营销手段尚需改进

市场定位模糊,目标市场不明确,缺乏创新设计和深度加工,精品意识和品牌意识不强,智慧旅游的管理营销手段未能有效运用,致使游客满意度不高,重游率较低。

上述问题制约了山西乡村旅游长效健康发展,导致了山西乡村旅游的消费体验离舒适和愉悦还存在很大差距,整体发展水平有待提高。

(三)山西乡村旅游耦合发展的提出

针对山西省乡村旅游发展存在的问题,应关注以下战略举措:加强统筹规划,保护生态环境;推行科学管理,提高服务质量;发挥资源优势，重视发展特色；优化资源配置，完善配套设施；创新人才机制，建设人才高地；加强沟通合作，开展区域合作；丰富营销手段，强化品牌建设。

为了更好地落实相关战略举措，本书提出耦合发展理念，以耦合因素的融入，协同解决具体问题，推进山西省乡村旅游的提档升级。耦合概念引入管理学领域后，提出了以“耦合”为手段解决管理问题的基本思路，即通过原理和方法正向协同管理目标和管理功效。

明确耦合要素是发挥耦合作用的前提。本书提出了原真性、开发模式、产业融合、古村落开发、板块协同、智慧旅游、品牌建设、利益相关、发展保障等耦合要素，将这些耦合要素与乡村旅游发展相结合，在“创新、协调、绿色、开放、共享”五大发展理念指引下，进一步阐释乡村旅游发展的耦合路径，即以原真性挖掘提升山西乡村旅游文化品位，以开发模式应用增强山西乡村旅游活力，以产业融合完善山西乡村旅游产业链条，以古村落开发丰富山西乡村旅游资源内容，以板块旅游布局推动山西乡村旅游发展，以智慧旅游应用助力山西乡村旅游升级，以品牌建设提升山西乡村旅游市场影响力，以利益协调激发山西乡村旅游主体参与度，以长效发展保障体系落实人才保障、环境保障和土地保障措施。

第二章　旅游原真性应用

18 世纪末到 19 世纪初，随着浪漫主义思潮在欧洲文坛的兴起，文艺创作偏重于表现主观理想，抒发强烈的个人感情；重视历史文化和民间文学；描写自然风光，歌颂大自然。作家、画家和游客描绘的"地方故事"促进了体验自然的旅游活动(Urry，1995)。一个地区、一个目的地或旅游景点的特征不断被来访的游客重新描述，并被旅游业加以复制(Saarinen，1998)。浪漫主义文艺思潮影响了人们对风景和自然的看法，以及与自然环境相关的文化价值观、品味和偏好。除了对自然的崇拜，浪漫主义还带来了对农村社会和文化方面的怀旧兴趣，包括历史、遗产、简单和自然的生活方式。浪漫主义者往往不喜欢乡村景观和社区文化受快速现代化和技术变革的影响，因为这不符合自然和乡村风景的理想形象。"未受影响的自然"和"真实的"农村社区成为快速工业化和城市化受害者的"绿色梦想之地"。逃脱了现代化和技术发展深度影响的地区成为崇拜对象和朝圣地(Wang，2000)。"绿色梦想之地"简单的、田园诗般的、真实的品质使它与过度复杂和污染的城市世界形成鲜明对比。因此，这种对立催生了对乡村自然旅游和文化旅游的极大兴趣，品味自然和体验文化被认为是快乐的源泉，对大自然和历史文化的热爱激发了乡村旅游的热情，而基于乡村性的原真性体验成为乡村游客的消费重心。

第一节　原真性概述

一、原真性的提出

世界遗产是指联合国教科文组织和世界遗产委员会确认的人类罕见的、无法替代的财富，它包括世界文化遗产、世界自然遗产、世界文化与自然双重遗产三类。

截至2019年7月10日，世界遗产总数达1121项，分布在世界167个国家，世界文化与自然双重遗产39项，世界自然遗产213项，世界文化遗产869项。中国拥有世界遗产55项，总数和意大利并列位居世界第一。

原真性的提出与世界遗产密切相关。原真性源自中世纪的英文authenticity，其含义是权威性、原生性、真实性、可靠性、确实性。该英文单词又源于希腊语authentes，意思是"自己做的""最初的"。原真性（authenticity）最基础的含义是原初的（original）。原真性概念最初用于博物馆展品的特性分析，在20世纪70年代后受到旅游研究者的关注，以期促成旅游者获得更真实的体验（Trilling，1972）。1964年的《威尼斯宪章》最早提出了世界遗产（文化遗产和自然遗产）的原真性概念，它是文物古迹保护和生态保护领域的基本内容。1972年，联合国教科文组织在巴黎通过了《保护世界文化和自然遗产公约》，成立联合国教科文组织世界遗产委员会，其宗旨在于促进各国和各国人民之间的合作，为合理保护和恢复全人类共同的遗产作出积极的贡献。1977年，《实施世界遗产公约操作指南》作为《公约》实施的纲领性文件公布。1994年的《奈良原真性文献》对亚洲特殊材质的遗产提出原真性概念的补充，2005年《保护世界文化和自然遗产公约》对遗产原真性的操作性规范做了补充。

原真性是自然与文化遗产价值的基础，是进行遗产的科学研究、保护与修复规划，以及管理的依据，是世界遗产委员会明确规定的检验世界遗产的一条重要依据。遗产原真性概念已经逐步发展成为国际遗产界的一个基础理论体系。世界遗产原真性是追寻和传承人类的物质和精神家园的根基，是教育和提升现代公民素质的媒介，是可持续发展和代际公平思想的体现。

二、旅游原真性的分类

旅游研究文献有诸多与原真性相关的内容（e.g.，Brown，1996；Cohen，1988；Wang，1999），旅游研究关于原真性的内容从关注旅游客体原真性发展至重视旅游主体原真性体验，形成了四种原真性观点，即客观主义原真性、建构主义原真性、后现代主义原真性和存在主义原真性(图 2-1)(Wang,1999)。

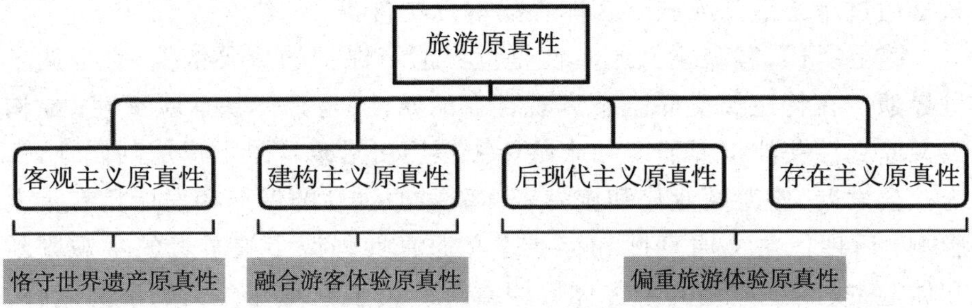

图 2-1 旅游原真性分类(来源:著者自绘)

旅游研究的客观主义原真性源于世界遗产保护所强调的客体原真性,该观点认为原真性是静止的,强调旅游资源在特定历史时空背景下的原真性,其判定依据是专家和权威机构的客观标准。持该观点的代表人物是布尔斯廷(Boorstin)和麦坎内尔(MacCannell)。

建构主义原真性认为原真性是社会发展所建构的结果,原真性是可以商榷的。旅游商业化与文化原真性并非完全对立,尊重原真性的旅游商业化行为可能延续了旅游资源原真性的存在与发展。旅游者体验的原真性,不一定代表事实就是如此,旅游体验到的仅是原真性的符号和象征(Culler,1980),仅仅是象征意义上的真实(Symbolic Authenticity)。随着社会的发展,曾经被认为是非原真的事物,在历史演变的进程中会被重新定义为真实(Cohen,1988)。因而建构主义原真性具有可协商的(negotiable)、弹性的(flexible)、易变的(mutable)、可塑的(plastic)、相对的(relative)、情境的(contextual)、多元的(pluralistic)特点。

后现代主义原真性提出超真原真性的概念,认为后现代旅游者完全不介意客体原真性,不会认真对待不真实的问题,他们的旅游目的并不是寻找和体验真实,而是追求现代科技塑造的超真实(hyperreality)的逼真所带来的刺激,仿真技术和营造的景观能够达到完美的体验真实。艾柯(Eco,1986)以美国迪士尼为例,来说明游客体验的真假界限非常模糊。后现代主义原真性推崇人造景观创造的真实体验,完全忽略了客体原真性。

存在主义原真性将旅游体验研究与存在主义哲学思想相结合,关注游客体验的自我存在感和个性感悟。在后现代主义关于原真性研究的基础上,王宁(1999)提出了存在主义原真性,强调“被旅游激活的存在的潜在状态”。存在主义原真性认为,旅游者不关心旅游客体的原真性,只是通过旅游活动或旅游客体寻找本真的自我。

综上所述,客观主义原真性是世界遗产保护的重要依据,它强调了世界遗产在特定历史时空下客观存在的属性,是客体基本原真性;建构主义原真性关注世界遗产和旅游资源在历史沿革背景下形成的属性,认为社会发展、旅游商业化和旅游者体验对原真性的保存和发展具有重大影响;后现代主义原真性和存在主义原真性强调了旅游者的主观判断和体验,故而是典型的游客体验原真性。关于原真性含义的不同阐释,引发了人们对遗产客体真实性保持和旅游者主体真实性体验的关注。

三、旅游原真性的判定

原真性由于其复杂性,且广泛使用于各学科,故未有一个明确的定义。特里林(Trilling,1972)在博物馆研究过程中认为,原真性是个有争论性的概念。泰勒(Taylor,2001)认为,诸多有关原真性的文献由于研究视角不同,故定义是不同的。尽管如此,本书力图从权威文献来提出原真性的判定依据。

从世界遗产保护的角度来看,世界遗产原真性在中文范畴应体现“原初”和“真实”两个重点,即“原初的真实”(徐嵩龄,2008)。

在旅游研究领域,根据原真性的分类,可知旅游原真性的判定依据是不同的。客观主义原真性是由特定历史时空背景下自然遗产和文化遗产的原有特点决定的,它等同于世界遗产原真性。建构主义原真性以贯穿时空的历史线索来确定原真性的历史溯源及历史沿革的状态,同时也认为,旅游原真性的真假与旅游体验的判断有关联(张朝枝,2008)。后现代主义原真性关注展现手段的逼真效果,完全侧重于旅游者的体验,而存在主义原真性关注游客体验的自我存在感。如果旅游开发的对象是历史文化资源,却不能恪守客观主义原真性的内涵,旅游经济活动则必然出现不尊重客观原真性的、反历史反文化的、浮夸且虚伪的旅游经济氛围。故建构主义原真性相对尊重客观原真性,把客观原真性看作是基础原真性。美国迪士尼的商业成功案例让我们不能不承认后现代主义原真性的现实价值,它并不是不尊重客观主义原真性,而是与其关联度极低,它通过符号化的创意形成了游客快乐体验的真实。值得一提的是,存在主义原真性最适合用来理解当代游客对世界遗产和旅游资源的体验，因为在实证研究中，它具有更强的解释力（Kim & Jamal，2007；Wang，1999）；关于存在主义原真性体验的量表，可用来进一步探讨原真性与旅游欲望、游客满意度和重访意向的关系（Cho，2012）。

文化遗产主要包括物质形态的历史文物、历史建筑和人类文化遗址，非物质文化遗产包括各种抽象的实践、表演、表现形式、知识体系和技能。文化遗产原真性保护的必要性已经为世人公认，非物质文化遗产具有诸多文化遗产的特点，只是表现为非物质的抽象品质。原真性的理论同样适用于非物质文化遗产。非物质文化遗产是民族个性、民族审美习惯的"活"的显现。原真性作为定义、评估和监控文化遗产的一项基本因素，这一观点在国际上已达成了普遍共识，因此，在非遗旅游开发中，也应该贯彻真实、全面地保存并延续历史信息及全部价值的指导思想。

第二节　旅游原真性的产业意义

一、舞台原真性内涵

在考夫曼（Goffman，1959）关于社会生活"前台"和"后台"理论研究的基础上，麦坎内尔（MacCannell，1973）提出了舞台原真性（Staged Authenticity）理论。他把旅游活动的社会空间看成一个大舞台，希望这个舞台能够反映旅游资源的原真性。为此，原真性概念被明确引入旅游研究领域。他把这个舞台划分为"前台"和"后台"。前台是主客接触的空间，如接待室和会客室。后台是当地人员在表演空隙休息、准备的空间，如厨房、热水房和洗衣房。后期研究者将"前台"和"后台"的概念泛化，"前台"泛指旅游演艺活动、旅游项目设计、旅游服务表现、旅游资源展示和旅游基础设施建设，同时体现了建构主义原真性、后现代主义原真性和存在主义原真性的内涵。"后台"泛指原汁原味的遗产客观原真性和建构主义原真性。随着旅游业蓬勃发展，"前台"的商业化行为往往淹没了旅游资源的原真性，导致舞台原真性丧失，并渐变为舞台假象。

游客希望到异质文化的世界中追求"彼时彼地"的真实，体验异域的风土人情，或者至少看到目的地真实的社会状况。现代人对工业化和城市化带来的异化产生了厌恶情绪，不断加剧的环境压力和生存压力驱使城市人向往简单的生活方式。都市人常认为自然资源和人文资源的原真性多存在于浮华的城市之外，在远离城市的自然界或者乡村，他们渴望拥抱自然和回归乡村，在宽松、和谐、静谧的氛围中安抚心灵并欣赏原真的自然风光和传统文化。这些质朴的愿望果真能实现吗？

旅游业在追求经济效益的过程中常有旅游项目商业化的倾向，而且伴生出了旅游项目同质化的问题，各地的旅游项目大同小异，游客出发地与目的地的旅游环境常有雷同之处，旅游目的地的独特性经常被商业化的浪潮洗去了颜色。世界遗产和旅游项目不断符号化并被复制到世界各地，如微缩景观和风靡世界的迪士尼乐园。同一个旅游运营集团，操纵着巴黎主题公园、洛杉矶主题公园、东京主题公园、奥兰多主题公园，所营造的旅游形象极为相似，把本应色彩纷呈的国际旅游文化演绎成一家独大的企业文化。甚至典型的乡村生活形态也被各地复制推广，如中国多地在乡村旅游开发中推出的极为类似的饮食文化街。

旅游目的地为了完善旅游供给，不仅修建酒店、餐馆和机场等服务设施，并且影响和改造了当地传统文化。为了吸引游客，宗教仪式活动也成为旅游演艺的素材，遗产的原真性受到旅游经济活动的强烈冲击，形成文化碎片。麦坎内尔（MacCannell，1973）对旅游产业前景怀有悲观和忧虑情绪。他指出，现代化旅游经济活动成为全球经济发展的重要力量，它抹除了历史文化的原真性，重新包装了地方特性并以讹传讹，旅游活动的舞台原真性逐渐丧失。当旅游地与游客生活地的旅游资源日渐相似，最初的求真求实求异的旅游动机也将不复存在。新的旅游动机将会演变成为虚荣心的驱使，即为了向别人炫耀自己曾经去过某地而旅游。

舞台原真性理论既反映了对客观主义原真性的坚持，又反映了对现代旅游业舞台假象的批判。旅游项目“前台”商业化、舞台原真性“失真”，时常让游客失望。随着科学技术的进步，人们担心旅游项目的复制品越来越多。一些现代都市人认为，当旅游业的商业化气息延伸到大自然和乡村地区时，旅游者所追求的原真性便会逐步消失。

二、旅游原真性情境

科恩（Cohen，1979）从场景的本质（Nature of Scene）和旅游者的印象（Tourist's Impression of Scene）两个角度出发，讨论了旅游原真性体

验的四种情境(见表2-1)。第①种情境是,若场景的本质展示是真实的,旅游者的主观印象也是真实的,那么两者建构了原真性。第②种情境是,若场景的本质展示是真实的,而旅游者的主观印象是舞台化的,那么会导致对原真性的舞台猜疑。第③种情境是,若场景的本质展示是舞台化的,而旅游者的主观印象是真实的,将会形成舞台原真性的体验。第④种情境是,若场景的本质展示是舞台化的,旅游者的主观印象也是舞台化的,那么旅游者的体验结论将是做作的。

第①和第②种情境说明,即使场景的本质展示遵从了原真性,但由于旅游者有不同的知识结构和认知水平,旅游体验结果出现了对原真性的不同评价。显然第①种情形是理想的体验情境,而第②种情境有可能反映了旅游者主观上对商业化的惯性认知。各地旅游商业化倾向造成了旅游者的反感与戒备,即使他们面对真实的旅游文化,由于粗制滥造的文化展示,也可能怀疑其为虚假的旅游文化,这就是"舞台猜疑"理论。第③种情境说明,如果场景的本质展示是舞台化的,不真实的旅游文化被仿真包装并进行舞台演出,旅游者无法分辨文化的本质而接受舞台化虚构的内容,视其为"真实的情形"加以接受,于是形成了舞台原真性。如果客体的场景本质具有历史文化的属性,那么这种舞台真实性从客观主义原真性的角度来看,是违背史实的虚伪表现,属于具有欺骗性和蛊惑性的"舞台原真性",但从后现代主义和存在主义的角度来看,却是管理与营销的成功,尽管它可能忽略了对传统文化的传承而误导了旅游者对社区文化的理解。尤其是没有历史渊源的创意客体,比如迪士尼的卡通形象,其舞台原真性的营销成功是不言而喻的。第④种情境下,旅游文化是虚构的,舞台化表现也不尽如人意,旅游者彻底失望。它反映了旅游经营管理水平低下,未能使旅游者得到应有的文化体验。

表2-1 旅游者原真性体验情境

旅游者原真性体验情境		旅游者的主观印象	
		真实的	舞台化的
场景的本质	真实的	①原真的	②舞台猜疑
	舞台化的	③舞台原真性	④做作的

来源:译自(Cohen,1979)

影响游客原真性体验的因素有商业化、主客互动、游客自身特征、强势文化的侵蚀等。格林伍德(Greenwood,1977)提出商品化的旅游文化产品丧失了地方含义和特点。如果为游客提供的文化表演只是为了赚取金钱,那么表演本身所沿袭的文化精髓将不复存在。但科恩(Cohen,1988)认为,商品化使原真性丧失的说法是荒谬的。一种新的商品化的民族文化,可以随时被接受为"真实",同时这种商品还会得益于悠久的民族文化所赋予的深厚内涵,成为更具吸引力的商品。他认为真实性是一个相对的、值得商榷的概念,并将成为旅游社会学、旅游人类学研究的核心。他以迪士尼为例,解释了即使有些事物最初是不真实的或人工的,但随着时间的流逝慢慢会变成"自然而然的真实"。约翰逊(Johnson,1981)和金(King,1981)认为,迪士尼乐园被视作人造娱乐的最高典范,随着时间的推移,它成了当代美国文化的重要组成部分。摩尔(Moore,1980)也指出,毫无疑问,在未来,即使是历史学家和人类学家也将把迪士尼视为"真正的"美国传统文化。柯尔(Cole,2007)认为商品化可以被视为"一个可以使当地居民开始重新评估他们的历史和去除农业羞耻感的积极过程"。丹尼尔(Daniel,1996)还关注了旅游舞蹈演艺,他发现游客通过主动参与舞蹈演艺,与当地居民开展互动并获得了真实的体验。

泰勒(Taylor,2001)认为,旅游目的地经营方希望以诚意向游客表达传统文化内涵,但商业化包装往往有功利性目的,又让游客对文化的原真性产生了质疑。他研究了新西兰毛利人的旅游文化表现,从正反两面谈了自己的看法:有人认为原真性的创造与包装对于旅游业来说是很重要的,因为它促进了旅游欲望和产品价值的产生。但是旅游商业化融入的现代元素有可能破坏地方文化的原真性。要反对过度商业化开发,它不但会对遗产原真性造成曲解和破坏,还会导致旅游者真实性体验度降低。

三、旅游原真性体验

国外研究理论中的"虚假旅游体验论"认为,有些游客既没有获得原真性的能力,也没有追求原真性的愿望。游客追求的是肤浅的、别人策划的"假事件",游客沉湎于商业化的、舞台化的旅游资源(Staged Attractions)。游客自愿"上当受骗",这是造成游客与目的地原真性隔离的原因之一(Boorstin,1962)。商业化驱动的行业产品会欺骗游客,让他们相信人为的吸引物实际上是"真实的"(Cohen,1988)。"追求原真性理论”认为，以西方游客为例，他们总是在寻找原真性，但旅游业是无法让游客找到原真性的，因为旅游业是以盈利为目的的商业驱动型产业，旅游活动“失真”（inauthenticity）现象泛滥，所谓的“舞台原真性”往往是为欺骗游客而精心策划的（MacCannel，1973）。上述基于原真性的研究批判了现实社会中旅游业虚伪的商业化表现，对原真性的丧失表达了悲观情绪。

研究表明，不同类型的游客对旅游原真性的认知能力和欣赏诉求是不一样的，不同的旅游资源展示方式和经营管理模式给游客带来的体验也不相同。游客并非全都没有辨识原真性的能力，只是能力程度不同。游客在自己社会中被异化的程度不同，在旅游中寻求原真性的强烈程度也会有差别，不同背景、类型的旅游者对旅游原真性的体验是不同的（Cohen，1979，1988；Redfoot，1984）。对高知识、高素质的游客而言，原真性是非常重要且有意义的。对于那些享乐主义者而言，他们更多关注旅游活动中的感官快乐且缺乏相应的鉴赏能力，他们往往忽略旅游的原真性（Cohen，1988）。

白杨（2006）提出，旅游原真性要求与不同的旅游方式有关：文化旅游型游客比娱乐型游客对原真性的要求更高，而人类学“田野工作者”对原真性的要求是最高的。赵红梅（2007）从游客体验的视角说明体验型游客对原真性的要求高。张朝枝（2008）从遗产原真性和旅游原真性两个不同的原真性理论的演变入手，讨论主体对客体“真”“假”的辨别及其体验效果，指出媒体宣传对游客的体验真实也能产生影响。总之，不同游客的个体特征差异较大，他们的年龄、性别、性格、阅历、修养、知识、收入和阶层都会影响对原真性的体验。

四、旅游原真性与商业化

张晓萍（2003）认为商业化对旅游真实是有帮助的，提倡舞台真实，认为舞台可以防止人们涌进后台，可以更好地保护后台文化的原真性。但她同时指出不是所有的东西都可以拿来复制、拷贝，那些神圣文化就不能随意开发成旅游资源。赵红梅（2003）认为文化商品化趋势似乎不可逆转，但文化商品化并没有给文化真实带来灭顶之灾，相反，它从一定程度上也促进了文化原真性内涵的发展与延伸。吴晓隽（2004）认为在原真性旅游中制定旅游的商业目标要服从于遗产文化的人文精神和文化理念弘扬的目标，要重视社区参与。张补宏、徐施（2010）在研究民族旅游保护模式时，探讨了商业化对旅游原真性积极与消极的影响，提出保护模式应该是构建前台—帷幕—后台的“舞台真实”。高燕和凌常荣（2007）就旅游者对黑衣壮民族文化的原真性感知差异与满意度进行实地问卷调查，得出游客体验原真性越高则满意度就越高的结论。贾鸿雁和王金池（2009）将建构主义旅游原真性理论运用到汪曾祺水乡风俗园的开发中。陈兴（2010）提出“虚拟真实”的原则，类似舞台真实，主张挖掘真实文化、展示真实文化的符号，鼓励社区参与。

遗产的原真性是旅游开发价值的基础和核心，应该在尊重原真性、保护原真性的基础上，将旅游经济发展与遗产原真性保护有机结合。应制定合理的旅游规划，以确保旅游经济发展与资源原真性保护的均衡。自然保护区的划区方式对于规模化的物质文化遗产景区值得借鉴。要加强政府宏观调控，根据中国国情，完善与遗产保护、原真性保护相关的法律法规，约束经营者带来的负面作用，以应对旅游产业大开发的现实。

培育游客的文明素质对于原真性保护具有重要意义。随着余暇时间的增多、可自由支配收入的提高以及交通运输的现代化，旅游市场快速扩大。但是有相当多的游客对旅游资源的保护意识不到位，环境保护意识也欠缺，甚至有破坏旅游资源的行为。故发展旅游业的同时要增强对游客文明素养的培育，引导游客树立环境保护和爱护旅游资源的意识，倡导科学和文明的旅游消费方式，实现在保护旅游资源原真性的前提下旅游的可持续发展。此外，可通过景区环境容量监测体系的预警、门票价格杠杆的调控、景区交通调度的分流、城市旅游集散中心的引导、旅游公众平台的预约，以及旅游电子门票预售等手段，有效控制旅游环境流量，保护旅游生态环境和旅游资源的原真性。

第三节　山西乡村旅游原真性表达

山西乡村地域自然遗产、物质文化遗产和非物质文化遗产存量较大，历史文化、农耕文化和民俗文化底蕴深厚。发展乡村旅游离不开遗产和文化资源的支撑，故乡村旅游发展客观上要求传承与展示旅游资源的原真性，进一步挖掘其文化内涵和艺术魅力，并加以发扬光大。

一、“失真”开发的教训

“失真”即资源原真性被破坏或者被忽略。旅游开发忽略原真性保护的行为被国家相关部门惩戒，此类报道屡见媒体，有些景区因过度商业化破坏了资源原真性而被取消景区质量等级。科学发展观告诫旅游开发者，自然遗产、物质文化遗产和非物质文化遗产作为旅游资源加以开发时，其原真性保护不容忽视。许多学者对急功近利、过度开发导致的过度商业化现象深恶痛绝，例如，在旅游展示中，以大同小异、似是而非的传说和神话，代替基于文化、历史、科学的介绍；为取得规模效益，盲目扩张景区，大量增加新建筑体量和商业设施，冲淡了主体的原真性，等等。旅游者在旅游中追求的是原真性的旅游愉悦，希望在旅游中寻找到原真性的文化传承。然而，在实际的旅游开发中，过度的商业化常导致千景一面，影响了旅游原真性的表达。因此，开发经营者要认真把握原真性和商业化的平衡。

二、原真性保护的重要性

中国乡村旅游在20世纪80年代兴起以来迅速发展，乡村地区日益成为现代旅游者所青睐的主要旅游目的地之一。乡村旅游开发在给乡村地区带来经济收益的同时，也提供了一个展示多元化旅游产品的机会，有利于促进传统文化和农耕文化的传承，增强乡村地域认同感，促进乡村地域经济与社会发展。与此同时，旅游作为现代化的重要经济成分进入乡村地区，往往会对当地的自然生态和文化生态造成冲击，产生诸多负面影响。乡村旅游研究中关于传统文化保护的“原真性”“舞台化”“商业化”的诸多争论日渐成为学界研究的重点。在第八批全国重点文物保护单位名录公布后，山西共有全国重点文物保护单位531处，稳居全国第一。山西文物古迹与历史文化遗存的70%分布在乡村地区，适逢乡村旅游大发展，旅游资源的原真性保护被提上了日程。

三、原真性表达的方式

在山西乡村旅游开发过程中，旅游资源原真性保护任重而道远。为今天的游客和子孙后代保护乡村地域的自然状态，是山西乡村旅游开发面临的挑战。乡村旅游开发经营者在乡村旅游繁荣中获利的同时，要有高度的觉悟来保护旅游资源的原真性。

（一）原真性表达与可持续发展相统一

可持续发展理论（Sustainable Development Theory）是指既满足当代人的需要，又不对后代人满足其需要的能力构成危害的发展，以公平性、持续性、共同性为三大基本原则。原真性表达要以可持续发展理论为导向，要防止原真性垄断造成门票价格过高的现象，因为过高的门票价格对当代人的自然审美和文化审美是不公平的。原真性表达要注重资源的实体保护、精神财富原汁原味地呈现，以持续的输出状态为后人所用。在乡村山岳旅游开发中，主干道路的设计选择在无绿色植被的山脊上，同时加大道路两侧的绿化，就是为了保护环境，践行可持续发展理念。山西乡村旅游原真性表达必须明确树立资源共享的理念，在合理补偿开发管理费用的同时，使公众感受到原真性的审美价值和文化内涵。

（二）乡村性挖掘与原真性表达相统一

乡村性主要反映在三个与都市特征不同的方面：（1）聚落形态：人口密度和住区规模；（2）经济状况：土地利用状况，以及农业和林业的地位；（3）社会文化：传统社会结构、社区身份和遗产（OECD，1992；Robinson，1990；Carter，1981）。乡村性反映了乡村的特点，并形成乡村意象，而乡村意象进一步推动了乡村依恋情怀的形成。这种乡村依恋情怀在潜在乡村旅游者的心理活动中形成了旅游需求，进而促进了乡村旅游市场的发育。乡村性与都市特征的差异吸引了诸多城市人到乡村旅游，它满足了都市人“乡村怀旧”和“回归自然”的心理需求，乡村性的保持和提炼对于提升乡村游客原真性体验，促进乡村旅游健康发展具有重要意义。基于乡村性的原真性体验成为乡村游客的消费重心，乡村性是乡村旅游的卖点，乡村风貌的原真性成为乡村旅游的底色。如果乡村性不能展示有个性、有特点、差异化的原真性，就会形成千村一面的窘况，比如，乡村饮食街道同质化就降低了乡村饮食文化原真性体验。

（三）适度商业化和原真性保护相统一

对于文物古迹的开发和修缮，要保持原样或者修旧如旧。对于自然遗产和自然资源的开发要以人与自然和谐共生为前提,牢固树立绿水青山就是金山银山的理念,在科学规划的基础上发展乡村旅游事业,建设资源节约型和环境友好型的美丽乡村。旅游资源商品化对乡村旅游开发的益处、对资源原真性保护的反哺作用得到业界与研究人士的认可,资源的商品化有利于促进乡村文化旅游产业的发展,对于拯救那些濒临消亡的自然遗产、物质文化遗产、非物质文化遗产,在资金补偿方面起到了重要作用。但是资源商品化不可延展为过度的经营商业化,在尊重历史文化沿革的前提下,要坚决反对过度商业化对资源原真性的破坏。

(四)形象塑造与原真性表达相统一

在山西乡村旅游形象塑造中,要以乡土文化元素为核心,充分展示乡村地域历史文化、农耕文化、建筑文化和民俗文化的内涵,提炼乡村文化的特点,以原真性表达提高乡村旅游产品的品质和档次。以原真性表达展示乡村旅游资源的文化内涵和差异性特点,避免乡村旅游产品形式雷同和表现低俗。做好科学规划和产品设计工作,加强乡村民俗文化内涵的开发,重点体现有地域特色的民俗风情和乡土气息,以及乡村旅游产品的文化品位和艺术格调。山西乡村旅游产品开发应保持乡土本色,突出田园风光的审美特色,避免城市化元素的浸染。投资开发商要正确理解形象塑造与原真性表达相统一的关系,加强对原汁原味的乡村性元素的保护和挖掘,以科学规划指导开发,强化基于原真性表达的经营特色和差异性,突出乡村天然、纯朴、绿色、清新的环境氛围,努力展现乡村旅游的审美意象和诗意之栖的形象。

第三章　乡村旅游开发模式借鉴

第一节　乡村旅游开发模式分类

乡村旅游开发模式的分类可从四个视角来分析，一是乡村旅游的地理区位，二是乡村旅游的资源内涵，三是乡村旅游的组织结构，四是乡村旅游的业态形式。

一、从地理区位划分

（一）城市依托型

城市依托型乡村旅游指的是乡村依托大城市发展旅游业，将大城市居民作为主要客源，乡村旅游重点为大城市居民服务的发展模式。环城市乡村旅游依托于城市的区位优势和市场优势，在城乡接合部和环城市区域发展具有观光、休闲、度假、娱乐、康体、运动、教育等功能的乡村旅游产业，形成规模化的环城市乡村旅游圈。城市依托型乡村旅游与现代农业、休闲度假和乡村商业三大产业集群密切结合，形成了“1+3”发展模式。目前国内发展较好的有北京、杭州、成都等城市的近郊乡村旅游，这些乡村旅游项目有的依托当地独特的自然风光，有的以特色农业或者农家乐为主题来吸引大城市游客。城市依托型乡村旅游模式的优点在于拥有稳定的客源，交通便利，可以说是发展最为成熟、市场潜力最大的一种乡村旅游模式。环城市乡村旅游是最为典型的城市依托型乡村旅游发展模式。

（二）景区依托型

具有市场规模的成熟景区是旅游业发展的亮点，周边乡村依托其客源市场的多样化需求，开展相关旅游服务供给，形成景区依托型的乡村旅游开发模式。农家乐是最为典型的景区依托型乡村旅游发展模式。景区依托型乡村旅游依托景区的旅游资源吸引力、品牌形象、交通网络、旅游线路和规模市场，提供餐饮、住宿、交通、向导、购物和休闲娱乐服务，以多样化服务、灵活的经营方式和弹性的价格机制获得了乡村游客的青睐，带动了乡村经济的发展。在景区开发的带动下，周边从事乡村旅游的民众往往具有较强的旅游服务意识和旅游职业认同。随着乡村旅游管理水平日渐提高，景区依托型乡村旅游业逐步认识到科学规划的重要性，将自身的发展与景区的发展密切联系起来，制定了乡村旅游发展规划，与景区开发协同发展。景区在景观建设和交通设施上的刚性投资较多，但鉴于淡旺季的客观存在，游客流量具有不稳定性，在住宿与餐饮上的投资具有均衡性，以防止淡季的供给闲置。在景区经营的旺季，旅游供给的不足往往由周边乡村旅游来弥补。景区依托型乡村旅游的田园风光和民俗风情也往往是景区所不具备的，于是在旅游供给方面与景区形成了产品互补关系，因需求的存在而进一步发展。

（三）偏远地区型

偏远地区型乡村旅游即远离都市的偏远乡村地区利用旅游资源的原真性和特殊性开展旅游业务，并与国家旅游扶贫政策相耦合的乡村旅游开发模式。这种类型的乡村旅游大多区位偏远，交通条件不便。由于历史上长期的经济弱势，人口密度极低，外来访客较少，也正因为如此，这些地域生态资源无破坏、人文资源无干扰，自然景观壮美辽阔，乡风民俗保持了古朴气息和文化底蕴，对于那些逆城市化的践行者和热衷于异地异质文化的探寻者来说，具有一定的吸引力。加之国家产业扶贫政策的介入，这些地域的交通条件和基础设施建设逐步完善，形成了初步的旅游接待条件。偏远乡村地区可以利用古村落、古建筑、民俗风情、红色遗迹、历史遗址、田园风光、青山绿水和现代扶贫产业，把旅游与农业、体育、研学活动相融合，开展田园旅游、休闲农业、体育旅游、民俗旅游和研学旅游活动，形成农家乐、家庭农场和休闲农庄等多种旅游业态。大力开发绿色农产品与当地非物质文化遗产为特色的文创衍生品，让乡村旅游产品成为当地乡村风物的展示台，有效提高当地村民收入。在目的地建设的策略层面上，应当把田园理想和社区建设相融合，构建“居民空间 + 商业空间 + 休闲空间”，留住乡愁、惠及民生、构建美丽、创造幸福，推进乡村振兴。

二、从资源内涵划分

（一）农业依托型

农业依托型乡村旅游是指乡村依托当地农业内涵及表现形式进行旅游开发的模式，它适用于农业产业规模效益显著的地区，以产业化程度极高的优势农业为依托，以特色农业的大地景观、加工工艺和产品体系作为旅游吸引物，开发“农业 + 旅游”产品组合，开发深度观光、休闲、体验等旅游产品，带动餐饮、住宿、购物、娱乐等产业，促进农业向二、三产业延伸，实现乡村农业与乡村旅游的协同发展，产生强大的产业经济协同效益。江西婺源篁岭在田园景观型特色小镇的发展道路上，走出了“花海 + 乡村旅游”发展模式。婺源篁岭旅游特色小镇以油菜花海著称，有“最美乡村最美景致”之称，其“篁岭模式”备受关注。篁岭在打造乡村旅游特色小镇的过程中，对观光休闲体验产品做了整体的规划与开发。篁岭旅游特色小镇在四周千亩梯田打造四季花谷，并以两个月为周期更换主题，营造气势恢宏的大地花海景观，在乘缆车入镇的过程中，乡村游客满眼皆是锦绣风光。小镇内部也多方位营造花卉景观，并在阶梯布局的民居建筑之上展现“晒秋”的色彩。在“花海”的主题之下开辟了一条商业街道，以古朴的建筑风貌作为旅游购物和餐饮消费的背景。值得关注的是，农业科技在现代乡村旅游发展中发挥着重要作用。比如北京顺义的科技农业示范区，不但可以参观游览，还可以体验高科技与农业相结合的创意农业旅游，如花卉的培育和景观配置。农业科技示范园区开创了高科技农业生态旅游模式。

（二）历史依托型

历史依托型乡村旅游是指乡村地域依托乡村聚落景观、乡村建筑景观及其蕴含的文化精神进行旅游开发的模式。古村镇旅游是典型的历史依托型乡村旅游。古村镇具有古朴的建筑格局和建筑形式，以及丰富的历史文化内涵，具有重要的旅游资源价值。古镇旅游开发分为两大类，一是开放式，二是封闭式。开放式的，如陕西省礼泉县烟霞镇的袁家村，入园不收门票，依托西安都市圈的客源市场，采取村集体集约管理形式，以丰富的次级旅游项目获取收益，其特色饮食、乡村客栈、旅游购物和演艺项目成为村集体的主要收入来源。封闭式的，如乌镇的模式，把乌镇当作景区去打造，入园收取门票，以支撑维护古建筑、保护历史文化遗存的相关费用，同时景区内的次级消费项目也成为收入来源。古村镇乡村旅游以其深厚的文化底蕴、淳朴的民风和古香古色的建筑遗迹等受到游客的喜爱。但是，旅游发展中保护与开发之间的矛盾，文化传承与资源商业化的博弈等，也成为景区开发中的突出问题。古村镇开发应关注保持和维护资源的原真性，在保护的前提下进行合理开发。

（三）民俗依托型

民俗依托型乡村旅游是指乡村地域依托乡村民族民俗文化、乡村制度文化和乡村精神文化进行旅游开发的模式。民俗依托型乡村旅游将乡村旅游与文化旅游紧密结合，乡村文化活化展现是民俗依托型乡村旅游成功的关键。民俗依托型乡村旅游具有文化原真性、体验参与性，以及浓郁的民俗风情等特点。民族民俗文化是特定地域乡村居民和民族的生活习惯和风土人情，是传统的乡村民俗文化和民族文化长期积淀的结果，既有物质的形态，也有抽象的内容。所蕴含的生产民俗、流通民俗、消费民俗、游艺民俗、信仰民俗、历法节日民俗等，都为民俗旅游提供了发展空间。在少数民族风情浓郁的地区，常采取这种民俗依托型模式，并逐渐成为少数民族聚居区经济发展中的旅游亮点和新的增长点，得到当地政府的大力支持。广义的民族民俗风情还包括乡村制度文化和乡村精神文化，这些也成为乡村民俗旅游的资源依托。如白鹿原·白鹿仓景区整合区域文化资源，以保护和传承地方特色为目的，以乡村制度文化和乡村精神文化体验为核心，通过高水平的规划和精心的院落建筑设计，营造民俗文化历史场景，配合美食、互动、体验、演艺，打造全方位的传统民俗文化体验地。

（四）创意依托型

创意依托型乡村旅游是指一些乡村地域虽然具有自然资源和人文资源，但资源特点不突出，转而以创意产品为依托，开展乡村旅游的模式。传统民间艺术商业化是推动创意主导型乡村旅游发展的前提。中国乡村民间艺术是区域大众生活的体现和特征，主要包括微雕、陶瓷、布艺、木艺、果核雕刻、刺绣、毛绒、皮影、泥塑、紫砂、蜡艺、文房四宝、书画、铜艺、装饰品、漆器等，其代表了一个民族和地方的文化特征，具有区域独特性。这些传统民间艺术有利于促进乡村旅游个性化发展，优化产业结构，创新旅游产品，如富有北京地方特色的顺义中国结、门头沟麦秸画、大兴黑陶工艺等，这些传统艺术通过不断创新，不仅是乡村旅游的一种艺术体验，更强化了旅游目的地的品牌形象。综合分析当今国内外民间艺术旅游发展，主要包括民间艺术博物馆、民间艺术产业园、民间艺术休闲街区三种形式。江苏省无锡市惠山区的泥人文化创意博览园总体项目占地面积约为 3.03 公顷，其突破传统博物馆的发展模式，将博物馆与休闲博览园结合，旨在传承创新惠山泥人非物质文化遗产，弘扬中国著名的民间彩塑流派的文化内涵，打造一个独具创意和想象力的艺术乐园。有的乡村地域开展具有康养创意主题的乡村旅游，长庚养生文化村位于我国台湾桃园龟山乡高速公路旁，占地一个山头，约 34 公顷，环境优美。全村 3600 户，村内养生休闲生活多种多样，建有体育馆、健康俱乐部、游泳池、网球场等休闲场所，还设有宗教活动场所。长庚养生文化村将养老公寓开发理念融入其中，还配备有养生养老的休闲生活设施、医院以及健康配套设施。

三、从组织结构划分

（一）个体农庄

现代农业科技和现代经营理念促进了个体规模农业的发展，在此基础上，个体农庄的乡村旅游开发模式表现为，在原有的农、林、牧、副、渔产业基础上开发旅游吸引物，进行旅游设施建设，设计具有乡村性的旅游产品，从而形成具有完整接待能力的乡村旅游景点。个体农庄的发展，吸纳了附近大量闲散劳动力，将休闲农业融合到旅游服务业中，初步实现了一二三产业的融合发展。个体农庄多采用轻资产的自主运营形式,投资少、见效快、回报高,拓展了乡村土地升值空间。

(二)村办企业

村办企业的乡村旅游开发模式是自然村或行政村的“村有企业”进行开发、经营和管理的模式,实际控制主体是村委会。在这种模式下,村集体开发经营的自主性能够充分体现,村民参与度和积极性较高;在乡村旅游规划和开发的过程中能够把体现当地乡风民俗的地域特色保留下来,突出乡村旅游资源的独特性和吸引力;管理者与村民具有利益的内在一致性,在思想观念、生活方式、文化认同等方面的冲突也比较少,在先进经营理念的指导下,可以促进沟通协作,提高经营管理效率。

(三)整体租赁

整体租赁的乡村旅游开发模式是指将乡村旅游的所有权与经营权分开,授权给一家旅游企业进行较长时间的经营管理,按约定比例由村集体所有者和旅游企业经营者共同分享经营收益。承租旅游企业独立经营、自负盈亏,实施成片租赁开发,进行垄断性建设、经营、管理,定期缴纳承包运营费用。租赁模式可以充分发挥承包旅游企业在资金、市场、经营、管理方面的优势,从而提升乡村旅游的市场竞争力,推动乡村旅游高质量和内涵式发展。

(四)农户 + 农户

“农户 + 农户”的乡村旅游开发模式是乡村旅游发展初期经常出现的经营模式。乡村旅游开发初期,农民对外来经营单位心存疑虑,不愿将资本和土地交给企业进行管理,他们更愿意采用农户协作的经营方式,逐渐形成了“农户 + 农户”的乡村旅游开发模式。这种模式的经营方式机动灵活,资金投入比较少,且能够保留乡村旅游资源的原真性,乡村游客以较少的支出就能体验到当地的风土人情。但这种模式不易形成旅游规模经济,适合乡村旅游发展初期,只能满足少量旅游供给。

(五)公司 + 农户

“公司 + 农户”的乡村旅游开发模式是指由乡村旅游开发公司和

农户签订契约，农户负责提供旅游服务，公司负责旅游市场运营的开发模式。这种模式激发了当地村民旅游致富的热情，把传统农业的生产、加工、销售有机结合起来并植入旅游业，把农户和乡村旅游市场联系起来，不仅有利于促进乡村生产力的发展，而且有利于提高村民文化素质和服务能力，促进了乡村人居环境和旅游设施建设，有效提升了乡村旅游业的经营管理水平。

（六）社区 + 公司 + 农户

“社区 + 公司 + 农户”的乡村旅游开发模式是“公司 + 农户”的升级版。“社区 + 公司 + 农户”模式中的“社区”是指作为社区代表的自然村（行政村）的村委会，或者乡村旅游协会。“公司”是指村办旅游企业，或者外来旅游企业。“农户”是具体的服务单元。在这种模式下，社区村委会决定乡村旅游开发重大事宜并协调公司与农户的关系，旅游企业负责乡村旅游经营管理，农户提供乡村旅游服务。社区、公司、农户三者职责明确，利益分配均衡。

（七）政府 + 公司 + 农户

“政府 + 公司 + 农户”的乡村旅游开发模式即“政府引导下的企业 + 农户”模式。市、县、乡各级政府和旅游主管部门按旅游市场需求和旅游总体规划，确定乡村旅游开发地点、内容和时间，指导和引导当地村民实施乡村旅游开发，由当地村民组建旅游开发公司，或者与外来投资者合作，进行具体的运作和实施。利润由村民（乡村旅游资源所有者）和外来投资者按一定比例分成。除此以外，村民们还可以通过为游客提供住宿、餐饮等服务而获取收益。这个模式有三大好处：一是减少了政府对旅游开发的投入，二是使当地居民真正得到了实惠，三是降低了旅游管理部门的管理难度，因而是一种切实可行的乡村旅游经营模式。

（八）政府 + 公司 + 旅游协会 + 旅行社

“政府 + 公司 + 旅游协会 + 旅行社”的乡村旅游开发模式适用于大规模乡村旅游业，它将诸多主体融入乡村旅游产业链条，发挥各方优势，合理分配利益，从而促进乡村旅游的可持续发展。在这种模式下，政府主导乡村旅游规划和基础设施建设，优化乡村旅游发展环境；公司负责乡村旅游的商业运作,提升乡村旅游目的地的经营管理水平;农民旅游协会组织农民提供旅游商品和旅游服务,协调村民与公司的利益;旅行社规划旅游线路,通过媒体开拓市场、组织客源。

四、从业态形式划分

(一)农家乐

2017 年 12 月 1 日,《公共服务领域英文译写规范》正式实施,规定农家乐标准英文名为 Agritainment。中国农家乐最初发源于四川成都,具体包括都江堰市的青城山,郫县、温江等地。后来发展到整个成都平原、四川盆地,直至全国。真正以“农家乐”命名的乡村旅游项目始于 1987 年,在休闲之都——成都郊区龙泉驿书房村举办的桃花节上明确提出了这一概念。当今中国的农家乐模式除四川外,主要出现在北方,其中又以北京、天津、河北为主,农家乐最吸引游客的地方是:位于城市近郊,交通方便,且消费合理,价格实惠。农家乐以农为根、以家为形、以乐为魂,在家庭经营的基础上形成了“住农家院、吃农家饭、干农家活、游农村景”的业态特点。如今很多农家乐提供的游乐项目千篇一律,大多数游客的旅游活动停留在唱歌、吃饭上,这完全背离了农家乐的原始初衷和本质含义。单体农家乐经营应规模适度,不宜贪大求洋,而是要注重发展特色,把农家乐的品牌做精,提高农家乐旅游文化的品位。农家乐旅游的本质是展示农家生活方式,只有保存原生态的生活方式,才有可持续发展的农家乐。

(二)民俗村

民俗旅游是指人们离开常住地,到异地去体验当地民俗风情的文化旅游行程。乡村民俗文化作为一个乡村地区、一个民族悠久历史文化的结晶,蕴含着极其丰富的社会内容,由于乡村地区的地方特色和民俗特色是旅游资源开发的关键内容,具有独特性与不可替代性,因而,从某种意义上讲,民俗旅游属于高层次精神享受的旅游。旅游者通过乡村民俗旅游活动,亲身体验当地民众的社会生活和风土人情,满足了求新求异的文化认知需要,从而达到感性之娱、审美之境和诗意之栖的层级综合体验。以乡村的自然风光和田园风光为环境依托,乡村民俗旅游的内容主要包括对有形的乡村人文旅游资源，如民族村寨、乡村特色建筑和聚落形态、乡村遗迹遗址和古建筑、乡村农业景观、生产工具遗存、宗教建筑和活动场所、乡村和民族服饰、乡村特色饮食和土特产、乡村工艺品和纪念品等的游历、鉴赏和商业行为。还包括对无形的乡村人文旅游资源，如乡村农耕文化、民族民俗风情，以及传统礼制和礼仪等多种形态的历史文化及传统文化的体验。

（三）休闲农庄

农庄旅游的英文是 Farm Tourism，又译为农场旅游。农庄旅游是以农庄或农场的农业格局为布局基础，以都市游客为主要客源，以休闲娱乐和增长见识为主题的乡村旅游。休闲农庄的旅游资源包括农家、农田和山林构成的田园风光，以及非物质文化遗产。活动场地包括茶园、花园、观光果园、休闲渔场等。休闲农庄旅游项目由投资主体进行科学规划和开发，将农村的一二三产业相融合，进行旅游配套设施建设，形成旅游接待能力。农家住宿设施体量和公用设施体量较大，且向精细化配置的方向发展。休闲农庄的特色是市场吸引力的关键所在，如法国的葡萄酒休闲农庄旅游，以葡萄酒酿制为主题，并且从历史、建筑、文化、美食和交友的层面，令游客们亲身体验具有代表性的法式生活艺术。与农家乐相比，休闲农庄项目的设计与实施更具有系统性，旅游接待能力更加完善。与民俗村相比，休闲农庄旅游更注重第一产业的要素整合，从而形成旅游吸引力。

（四）农业旅游

农业旅游的英文是 Agrotourism/Agritourism，又译为休闲农业，它包含了农庄旅游。农业旅游是乡村地区对农事活动、农村部落、农民生活、农业生态、农业收获物等农村事物进行旅游与休闲的开发利用，吸引游客到来的旅游活动。各地的农业旅游区位优势、资源优势、特色优势和客源优势等，为区域农业旅游开发提供了依据。在农庄旅游的基础上，农业旅游活动还包括观光采摘农业、大棚生态餐厅、农业教育园、农业科技园等多种形式。农业旅游依托生态田园般的乡村环境，以当地特色农业资源为基础，满足都市人群对品质乡村生活方式的参与体验式消费需求，集生态农业、养生度假、康体疗养、观光考察、休闲娱乐、科普教育等功能为一体,以实现经济价值、社会价值和生态价值,建成现代农业创新经营体制。

(五)第二居所

第二居所的乡村旅游模式是指在城市生活和工作的人们以城市住所为第一居所,而闲暇时间则以乡村的另一套住宅,即第二居所为住所,开展休闲、养生和度假活动的旅游模式。结合乡村良好的生态环境、田园景观和自然风光,第二居所迎合了城市居民对生态空间的需求,满足了城市居民对乡土情结的精神追求,也为房地产开发商、农庄主、民宿主提供了商机。第二居所的旅游者或者拥有房产的所有权,或者拥有房产的使用权。第二居所的形成有三种典型情况:第一,根据中国法律相关规定,根系乡村的农转非群体,虽然无权使用农村宅基地,但可以继承父母的房屋遗产(不能翻盖),第二居所自然形成。第二,购买位于城乡接合地带的商品房形成第二居所。第三,购买使用权形成短期或者长期的第二居所。第三种情况为形成乡村旅游第二居所的主要形式。

(六)特色小镇

2016 年 7 月 1 日,住建部、国家发改委、财政部联合发布通知,决定在全国范围开展特色小镇培育工作,计划到 2020 年培育 1000 个左右各具特色、富有活力的休闲旅游、商贸物流、现代制造、教育科技、传统文化、美丽宜居等特色小镇。特色小镇不是行政区划层面上的一个镇,也不是一个产业园区,而是按照创新、协调、绿色、开放、共享发展理念,聚焦信息经济、环保、健康、旅游、时尚、金融、高端装备等七大新兴产业,融合产业、文化、旅游、社区功能的创新创业发展平台。特色小镇的规模介于小城市和农村居民点之间,小城市的发展强调新型工业化引导产业发展,农村居民点强调以农业现代化引导新农村建设,而特色小镇强调以特色产业化培育小城镇建设活力。从特征内涵上看,特色小镇具备四个特征:产业上“特而强”、功能上“有机合”(有机结合)、形态上“小而美”、机制上“新而活”。特色小镇均位于城乡接合部位,与农村城镇化发展密切相关。发掘文化功能,嵌入旅游功能,成为特色小镇整合发展的重要抓手。

（七）乡村度假村

乡村度假村是指依托良好的乡村人文生态环境，为旅游者较长时间的驻留而设计的住宅群，即为满足游客休闲度假目的，在乡村地域实行的旅游开发形式。配套设施包括生活公用设施、休闲娱乐设施、体育运动设施和健康养生设施。乡村度假村具有综合服务功能，不但能为乡村游客提供住宿和饮食服务，而且还能够提供休闲娱乐和运动康养服务，并为乡村游客提供一个亲近大自然、欣赏田园风光和了解农耕文化的机会，使游客在远离都市喧嚣的环境中得到身心的放松，并感受慢生活的惬意。根据产品主题，乡村度假村可分为乡村休闲度假村和乡村康养度假村两大类。根据依托的环境和资源特点，乡村度假村可分为乡村海滨度假村、乡村水景度假村、乡村山地度假村、乡村森林度假村、乡村温泉度假村等。

（八）田园综合体

田园综合体是集现代农业、休闲旅游、田园社区为一体的乡村综合发展模式，是通过旅游助力农业发展、促进三产融合的一种旅游可持续发展模式。2017 年 2 月，田园综合体作为乡村新型产业发展的亮点措施被写进中央一号文件，支持有条件的乡村开发建设以农民合作社为主要载体、让农民充分参与和受益，集循环农业、创意农业、农事体验于一体的田园综合体，通过农业综合开发、农村综合改革、转移支付等渠道开展试点示范。田园综合体与农旅综合体规划都是城乡统筹规划体系的有效补充，是新型城镇化发展路径之一和重要抓手，是农业农村统筹发展、城乡融合的主要规划设计类型。

第二节　中国乡村旅游开发模式分析

20 世纪 80 年代在中国西部农村地区首次出现规模化的乡村文化旅游形式。在 20 世纪 90 年代之后，中国现代乡村文化旅游蓬勃发展，逐渐演化出城市依托型、景区依托型、历史文化依托型、创意依托型等多种乡村旅游经济发展模式，不仅为当地村民增加了大量的收入，创造了更多的社会就业岗位，促进了农村经济和文化的振兴，对于逐步缩小中国城乡差距也具有重要的推动作用。

一、城市依托型案例

（一）案例成就

以北京蟹岛度假村为例。蟹岛度假村位于北京朝阳区小店村，是北京市朝阳区推动农业产业化的重点示范单位，也是中国环境科学学会指定的北京绿色生态园基地，它同时拥有中国最大的人造海滨浴场，该浴场占地面积达 6 万平方米，整个度假村属于典型的城市依托型乡村旅游模式。它利用位于城市郊区的乡村旅游资源，依托北京市客源市场，打造与城市环境截然不同的休憩旅游圈。它集种植、养殖、度假、休闲、生态农业观光为一体，以产销“绿色食品”为最大特色，以餐饮、娱乐、健身为载体，以让游客享受清新自然、远离污染的高品质生活为经营宗旨，吸引城市居民来此休憩、游玩，得到充分的放松。

根据环城游憩带理论，乡村旅游会逐步发展成为环城市乡村的主要功能之一。依托于城市的地理、经济和客源优势，在环城市区域便于形成一批规模较大、发展速度较快的环城市乡村旅游目的地，因此环城市乡村旅游要依据市场定位，为充分满足城市游客需求来开发与之相关的旅游项目。旅游产业是一个多行业、多品种、多业态相融合的新兴产业，在各种产业布局中，环城市乡村旅游开发理念应与乡村性紧密结合，形成基于自身特色风貌的农业、旅游、商业“三合一”发展模式，成为代表未来环城市乡村社会经济发展的一种重要方式。

（二）案例启示

根据现代旅游发展的规律，经济发达城市周边的乡村旅游产生的原因主要有以下两个方面：农村产业结构调整的动力和城市居民融入自然的休闲需要（窦婷婷，2017）。基于上述分析，针对山西乡村旅游发展中存在的缺乏统一规划和盲目开发建设的现象，要对山西旅游资源统一规划，依托经济快速发展的城市的客流，推动粗放式的农村经济向集约化、高附加值的乡村旅游转变。

二、景区依托型案例

（一）案例成就

成熟的和知名的景区，其吸引力给区域旅游在资源和市场等多个方面都带来了发展契机，周边的乡村地区借助景区的影响力，往往会成为乡村旅游优先发展地区。鉴于景区周边乡村发展旅游业时受景区方面的影响较大，故将此类乡村旅游归类为以景区为依托的发展模式。

1. 北京十渡镇

十渡风景区位于北京市房山区西南部的十渡镇，有大规模喀斯特地貌，而十渡镇是以民俗旅游为主，集吃、住、行、游、购、娱等多种业态为一体的综合性多元化小镇。截至笔者撰写本文时，北京十渡除了民俗旅游发展良好之外，农家餐馆也已经有 300 余家。

十渡的乡村旅游，由早期农民的自发经营逐步走向规范化和规模化发展道路，是中国景区依托型发展模式的典型。十渡国家地质公园的景区吸引力为其提供了新的发展契机，与十渡风景区的资源互补，为十渡镇提供了广阔的发展空间（内容定位以民俗旅游为主，功能定位以景区配套服务为主）。

2. 贵州石头寨村

贵州省安顺市黄果树镇石头寨村，位于贵州省黄果树旅游区附近的山区，它以“石屋”和“蜡染”出名，享有“石头王国”和“蜡染之乡”的美誉，是国家、省级特色少数民族村寨，是典型的景区依托型村落。自 1982 年石头寨村开发建设以来，城镇化和乡村旅游业快速发展，村民的收入大幅增加，大量农户积极参与到乡村旅游服务和相关产业之中，使得村落对旅游产业的依赖度升高，逐步由以前的传统农业生产模式向旅游服务模式转变，村民的生活方式也日趋多样化（徐倩、李阳兵、黄娟，2020）。

（二）案例启示

根据国内景区依托型乡村旅游的发展历程，该类乡村旅游项目能否成功地开发，关键在于能否借助景区的客源，而其健康发展则主要取决于对游客形成的吸引力，其可持续发展又需要很好地处理各方关系和制定科学的发展战略。对于山西省多山地，大部分景区都处于乡村环抱之中的状况来说，完全适用上述理论。景区依托型乡村旅游的最终目的是形成另外一个独具吸引力的景区，这是依托大景区发展起来的包括乡村旅游在内的各类旅游项目的共同使命。因此，山西省的景区依托型乡村旅游在发展时，要打好景区牌，打好特色牌，走出自己的精品化、品牌化之路。

三、农业依托型案例

（一）案例成就

以中国台湾台一休闲农场为例。它位于中国台湾南投县埔里镇中山路，是一处占地约13公顷，集花卉造景、自然生态和休闲住宿于一体的休憩场所。农场以各农业种植场为基地，依据不同海拔的特殊生产条件和农作物的时令条件，确保全年都可以提供优良种苗和高品质果蔬，从而为农场的吃、住、行、游、购、娱奠定基础条件。在第一产业（种植）的基础上，它以优渥的自然生态资源为核心，通过雨林风情馆、花神庙、银河水道等观赏景点，园区采果乐、彩绘盆栽、自制笔筒等体验活动，以及台一特色农产品供给，让自然资源、景观资源、文化资源、产业资源相互融合、相互衬托，巧妙地将绿水青山变成金山银山。在尊重自然、保护生态的前提下，农场还实现了种植业的蓬勃发展，通过对乡村区域旅游资源的深度挖掘，完善农产品加工，形成颇具特色的品牌优势。另外，整个农场在产业延伸上，既考虑周边农户生活，又为不同的游客人群提供不同的服务保障，营造出人人有意向，处处有特色，时时景不同的休闲农场，力图通过一站式服务为游客打造视觉盛宴，提升游客体验度，实现低成本高效益。

（二）案例启示

依托农业资源发展乡村旅游具有战略性意义，可以推动全域旅游深入发展，有效解决“三农”问题，是实施乡村振兴战略的必由之路。就山西省而言，在乡村振兴战略背景下，农村需要依托农业资源大力发展乡村旅游，完善乡村旅游的顶层设计，充分挖掘农业资源中的元素，构建多元化乡村旅游发展模式，并注重挖掘农业资源特色，以打造乡村旅游品牌（段兆瑞、江凤香，2019）。

四、历史文化依托型案例

（一）案例成就

历史文化依托型模式依托历史文化资源发展乡村旅游，在这个模式之下，古村古镇旅游是当前国内旅游开发的热点，也是乡村旅游体系中一个比较独特的类型，其深厚的文化底蕴、淳朴的民风和古色古香的建筑遗迹等受到众多游客的喜爱。

1. 浙江乌镇

乌镇处于浙江省嘉兴市桐乡市北端，在江浙沪“金三角”之地、杭嘉湖平原腹地。它入选首批中国历史名镇，拥有7000多年文明史和1300年建镇史，有保存完好的古建筑和历史文化名人故居，也有“以水为街，以岸为市”的迷人水乡风光，是典型的中国江南水乡古镇。由于整体风貌独特，整个街道被河网分成东、南、西、北四条街，景点错落有致又相互联系，具有较强的旅游吸引力。1999年乌镇开始古镇保护和旅游开发工程，经多年开发，现如今已成为国家AAAAA级景区、全国黄金周预报景点、江南六大古镇之一。

2. 江西流坑村

流坑村隶属于江西省乐安县牛田镇，位于乐安县牛田镇东南部的乌江之畔，始建于五代南唐升元年间，是一座江右民系聚居的古村，至今已有千余年历史。流坑村古代建筑颇具特色，是中国古典民居建筑中的明珠，也是为数不多的人类文明的瑰宝，村中大量的附属文物，如匾联、雕刻、绘画、书法等，都具有重要的历史和艺术价值，是中国古代文明的缩影。1997年国家文物局领导专程考察流坑村，给予了高度评价，加之很多学者的研究报告的问世，使流坑村知名度有了很大程度的提高，不少游客慕名前来。游客的不断增加，刺激了当地旅游经济的发展，也让当地政府意识到主动对该村庄进行旅游开发对于当地经济发展的重要意义。从2005年起，该村各项基础设施逐步完善，旅游接待人次逐步提升，旅游收入也越来越高（刘曙霞，2017）。

(二)案例启示

一方水土养一方人,九曲十八弯的黄河水、古老的黄土地孕育了山西博大精深的古老文化。以山西乡村地区的古村古镇为例,其建筑历史悠久、布局独特、民俗风情浓郁,蕴含的历史文化内容亟待挖掘、恢复、传承和发扬。人们对传统风情的向往和对历史原貌的追求,使依托历史文化的乡村旅游发展兴旺,也为乡村地区历史文化的存续提供了契机。因此,历史文化依托型乡村旅游在实现其经济价值的同时,更肩负着传承历史文化的重任,此类乡村旅游的开发必须要把文化遗产"盘活",将传承农耕文明和弘扬历史文化作为重要目标。

五、民俗文化依托型案例

(一)案例成就

民俗文化依托型乡村旅游的开发类型主要分为三种:"物化民俗+乡村旅游","制度民俗+乡村旅游","精神民俗+乡村旅游"。

1. 陕西袁家村

袁家村是陕西省礼泉县烟霞镇下辖村,位于关中平原腹地,是陕西省著名的乡村旅游地之一,处在西(安)咸(阳)半小时经济圈内。村落选址布局凭借自然,与山水自然地交融在一起,表现出与时空的高度和谐和对生活环境、艺术质量的高度重视。从2007年开始,袁家村利用物化民俗中的代表产品,如饮食、服装、建筑等,以乡村休闲、文化体验为旅游产品的定位,着力打造"观众文化体验地"为主题的旅游形象。袁家村利用复建关中民居、街巷,展示关中乡村生活和生产流程,提供礼泉系列小吃,辅以农家乐休闲、住宿,形成较为完整的旅游服务链,通过几年的发展,袁家村在关中乡村旅游的影响力开始逐步显现。

2. 吉林查干湖

查干湖大部位于吉林省西北部的前郭尔罗斯蒙古族自治县境内,处于嫩江与霍林河交汇的水网地区,是中国十大淡水湖之一。查干湖资源多样,得天独厚,特别是渔业资源丰富。查干湖冬捕,源于史前,盛于辽金,也因冬季捕鱼易于保存和运输,这一古老的冬捕方式才得以延续至今。查干湖冬捕是目前仍然保留的唯一一个蒙古族最原始的捕鱼方式,这一活动令查干湖成了吉林省新兴的旅游景点。随着冬捕活动日益商业化,吉林省以节庆民俗查干湖冬捕作为核心爆点,经过运作,已经成为制度民俗乡村旅游的典型代表。

3. 云南丽江

云南特有的社会发展史造就了异彩纷呈的多元民族文化和风格迥异的民俗风情,为发展民俗文化依托型乡村旅游提供了条件。丽江以其优质的旅游资源、厚重的民俗文化而闻名世界。在节庆产品开发上,这里民俗节庆活动遍地开花,如彝族的火把节,由当地民众组成的演员与游客一起载歌载舞,极大地丰富了游客的夜间活动。在娱乐产品开发上,丽江为游客营造出身心放松的氛围,在这里游客可以完全释放自我,彻底摆脱城市化生活的压力。

(二)案例启示

民俗文化依托型乡村旅游具有文化的原生性、参与性、质朴性与浓郁的民俗风情,其独具一格的民族风俗、建筑风格、饮食习惯和农事活动等,都为民俗旅游提供了极大的发展空间。山西省民俗旅游开发资源底蕴深厚,特点鲜明,区域性和民俗个性极强,发展优势明显,但随着乡村旅游的发展,真正的民俗文化在旅游业发展过程中却受到冲击,甚至走向消亡。面对民俗文化保护和旅游开发的矛盾,面对当地居民传统生计与旅游经济的矛盾,民俗文化依托型乡村旅游应实现利益共享,寻找发展平衡点,这对于推动山西省乃至全国乡村旅游发展都具有积极的实践意义。

六、创意依托型案例

(一)案例成就

以无锡泥人文化创意博览园为例。以传统民间艺术推动乡村旅游发展是创意依托型发展模式的一种表现。民间艺术具有区域的独特性,是区域大众文化生活的体现,代表了一个民族和地方的文化特征。无锡泥人文化创意博览园位于江苏省无锡市惠山古镇,是创意依托型发展模式的典型案例，其占地面积约为3.03公顷。该项目优势突出，地理位置优越，交通发达，处于上海市"两小时都市圈"内，资源品级优秀。发展规划以"高互动、强艺术、隐科技、泥建筑、艺市场、闲生活"为发展理念，突破传统博物馆的发展模式，将博物馆与休闲博览园相结合，旨在传承与创新惠山泥人文化，打造一个独具创意和想象力的艺术乐园。

（二）案例启示

创意旅游发展势头向好，已经成为乡村旅游目的地开发主流模式。创意依托型旅游凭借其强大的渗透力、高增值性和高融合性为乡村旅游业注入了新的活力（冯学钢、于秋阳，2010）。创意旅游源于创意产业，具有显著特征：第一，发挥创造力，强调创意对各类旅游资源的整合；第二，创意旅游具有较高的附加值，通过创意元素的注入，丰富旅游产品，拓宽和延伸产业链；第三，以体验、互动为核心，关注市场变动，培养市场并引导市场（娄在凤、袁锦贵，2015）。因此，创意旅游是一种旅游产品的高端形式，山西省乡村旅游开发应积极应用创意旅游模式，整合乡村旅游资源，丰富创意元素，提升乡村游客的体验。

七、村办企业案例

（一）案例成就

村办企业发展模式即村集体经营模式。村集体进行统一开发和管理，有利于调动农户积极性，在短期内会对乡村旅游发展有一定促进作用。江苏蒋巷村是江南水乡的一颗璀璨明珠，它位于江苏省常熟市东南部，紧邻沙家浜红色旅游风景区，是一个大蓝、地绿、水清、人勤、物丰的宝地，其农耕文脉深厚，民俗遗存丰富，是环境宜居、生态宜游、出行便利、富裕和谐的美好家园。多年来，蒋巷村沿着"农业起家，工业发家，旅游旺家"的科学发展思路，按照农业服务旅游，工业配套旅游，农户参与旅游的目标，致力转型发展，实现了一二三产业协调发展，四个文明共同进步，先后获得"国家级生态村""国家特色景观旅游名村""全国农业旅游示范点"等荣誉称号。其管理方式高度集中，即由村委会统一行使管理权，成立村级龙头企业——江苏常盛集团，全面负责乡村旅游的规划、设计、开发与管理，并统一经营，村民以土地入股，一般不参与日常经营，但可以在景区打工，获得同等行业工资，年终按比例统一分红。

（二）案例启示

上述模式所获得的旅游收益归开发经营者所有，利益按照农户数量平均分配，村民开发经营的旅游项目必须接受村集体的监督和管理，遵守村规民约的规定。故此模式具有一定的公平性，有利于解决利益冲突，易于统一管理，且低投入，高回报，减少了农户开发的盲目性，农户参与开发和经营，有利于提高其积极性，另外，还有利于保护乡村旅游的原生性。山西省的乡村旅游发展可以借鉴这种模式，以规范约束村民行为，防止利益冲突。

八、“农户 + 农户”案例

（一）案例成就

“农户 + 农户”是乡村旅游初级阶段的经营模式，也称自主经营模式，这种模式下经营权与所有权合一，多适用于区位条件好、有山水景区资源依托、城镇客源市场成熟但乡村旅游尚处于起步发展阶段的区域。

扎西岗村隶属于西藏自治区林芝市巴宜区鲁朗镇，位于318国道沿线，是鲁朗国际旅游小镇的一个重要组成部分，该村以旅游业为主要产业、农牧业为辅助产业，是一个远近闻名的旅游村。2003年，林芝县委、县政府及时调整产业结构，积极创造各种有利条件，大力发展乡村旅游。为了让农牧民更好地接受旅游业这个新兴产业、无烟产业及其“以点带面、逐步辐射”的发展方式，广东援藏工作队在扎西岗村无偿投资60万元，帮助了12家家庭旅馆示范户，通过一年的努力经营，他们仅靠旅游业就实现了平均收入增长一万余元。他们用事实转变了很多农牧民的思想，村民开始积极自愿地参与旅游培训与服务，素质得到了极大的提升。如今的扎西岗村也成了“生产发展、生活宽裕、乡风文明、村容整洁、管理民主”的旅游示范村。

（二）案例启示

“农户 + 家户”模式通常由农户自主经营乡村旅游项目，由发展成熟的农户传播经验并进行示范带动，引导帮扶其他农民经营，最后形成农户与农户之间的协作与共同发展。这种模式具有短平快优势，由农民自负盈亏，最终受益者是农户。山西省如果采用"农户+农户"模式发展乡村旅游，就需要拓宽眼界，面向市场，用长远的眼光看问题，力求突出自己的特色，以吸引和留住游客。

九、"公司+农户"案例

（一）案例成就

"公司+农户"的发展模式充分利用社区农户闲置的资产和富余的劳动力，通过开发各类丰富的农事活动，向游客展示真实的乡村文化。同时，通过引进旅游公司的管理，对农户的接待服务进行规范，提高服务水平，从而促进乡村旅游的健康发展。

1. 四川圣迪乐村

圣迪乐村位于四川省绵阳市，四川铁骑力士实业有限公司圣迪乐绿色蛋品建设基地落户于此。公司在当地政府的大力支持下，整合周边农村资源，发展高品质、高附加值的绿色生态农业，运用冯光德实验室多年研究成果，着力将圣迪乐村打造为中国西部最大的高品质蛋生产基地，并建设成为集绿色、生态、科技、知识、人文、社区于一体的中国西部第一村。示范园区的农户进行集中养殖，由公司提供场地、设备，统一管理，统一回收鸡蛋，养殖示范园区的农户在公司的严格培训下，成为专业养殖户，待其掌握全套技术之后，可回乡成为公司的专业养殖带动户，进一步扩大养殖基地规模，扩充基地养殖户。示范园区每户农民一年可增加纯收入1.4万元以上，与饲养普通蛋鸡的农户相比，饲养绿色蛋鸡年均纯收入增加1/3以上，由此带动了很多农户，增收显著。

2. 浙江天河村

浙江省宁波市宁海县岔路镇天河村，采用"公司+农户"的开发模式来发展乡村旅游。企业通过村集体与当地各农户进行沟通、合作，村民作为乡村旅游相关主体，不管是收取景区门票，还是从事后勤服务等，都可以获得良好收益。这种模式更好地推动了公司和天河村农户的良好合作。2002年，天河风景区的门票收入超过390万元，可见这种模式对当地乡村旅游发展的重要作用(刘曙霞,2017)。

(二)案例启示

斯沃布鲁克(Swarbrooke,1999)曾指出:“在关于旅游的研究中,很多研究人员将旅游企业看成是可持续旅游中的‘坏蛋’,旅游企业常常被描述成只看重自身利润的家伙——鼠目寸光而利欲熏心。”其实,旅游企业在乡村旅游的和谐发展中应被定位为乡村旅游的执行者。旅游企业应增强责任感,提高对景区自然资源、历史文化资源的保护意识,提高经营能力,既要做好游客的服务者,又要做好游客的引导教育者(刘曙霞,2017)。这才是我们应该借鉴并学习的,山西省要正确认识到企业在乡村旅游中的作用,充分发挥其积极性,促进乡村旅游可持续发展。

十、“社区+公司+农户”案例

(一)案例成就

“社区+公司+农户”模式是“公司+农户”的延伸模式。

1. 上海前卫村

前卫生态村位于上海市崇明区,经过几十年的艰苦奋斗,从昔日荒凉沉寂的边陲小村,发展成现在既有现代化村镇风貌,又有田园诗景,人与自然和谐统一,经济又比较发达的生态村。

这个村子的经营方是村委会,村办企业一般提供文化服务型项目,农户一般提供接待服务,同时也可能参与村办企业,整个村落的风貌构成了重要的旅游吸引因素。企业和农户的经营行为都受村委会管理,一体化的程度较高。农户的接待设施和村舍具有比较强的资产专用性,村办企业和农户在村委会的管理下形成一个协调的整体,有利于整个乡村旅游业的发展。

2. 陕西袁家村

陕西省礼泉县烟霞镇袁家村,位于关中平原腹地,社区居民主导和利益共享机制是该村旅游业发展的持久动力,袁家村乡村旅游发展从决策到规划建设、运营管理,最终至利益分配方式,均由村级民主决策大会表决通过。在运营管理上,采取“村委会+农户+第三方”协同共管方式，袁家村村委会将商户按照经营品类、所处位置分成若干组，每组设立经营组长，由组长负责，统一管理卫生、品质、产品特色，并设立动态打分和淘汰机制。对于经营业绩差的商户，组织学习优秀商户的经营经验，每户拥有3次整改机会，整改超过3次还没有起色的直接淘汰。吸引外来资金投入袁家村的旅游项目，村里提供场所，由第三方经营。每户所需的食材(肉类除外)，由村里的油坊、面坊等提供，尽量利用本地人力资源和原材料，在本地生产和销售产品，产业链最大限度地本地化。由此，居民参与旅游业的方式大大拓展，旅游收益也留在了村民的口袋里。随着袁家村旅游的深入发展，旅游收益不均的矛盾开始凸显，为了解决这一问题，在利益分配上，成立了股份制有限公司，以提高村民收入，平衡各方收益，实现利益共享。

（二）案例启示

社区作为乡村旅游的经营活动主体，是行业管理中的重要力量(北京市旅游业培训考试中心，2014)。当地社区在乡村旅游的和谐发展中应被定位为积极参与者和受益者，应将其纳入乡村旅游的管理决策和利益分配中来，使其居于中国乡村旅游和谐发展中的核心地位(刘光，2016)。“公司＋社区＋农户”与“公司＋农户”模式的不同之处，在于社区的加入可以平衡各方利益，山西省的乡村旅游开发也应该重视社区的作用，将其纳入组织管理机制，以实现各方利益共享。

十一、“政府＋公司＋农户”案例

（一）案例成就

“政府＋公司＋农户”模式的实质在于政府引导下的“公司＋农户”。

1. 江苏角直古镇

角直古镇位于江苏省苏州市吴中区，旅游资源丰富，是首批中国历史文化古镇之一。该古镇由镇政府下辖企业角直古镇旅游发展公司统一开发经营，在投资方面没有当地居民或企业的参与，全部由镇政府投资。居民参与旅游的主要形式是在景区内部开店做生意，出租自家房屋获得租金，或者在旅游公司打工，角直旅游区的度假旅馆主要为居民自主经营，宾馆、度假村为私营企业所有，并不受旅游公司管辖。以2011年的情况为例，实现地区生产总值77.26亿元，同比增长11.89%，完成财政收入12.15亿元，同比增长15.65%；全年接待游客158.6万人次，直接门票收入1596.9万元，农民人均收入17387元，与2010年相比，均有所增加。

2. 宁波松兰山度假区

宁波松兰山滨海旅游度假区是国家AAAA级旅游区、省级度假旅游区，位于浙江省宁波市象山县。该度假区在发展乡村旅游时采取三方合作模式，即由政府、外来投资商、当地村庄共同完成乡村旅游的开发，对三方的职责也进行了明确的划分——政府将当地的海滨和滩涂等资源作为招商的资本，通过让利吸引外来投资商的加入，同时，政府还负责对这些旅游资源的开发进行整体的规划，包括对公路、绿化、水电等进行规划，指导旅游资源的科学开发。企业在这种模式下则承担了绝大部分的旅游项目的开发工作，在当地政府的宏观指导下，外来投资商建设娱乐设施和服务设施，如饭店、露天剧场等，在这一过程中，企业付出资本，也得到了相应的收益和政府的政策支持。而村庄，作为乡村旅游资源的主体，以让出部分旅游资源作为代价换得企业的资金支持，同时对自身和企业的经营范围进行划分和规范，如此来平衡各方收益，以求共同发展（刘曙霞，2017）。

（二）案例启示

政府机构在乡村旅游的和谐发展中应被定位为乡村旅游的调控者，负责引导、协调、规范、控制乡村旅游中其他利益相关者的行为，是乡村旅游和谐发展的总体利益及目标的总代言人（刘光，2016）。所以，山西省切不可使乡村旅游出现多头管理或管理空位的情况，应努力完善乡村旅游管理机制，促进乡村旅游业的健康发展。

十二、农家乐案例

（一）案例成就

农家乐模式是指地处城镇周边的乡村，利用离城市近、交通便利的条件，以乡村生态景观、乡村文化和农民的生产生活为基础，以家庭为具体接待单位，开展旅游活动的发展模式。目前来看，农家乐是一个大的体验概念和业态形式，其中包含“农户 + 农户”等诸多涉及农户接待的发展模式。

四川三圣乡位于四川省成都市锦江区，属于锦江区的涉农区域，是都市的通风口绿地。2003 年锦江区以举办四川省首届花博会为契机，大力发展乡村旅游文化，三圣乡充分利用花卉种植的传统优势和地理优势，抓住花博会的有利时机，由政府统一规划，打造出“五朵金花”，在众多竞争者中脱颖而出，使县里、村里一下子涌进了 100 多万游客。受此启发，红砂村以花卉产业为载体打造乡村型开放公园，把上百家“农家乐”组合起来构建大型生态休闲空间。“农家乐”成为乡村生态旅游公园中的旅游服务点，周边村受此影响，也发挥各自特色，竞相发展农家乐。

（二）案例启示

农家乐作为乡村旅游的一种形式，是传统农业与旅游业相结合而产生的一种新兴的旅游项目，它的发展对于促进农村旅游、调整产业结构、建设区域经济、加快农业市场化进程等都会产生良好的影响，这种模式对于正在转型的山西省乡村旅游来说无疑是雪中送炭。

十三、休闲农庄案例

（一）案例成就

所谓休闲农庄，就是以农民为经营主体，乡村民俗文化为灵魂，城市居民为目标客源的一种新型乡村旅游模式。

1. 北京小汤山

小汤山位于北京市昌平区东部，是京北重镇，素有“温泉古镇”之美称，拥有丰富的林木资源、地热资源，有温榆河、白浪河等 9 条河流穿境而过，田园风光绚丽，绿化覆盖率较高，具有天然的发展休闲农庄的基础。2015 年，小汤山被选为当年度的首都城市环境建设样板单位，其中酸枣岭、葫芦河等 10 个村庄获得市级文明生态村称号。距离市区较近，知名度较高等因素均为小汤山发展休闲农庄奠定了很好的基础。小汤山休闲农庄的蓬勃发展极大地拉动了当地经济的发展,带动了农民致富,加快了小汤山的城镇化进程。

2. 广东农科奇观

广东农科奇观位于广东省珠海市梅溪村双龙山下,占地2000亩,是直属珠海市的农业科研示范基地,是中国最早开放的农业休闲旅游观光园,也是一个环境优美、展示高科技农业的现代休闲观光农庄,还是珠海"一日游"的热点。广东农科奇观有奇特的高科技生态农业景观,可以提供"吃、住、行、游、购、娱"一条龙服务,同时,连年举办的"南瓜文化艺术节""珍奇蔬菜文化节"等大型种植主题活动,不但成为珠海人民快乐的海洋,更成为珠海乡村旅游产业的品牌和亮点。

(二)案例启示

各类休闲农庄如雨后春笋般遍布大江南北,全国不少地方都在推广这一模式,并且取得了良好效果。一个又一个鲜活的案例向我们证明,这个模式是结合中央有关方针政策的基层创造,是结合实际情况发展乡村旅游的创新模式,该模式有广阔的发展前景。但是,在这种模式的发展进程中,许多问题值得关注。农庄需要个性化,要有自己的特色,产品要多样化,以满足游客的需求。如果这些问题不能得到有效解决,就会阻碍休闲农庄向好发展。所以,山西省一定要以创新的思维、发展的眼光来看待问题,用系统多元的规划方式和开发手段,帮助村民打造生态环境良好、游客体验度高的休闲农庄,以促进山西省乡村旅游的健康发展。

十四、特色小镇案例

(一)案例成就

特色小镇的发展模式,围绕小镇特有的生态资源或历史文化资源,通过开发生态休闲、文化创意等,以满足游客日益增长的生态和文化需求,将资源优势转变为发展优势,将产业链向下游延伸,并向高端领域发展。

1. 江西篁岭

篁岭位于江西省上饶市婺源县江湾镇,依托当地独特的自然景观和种植传统发展乡村旅游，属于田园景观型特色小镇。婺源篁岭旅游特色小镇以油菜花海著称于世，自然生态环境良好，当地花卉种植的传统也十分悠久，在此基础上对花卉种植进一步开发，在千亩梯田上种植四季花卉，使旅游业突破了植被的季节性限制。

2. 浙江江南药镇

江南药镇位于浙江省磐安县新渥镇境内，距离磐安县城18公里。自古以来，磐安便是浙江省药材之乡，尤其盛产以“白术、元胡、芍药、贝母、玄参”为代表的磐五味，被誉为“天然的中药材资源宝库”。“中国药材城·磐安浙八味市场”是长三角地区唯一的大型药材特产批发地，磐安以此为基础，以浙江省特色小镇为发展契机，打造融“秀丽山水、人文景观、生态休闲、旅游度假、康体养生”为一体的江南药镇。

（二）案例启示

在经济社会发展过程中，特色小镇作为一个全新的乡村旅游发展方向，在乡村旅游和经济发展中有着举足轻重的地位。因此，在建设特色小镇的过程中，山西省应充分考虑乡村当地经济的发展情况，结合其特色，从经济、文化、政治、生态、社会等多个层次考虑问题，加强特色小镇的建设和发展。

十五、田园综合体案例

（一）案例成就

田园综合体实质上是“田园”与“综合”的结合，是集现代农业、休闲旅游、田园社区为一体，助力农业发展，促进三产融合，以实现乡村现代化、新型城镇化、社会经济全面发展的一种休闲农业发展模式。

1. 江苏田园东方

江苏田园东方是中国目前比较成功的田园综合体案例，是田园综合体模式的先行者。它位于江苏无锡阳山镇，目前已集现代农业、休闲旅游、田园社区等产业为一体，通过“三生”（生产、生活、生态）“三产”的有机结合与关联共生，实现生态农业、休闲旅游、田园居住等复合功能，倡导人与自然和谐共融与可持续发展。

2. 河北南和农业嘉年华

河北南和农业嘉年华位于河北省邢台市南和区，是当地政府与中国农业大学合作，在河北省打造的第一个大型农业经济综合体项目。南和农业嘉年华经济综合体推行以现代农业为基础，以科技为支撑，以文化为纽带，以旅游为特色，以乐活为目标的现代农业发展新模式，具有旅游观光、科研示范、信息服务等多项功能，旨在打造一个科技、文化、休闲、产业化的农业盛世，创造京津冀现代农业的新典范。南和农业嘉年华以自然环境为背景，农耕文化和农事活动等为特色，与城市里忙碌、紧张、单调的工作状态形成强烈对比，有助于游客增长见识，放松心情，形成对市民的吸引力，促进乡村旅游可持续发展。

（二）案例启示

田园综合体是诞生于一号文件的国家命题，是一个打造理想栖居地的时代课题。它既是一个重大的理论科研命题，也是一个有关构建城乡命运共同体的实践问题。中国是一个农业大国，山西省在全国区域发展格局中具有重要的地位优势。列宁曾说："一打口号，不如一个行动。"为此，山西省必须充分发挥农民的主体作用，彰显特色的田园综合体，从宏观到微观层面体现出田园综合体的价值与意义（陈雅萍，2020）。

第三节　山西省乡村旅游开发模式分析

在逆城市化思潮的影响下，乡村旅游获得了游客的青睐，经过多年的发展，成为旅游业的重要组成部分。在乡村旅游领域，山西拥有丰富的特色农业、游览观光、休闲度假等旅游资源，因而山西乡村旅游发展具有巨大的潜力。结合自身特点与市场环境，山西乡村旅游形成了多元化的发展模式。

一、城市依托型案例

（一）案例成就

吉家岗村位于山西省太原市阳曲县黄水镇南4.3公里处，其农业以种植粮食作物为主，拥有一些百年民居建筑。2006年吉家岗村围绕“厚重自然、吉祥岗湾”的主题，开始进行整村改造和旅游项目开发。吉家岗村全村产业精准布局规划为特色养殖区、生活体验区、户外探险区、桃花观赏区、蔬菜温室种植区。通过强化“农家体验”来吸引游客。

2016年，吉家岗村在阳曲县旅游局的大力扶持下建起了10家各具特色的“农家乐”。城市的喧嚣总会让人内心浮躁，而吉家岗村的风土人情、纯朴民俗和田园风光，满足了城市居民的休闲需求。依托太原市的游客资源，在政府的扶持和指导下，吉家岗村大力发展田园风情的乡村旅游，已经成为体验黄土风情的旅游目的地。

（二）案例启示

对于市区居民来说，交通便利又具有乡村风情的城郊乡村是休闲度假、短期出游的好去处，这为吉家岗村这样的城郊乡村提供了非常好的发展机会。这些乡村应该充分利用市区居民这一游客资源，积极发展乡村旅游，加强旅游基础设施建设，通过引进人才提升管理水平，实现经济、社会和环境效益均衡发展，促进乡村旅游可持续发展。

二、景区依托型案例

（一）案例成就

景区依托型是指在成熟景区边缘或内部的乡村，凭借景区的核心吸引力，依托景区的客源和乡村特有的旅游资源开展乡村旅游活动的模式（林巧、杨启智，2016）。山西省繁峙县处于晋北地区，夏季凉爽，其独特的地貌特征、耕作文化、生活习俗形成了独特的吸引力。除此之外，繁峙县紧邻国家AAAAA级景区、世界文化遗产、中国四大佛教名山之首的五台山，为自身旅游业发展带来了极大的帮助。

近年来,繁峙县委、县政府紧紧围绕乡村脱贫和乡村振兴目标,大力发展旅游业,以全域旅游为抓手,依托五台山景区,将农业与旅游相结合,打造晋北文化旅游集散地。曾经,繁峙县的旅游发展相对落后,没有充分利用农业优势,乡村旅游资源开发缺位。如今,依托五台山景区旅游市场的带动作用,通过乡村特色旅游产业发展规划的指引,繁峙县的乡村旅游迅速崛起。

五台山景区除了核心景区台怀镇以及南台顶属于五台县之外,其他四个台顶都属于繁峙县,而且进入五台山的核心交通要道均位于繁峙县。繁峙县不仅是通往五台山的必经之地,还是山西南北黄金旅游线路的必经之处,这条黄金线路从北到南为:云冈石窟—悬空寺—应县木塔—五台山—晋祠—乔家大院—平遥古城—皇城相府。在这条线路上,繁峙县是重要的集散地与中转中心。

2019 年,繁峙县聚焦打造晋北文化旅游集散地这一战略布局,充分利用黄金路线集散地与中转中心的优势,紧紧依托五台山景区,大力发展旅游业。繁峙县对乡村旅游发展的重视程度进一步提高,积极促进农业与旅游结合,大力发展农业休闲康养品牌,勇和稻田文化主题公园、赵庄白水大杏田园综合体、大营老泉头田园综合体等休闲农业公园和田园康养综合体得到充分发展。除此之外,繁峙县积极探索 A 级景区村庄的创建以及 A 级景区特色小镇的打造等多元发展方式,整合多方资源,发展有特色的乡村旅游项目。

(二)案例启示

繁峙县依托五台山景区,充分利用集散地与中转中心的优势,大力发展旅游产业,尤为注重乡村旅游的发展,实现了特色农业与旅游业的结合。采取景区依托型的发展模式,应充分利用所依托景区带来的各项资源,同时还要尽可能与自身特点、优势相结合,实现相互依托、相互协调、相互合作的协同效应,进一步获得高效发展。

三、偏远地区型案例

(一)案例成就

在常规旅游发展布局中,偏远地区并不适合开发乡村旅游,然而偏远地区往往有原生态性和原真性的旅游资源，而且保存得相对完好，具有很大的发展潜能。山西省这样的偏远乡村有很多，朔州市右玉县杀虎口村就是一个突出的例子。杀虎口村凭借其独特的历史文化资源，积极开发乡村旅游，建设旅游基础设施，已经是乡村旅游偏远地区发展模式的代表之一。

杀虎口，俗名为“西口”，闻名遐迩的“走西口”便发生在这里。由于其独特的地理位置，自古便是兵家必争之地，留下诸多故事传说，拥有深厚的文化底蕴。如今的杀虎口，古迹众多，旅游基础设施建设完善，除此之外，杀虎口村独特的山水植被景观，让人有良好的视觉感受与心灵享受。历史文化与生态环境为杀虎口村发展乡村旅游提供了充足的资本。

2014 年，大同煤矿集团朔州煤电公司携手右玉县人民政府共同开发右玉杀虎口景区，并委托北京巅峰智业旅游文化创意公司，精心编制了《杀虎口旅游区开发规划》和《杀虎口旅游区控制性详细规划》。总体规划为“一体两翼、五大业态”。一体两翼即长城旅游小镇综合体、历史文化体验翼、水岸风情体验翼；五大业态为：中国水上长城第一景、塞北影视第一城、中国水陆法会第一道场、北方多民族文化融合第一古堡、三晋第一水岸风情体验区。2016 年，杀虎口风景名胜区成立。2017 年，杀虎口村成立生态旅游专业合作社。2018 年，杀虎口村集体经济收入达 14.6 万元，据统计，该村年接待游客达 80 万人次，被评为省级乡村旅游示范村。

（二）案例启示

偏远地区乡村虽然存在旅游基础设施不完善，经济发展水平弱势等情况，但只要充分利用旅游资源，进行科学合理的规划，积极开发乡村旅游，将会带动整体经济的发展，为村民提供就业机会，帮助村民实现增收致富的目标。

四、农业依托型案例

（一）案例成就

王吴村位于山西省太原市小店区最南端。近年来，为实施乡村振兴战略，加大农业产业改革调整力度，对全村8000余亩土地全部进行集中流转，由村集体经济组织成立合作社，统一规划、统一管理、统一经营。目前，已种植“早黑宝”葡萄500亩，“玉露香”梨树2500亩，还有牧草、花卉、蔬菜、杂粮等。通过售卖门票和提供服务增加收入，全方位打造三产融合的生态观光农业。2019年，王吴村被评选为山西省AAA级乡村旅游示范村。

王吴村以村北500亩“早黑宝”葡萄采摘项目为休闲农业的核心，辐射打造花海田园、植物走廊等时令性景观。同时，将小店牺汤（羊汤）这一山西省级非物质文化遗产与农业相结合，打造葡萄采摘牺汤节，形成集美食、观光、采摘于一体的盛大节日。以牺汤文化为引领，打造出迎合都市口味的特色农业品牌，推进乡村旅游全面发展。除此之外，王吴村发挥区位优势，努力建设乡村旅游配套设施。

经过多年建设，王吴村“早黑宝”葡萄种植面积快速扩展，现在多达500亩，亩产2000斤，年收益1000万元。葡萄采摘牺汤节已累计接待游客50万人次，门票及餐饮收入超过100万元，为村民创造就业岗位500多个。土地流转让村民可以不必担心收成问题，并获得每亩地每年1050元的土地流转费和合作社的分红，另加农业园区的固定收益，大大提高了村民的收入。

（二）案例启示

王吴村以农业为主，但没有故步自封，而是响应国家号召，紧跟时代潮流，积极开拓进取，进行变革创新，开发三产融合的乡村旅游项目，不但盘活了自身的资源，而且改善了村民的生活水平。从王吴村的案例可以看到，将独特的农业资源与乡村旅游相融合，可以提高乡村的整体经济发展水平。

五、历史文化依托型案例

（一）案例成就

大宋村位于山西省盂县梁家寨乡的深山沟谷中，是盂县最古老的村落。大宋村因村口有三条大瀑布而得名，由于其分布形态错落有致，又被称为太行山深处的“布达拉宫”。

大宋村历史悠久，建村距今已有1500多年的历史，在北魏时期该村就已经存在。该村依山而建，几乎没有受到现代文化的冲击，保留着原始风貌。2006年，盂县摄影家崔达道对大宋村的历史文化进行宣传推荐，不久之后，这里便成了摄影基地，各地游客也纷至沓来。2013年3月27日，高清纪录片《大宋》在央视纪录频道（CCTV-9）播出。顺应"互联网+旅游"的时代潮流，大宋村开始发展乡村旅游，古屋建筑得到了修缮，历史遗存得到了保护。随着开发工作的深入，周边的配套设施建设也在逐渐完善。2014年5月，大宋温泉和配套的酒店开业。大宋温泉是按照国家AAAA级旅游景区标准精心打造的，是集温泉沐浴、休闲养生、水上乐园、生态旅游于一体的新型温泉旅游度假景区。

（二）案例启示

拥有悠久历史文化的传统村落，保留着古朴的氛围，对游客有巨大的吸引力。充分利用村落历史文化资源，开发乡村旅游，是村落实现生存发展，改善居民生活水平的最有效的途径。山西有传统村落3500多处，其数量为中国之最。山西省传统村落数量较多、类型丰富、风格多样，历史文化内涵深厚，亟待保护和开发。传统村落发展乡村旅游业，可以合理保护和利用历史文化资源，取得良好的环境效益、社会效益和经济效益。

六、民俗文化依托型案例

（一）案例成就

坂儿上村，位于山西省临汾市乡宁县关王庙乡，在国家AAAAA级旅游景区云丘山下，自然风光旖旎，人文底蕴深厚。该村以山西特色民俗吸引了众多游客。走进石墙石巷、古色古朴的坂儿上村，游客可以体验到蒸花馍和打铁器的传统手工艺，还可以体验到传统农耕、婚俗流水席等特色文化，让游客触摸历史文化，回归本真，追寻原始的家乡味道。

坂儿上村积极发展乡村旅游业，建设旅游基础设施，依托村内康家坪、鼎石、前庄、后庄四个国家级传统村落发展乡村旅游，打造了"会呼吸"的生命居所，开发了有机农业试验田、生态康养、民俗休闲游等旅游项目。

坂儿上村已经成为一个独具魅力的民俗型文旅特色村。2019 年，坂儿上村入选第一批全国乡村旅游重点村和第一批山西 AAA 级乡村旅游示范村。截至笔者撰写本文时，该村年接待游客 50 余万人次，村民人均年收入达到 18000 余元，收入迅速增长。

（二）案例启示

民俗依托型的乡村旅游深入挖掘乡村旅游产品的民俗文化内涵，让游客能够充分体验到村庄的传统民俗文化，满足游客“求新、溯源”的旅游需求。充分利用村庄的民俗文化资源，是乡村旅游实现快速发展的有效手段。

七、创意依托型模式

（一）案例成就

西怀远村位于山西省太原市清徐县徐沟镇，以前西怀远村以种植玉米、高粱为主，产量低、收入少，发展乡村旅游之后，村庄面貌焕然一新，居民生活水平得到了极大的提高。西怀远村走的是发展观光休闲的路子，引入并种植了 300 亩油菜花，然而让其成为远近闻名网红村的是“乡村文化艺术街”。

2018 年，西怀远村通过网络邀请名校美术学院及艺术学院学生以“艺术改变乡村”为主题，在村庄内进行设计和作画，成就了 500 米的“乡村文化艺术街”，村庄里充满了艺术的气息。通过举办一年一度的油菜花节，依托“艺术改变乡村”的创意，西怀远村吸引了周围及其他地区的大量游客。

2018 年，西怀远村接待游客达 30 万人次，实现利润 350 万元，从业农民人均增收 3000 元以上。2019 年，西怀远村入选首批山西省 AAA 级乡村旅游示范村。

（二）案例启示

西怀远村利用独特的创意取得了成功，将乡村旅游做得风生水起。由此可以发现，发展乡村旅游不仅可以依靠历史、民俗等传统的旅游资源，利用独特的创意也可以成功吸引到大量的游客，这种发展方式尤其适用于没有独特民俗文化和深厚历史沉淀的乡村。

八、个体农庄案例

(一)案例成就

日月星生态庄园位于山西省晋中市左权县芹泉镇营圪道自然村。2000年,年迈的陈拉成虽然响应政府号召搬离了故土营圪道村,但仍然惦记着这个生养之地。听说县里要搞生态庄园经济,于是他叫来五个事业有成的儿女,带头拿出积蓄,决心搞一个生态庄园。

日月星生态庄园坚持“发展庄园经济,改善生态环境,开发农业观光旅游产业”的经营理念,依托紫金山、牛郎织女故里、爱情山等风景区相邻的优势,采取区域规划、分期作业的办法,志在打造一个集观光旅游、绿色农业、生态经济于一体的休闲度假型山庄。

经过多年不懈努力,2016年,日月星生态庄园成为国家AAA级休闲度假区。在开发过程中,日月星生态庄园为周边村100余户农民提供了劳动就业机会,累计投工7万多个,给付劳务工资200多万元,促进了农民增收。

(二)案例启示

个体农庄以规模农业个体户的形式发展起来,是一种主体相对独立的乡村旅游模式,能够吸纳大量的闲散劳动力和资本,帮助农户增收。合理运用个体农庄发展模式,应注意加强科学规划和对个体户的技能培训,不断提高个体农庄的经营管理水平,推动山西乡村旅游的健康发展。

九、“农户+农户”案例

(一)案例成就

新苗农庄位于山西省太原市清徐县集义乡中辽西村,2007年,清徐县大学生村官张新苗为了改变中辽西村农户“单打独斗”,无法形成市场规模的状况,建立了新苗葡萄种植专业合作社,将农户们联合起来,形成了“农户+农户”模式的新苗农庄。

在张新苗与农户的不懈努力下，新苗农庄迅速发展，2010 年被太原市委组织部评为大学生村干部创业示范点，2011 年被太原市农委评为农民专业合作社市级示范社，2013 年 7 月被山西省农业厅评为省级示范社，2014 年 8 月入选太原市十大农庄。

2017 年，为了扩大葡萄产业的规模，新苗农庄于太原市清徐县集义乡小王村重新选址，新建项目于当年全部完成。项目包括餐饮娱乐区、垂钓健身区、会议培训区、田园果蔬区、耕作体验区、度假休养区、特种养殖区、民俗文化演艺中心。

到 2018 年为止，新苗农庄采用传统种养方式，结合现代科技，形成一条循环、可持续发展的生物经济链，并与乡村旅游业融合发展。农庄种植各种特色有机蔬菜 100 多亩、有机葡萄 50 亩和有机草莓 20 亩，建设了 2000 平方米的全智能玻璃阳光温室、1 万立方米的地窖和 3000 平方米的民俗文化演艺中心。

（二）案例启示

传统乡村经济表现为乡村农户基本依赖农业种植谋求生计，这些农户往往缺乏配合，难以形成规模效益和集约效率，甚至会发生冲突。乡村旅游“农户 + 农户”的模式将农户结合起来，相互配合，能够产生积极的聚合效应，有利于形成市场，推动发展。

十、“公司 + 农户”案例

（一）案例成就

云丘山国家 AAAAA 级景区位于山西省临汾市乡宁县，地处吕梁山与汾渭地堑交汇处，有丰富的自然资源、人文景观和文化遗产，目前已开发自然景观 50 余处，人文景观 30 余处。云丘山风景区是晋南地区少有的集旅游观光、休闲娱乐、度假养生、民俗体验、文化交流等多种功能于一体的综合性旅游风景区。2005 年，云丘山旅游开发有限责任公司成立，对古村镇进行了修缮和重建，改造了景区内外基础设施等，为乡村旅游的发展提供了便利的条件。在董事长的带领下，云丘山旅游开发有限责任公司先后开发了塔尔坡古村、康家坪古村、长家岭古村等 11 个古村落。乡村旅游的统一规划和统一开发，与景区整体开发形成有力的互补，实现了景区与当地乡村的利益共融，从根本上避免了景区与村民的利益冲突，为乡村旅游发展提供了极好的经验（朱专法，2016）。

（二）案例启示

在乡村旅游开发的进程中，公司以资金优势和管理优势牵头规划与开发，体现了动力牵引的作用。在此基础上，号召农户以土地流转和房屋租赁形式入股经营，由此便可实现统一规划、统一保护、统一开发、统一管理，调动了村民主动参与旅游业的积极性。村民不但可以得到保底收入，还可以在景区经营和乡村旅游开发中实现就地创业、就业。

十一、农家乐案例

（一）案例成就

1. 锡崖沟村

锡崖沟村位于山西省晋城市陵川县，近两年来，锡崖沟村大力规范农家乐建设，由县工商、卫生等部门为经营户办理相关证照，县旅游局为全村 133 户“农家乐”统一更换了招牌、广告版面，使“农家乐”发展更加有序。在发展乡村旅游过程中，锡崖沟村的“农家乐”经营户谨遵诚信原则，热情服务游客，赢得了一致好评。同时，村民因地制宜，拓展经营范围，售卖党参、木耳等具有当地特色的产品，进一步增加收入。截至笔者写作时，全村全年可接待游客 15 万人次，“五一”“十一”期间，“农家乐”户户爆满。经营农家乐的农户年经营纯收入都在 10 万元以上，较高的可以达到 20 万元及以上（朱专法，2016）。

2. 百备村

百备村位于山西省晋中市和顺县青城镇。该村具有独特的地理优势，距青城镇仅 4 公里，全村有 194 户 628 口人（2012 年数据）。该村特别推出了“金秋农家乐”农业生态观光旅游项目，该项目紧靠景区，交通便捷，全村 600 多人都参与其中，用其丰厚的文化、淳朴的民风，打造出了一片优美的田园风光，每年夏季很多附近省份的游客都会前来避暑，有的农家乐仅仅夏季就可以获得 6 万元的收入（朱专法，2016）。

3. 华辰农耕园

华辰农耕园位于山西省太原市小店区北格镇张花村，园区充分挖掘和整合农林、科技、文化等资源，展示了现代农业科技，传承了农业文化，构建了植物生态景观，集示范推广、科普教育、培训休闲、观光餐饮为一体，是可居、可游、可赏的农家乐园。园内包含五个重点项目：农耕文化博览园、传统工艺食品加工、民俗文化长廊、国外名优品种引种试验、葡萄酒庄。农耕文化博览园将收集到的传承历史的农业器具进行妥善保护，同时利用现代科技手段，充分展现了厚重深远的农耕文化。民俗文化长廊以全面展示“太原老行当”为主线，展现了摇拨浪鼓卖布的、擀毡子的、敲梆子卖肉的、卖芥末灌肠的、剃头的、拉大锯的、做香油的等108种行当，让亲身经历过老行当历史的游客重温过去，让未经历过的年轻人了解老太原。华辰农耕园富有乡土特色和园林氛围，淋漓尽致地将农耕文化展现在游客面前，为游客提供生态观光、旅游、休闲、娱乐、度假和体验的场所。多年来，华辰农耕园获得了诸多荣誉：全国休闲农业与乡村旅游示范点、国家“无公害农产品产地认定与产品认证”等。

（二）案例启示

农家乐是一种回归乡村、回归自然从而获得身心放松、愉悦精神的休闲旅游方式。乡村旅游发展势不可挡，农家乐是最基本的乡村旅游元素和最为普遍的一种业态形式，然而很多农家乐内容雷同。简单模仿不但容易造成同质化竞争，而且会削弱农家乐的吸引力。要实现乡村旅游可持续发展，利用乡村旅游来带动经济发展，必须思考如何构建与众不同的农家乐产品内涵及其表现形式。

十二、民俗村案例

（一）案例成就

花塔村位于山西省大同市灵丘县独峪乡，是大同境内海拔最低的地方。该村虽在北方却全年温热潮湿，被誉为“塞外江南”。整个村子被高山围绕，草木茂盛，溪流清澈，一座座特色农庄整齐排列，去往外界的路只有一条人工开凿的红沙岭隧道，颇像“世外桃源”。

曾经的花塔村，有一半村民都是贫困人口。现如今，顺应时代潮流，贯彻“绿水青山就是金山银山”的理念，花塔村依托山好水好空气好的优势，开始积极发展以民俗体验和农业观光采摘为主要内容的乡村旅游，以“体验民俗风情、游览青山绿水、品尝特色美食、感受乡味乡情”为主题的花塔生态民俗景区已形成规模。

2019年，花塔村全村共接待游客8万多人，旅游收入350余万元，人均增收3000元，同年6月入选全国第二批“中国传统村落”、山西省首批“AAA级乡村旅游示范村”。花塔村乡村旅游取得成功之后，直接带动一百五十多名贫困村民脱贫，吸引了许多外出打工的年轻人回乡就业、创业。

（二）案例启示

曾经大山围绕、交通不便的劣势，现在成了花塔村发展特色旅游的优势，结合纯朴的民风和传统的民俗，成功走出了一条独具特色的乡村旅游发展之路，成为山西著名的民俗旅游村。对于许多村庄来说，完全采用民俗型乡村旅游发展模式是比较困难的。如果同花塔村一样，将村庄自身独特优势与民俗体验结合起来，则更容易获得成功。

十三、休闲农庄案例

（一）案例成就

宇文山庄位于山西省太原市尖草坪区柏板乡宇文村，于2008年开业，是山西太原市最大的农家乐休闲度假山庄。宇文山庄占地500亩，每日可接待2000—3000人，可容纳300人同时住宿。现在，宇文山庄被誉为返璞归真的休闲农庄。

宇文山庄是集特色餐饮、特色住宿、会议、游览、娱乐功能于一体的综合性休闲农庄，有真人CS、高空攀岩、陶艺坊、KTV、VR虚拟体验、7D奇幻电影等众多丰富多彩的娱乐项目，旨在为人们提供接近自然环境和乐享淳朴之风的度假之地。

近年来，宇文山庄入选了太原市休闲农业十佳景点、太原市优秀旅游景点、太原市休闲农业示范园、太原市首批农业旅游示范景区、全国休闲农业与乡村旅游三星级示范园区、尖草坪区城市青少年农耕文化教育实践基地等。

（二）案例启示

宇文山庄充分利用地形地貌独特、空气清新、生态环境好、农作物品种繁多的优势，大力开发休闲旅游，成功吸引到众多城市居民前来体验，成为当地的休闲胜地。毫无疑问，休闲农庄对于一些条件优秀的乡村来说，是一种有效的乡村旅游开发模式。但是我们必须明白，现在很多乡村，尤其是近郊的乡村，生态环境已经不是那么令人满意，所以在建设休闲农庄的过程中，一定要注重生态环境与开发之间的平衡，制定科学合理的发展规划，实现乡村旅游的可持续发展。

十四、农业旅游案例

（一）案例成就

上安村位于山西省太原市阳曲县黄寨镇，曾经是典型的贫困村，为了改变贫困落后的状况，村委决定发展乡村旅游和休闲农业。上安村根据“耕读栖居上安村、诗酒田园青草坡”的发展定位，形成了“薰衣草园、冰雪王国、休闲乐园、欢乐采摘、乡村民宿、农家土饭、上安风韵”等特色乡村旅游产品。上安村内建成了青草坡乡村庄园，占地2000亩，集餐饮、住宿、娱乐、购物、游览为一体。

2019年，村民通过“房屋土地挣租金、上班打工挣薪金、旅游服务挣现金”的“三金促脱贫”的扶贫模式，实现全村人均收入11260元，贫困人口由49户143人减少到5户15人，基本实现了全村精准脱贫的目标。

上安村通过多年努力，获得诸多称号：中国美丽休闲乡村、中国美丽乡村标准化创建村、山西省AAA级乡村旅游示范村、山西省美丽宜居示范村、山西省最美旅游村。

（二）案例启示

对于乡村来说，农业是根基产业，将农业与旅游结合起来，利用农业景观和农业体验来吸引游客的农业旅游能够有效地拓宽产业布局，延伸产业链条，提高乡村的经济发展水平。通过发展农业旅游，首先，能够改善农业生态环境，促进农业发展；其次，能够促进乡村经济发展、改善居民生活；此外，能够满足人们更加多样化的旅游需求。

十五、特色小镇案例

（一）案例成就

司徒村位于山西省晋城市北石店镇，建于北魏时期，历史悠久，文化底蕴深厚。依托良好的交通条件，司徒村进行转型发展，精心打造了山西文化旅游观光项目——司徒小镇。如今，司徒小镇已经成为集休闲娱乐、农耕体验、特色餐饮、旅游购物、风俗体验、文化演艺于一体的特色小镇，充分满足了游客多元化的需求，吸引大量游客前来观光游览。

2010年，由村委带头，司徒村进行土地流转，对村庄进行整体改造，开始向城郊休闲农业转型。2016年，司徒小镇打造完成，实现开业当年旅游门票与商业租赁收益5000万；2017年司徒小镇完成了四季旅游经济、月光旅游经济、特色旅游体验、十二节气活动、万人面食节等项目，旅游经济收入达8000万元；2018年司徒小镇旅游收益突破1亿元，同时也获得了"山西省农林文旅康产业融合发展示范区""国家乡村振兴示范区""国家教育研学示范营地"等荣誉称号。2019年，司徒村入选首批山西省AAA级乡村旅游示范村。除此之外，司徒村还被列入全国乡村旅游重点村名录，在全国首创乡村创意演艺剧场。

（二）案例启示

司徒小镇的成功有目共睹，特色小镇与乡村资源完美结合，能够充分解决乡村经济发展落后、人民生活水平低下的问题。司徒小镇非常成功，但它不应该成为呆板的范式，其他乡村若一味照搬照抄，乡村旅游发展将会失去特色。发展特色小镇，必须明确自身的定位与优势，打造属于自己的特色。

十六、度假村案例

（一）案例成就

车河有机社区位于山西省大同市灵丘县红石塄乡，包括上车河、下车河两个行政村，由山西金地矿业集团灵丘车河有机农业综合开发公司和车河村农民合作社共同建设。依托山水风光与良好的生态环境，车河有机社区以生态文化旅游产业为突破口，采取“有机农业 + 生态旅游 + 村庄改造”模式，大力发展有机农场和有机农业产业，建设生态旅游设施和新型农居，完善配套服务，逐步形成“有机 + 生态 + 旅游”的良性发展格局。车河有机社区以“乡村俱乐部”为表现形式，以健康养生为主题，构建动养、疗养、闲养三大产品体系，打造以度假养生、田园休闲、山地运动为核心功能的山水田园度假村。

截至 2020 年 11 月，车河有机社区建设完成投资 1.8 亿元，已建成 65 套上下两层新型农居、旅游接待中心、有机餐厅、民俗博物馆和有机农产品展示中心，并投入使用；完善了通村公路、天然气输送和污水处理厂等基础设施；“梦幽谷”“冰雪缘”等文旅项目投入运营。车河有机乌鸡蛋等 9 种农副产品取得有机认证，并且深受市场欢迎。

车河有机社区的村民全部搬进了企业为村里建造的双层结构 130 平方米的新型农居，一层供自己居住，二层经营使用。每到节假日，全国各地游客便慕名而来，品尝有机乌鸡蛋、大青背山羊肉、有机蔬菜，呼吸山里的纯净空气，享受世外桃源般的生活，村民不出家门就通过住宿业和餐饮业增加收入。

车河有机社区已经成为集有机种养基地、特色餐饮、住宿、民俗文化体验、农业旅游观光于一体的综合性旅游度假村。2019 年，下车河村被评为山西省乡村旅游 AAA 级示范村。2020 年，下车河村入选第二批全国乡村旅游重点村。

（二）案例启示

乡村度假村提供了让游客能够深度体验乡村民俗风情、彻底放松心情、远离城市喧嚣和生活压力的乡村旅游产品。欲打造乡村度假村，风景优美、生态优良必不可少，若能提供丰富的有机农产品则是锦上添花。除此之外，还需要进行相关服务设施建设，目的是使游客能够获得完善、便捷和舒适的乡村旅游体验。

十七、田园综合体案例

（一）案例成就

前曲峪村位于山西吕梁市临县曲峪镇，2018 年，村委与帮扶工作队为改善村里缺乏集体经济、村民收入微薄的状况，确立了以产业脱贫为抓手，建设“枣林下柴鸡养殖产业 + 枣林下肉牛养殖产业 + 枣林下蚯蚓养殖产业 + 黄河鲤鱼养殖产业 + 果蔬采摘园产业”为一体的前曲峪美丽乡村田园综合体的林下经济发展思路，并以“村民资金入股 + 村民土地入股 + 村集体入股”的方式成立了吕梁曲峪美丽乡村田园开发有限公司。

2019 年 4 月，前曲峪村从河北引入 5000 只种鸡，于当月底建成了占地 20 亩的枣林下柴鸡养殖基地。同年 9 月，西蒙塔尔肉牛养殖基地正式成立，14 头优质种牛入栏。2019 年 8 月 25 日开始陆续产蛋，自产蛋日起，至 2020 年 5 月，柴鸡养殖基地的鸡蛋销售总额已突破 10 万元，2020 年 3 月份开始，日产量达 800 余个，一天毛收入 1600 余元。到 2020 年底，前曲峪村人均收入可达 6500 元以上，提供 50 余个就业岗位。

发展乡村田园综合体，带来的影响不止局限于前曲峪村，还辐射了周边的后曲峪和刘家圪垛，3 个村贫困人口 1000 多人成功脱贫。前曲峪村田园综合体建设为田园风光旅游和乡村文化旅游奠定了基础，其作为新型城镇化发展的新模式，促进了人居环境提升和三产融合发展，使文旅产业发展和新型城镇化建设得到完美的统一。

（二）案例启示

“田园综合体”与“乡村旅游产业”密切相关、相辅相成。田园综合体是一种“农业 + 文化 + 新农村”的开发模式。这种开发模式更注重多方相关利益平衡，在实现美丽田园、美丽乡村、百姓富足的基础上，满足游客的综合需求。田园综合体的创建和发展，对山西省美丽乡村建设和乡村旅游建设具有重要借鉴意义。

山西乡村旅游形成了多元化的发展模式，发展模式各具特色，对山西乡村旅游可持续发展起到了积极的推动作用。为了克服现有的不足，实现乡村旅游新的突破，山西乡村旅游应该从宏观上整体布局，积极完善乡村旅游基础设施建设,建立品牌优势,逐步形成完善的产业群和产业链,同时,要进一步健全乡村旅游建设的规范和标准,并加大乡村旅游发展的政策支持力度。

第四章　乡村旅游产业融合

第一节　产业融合理论分析

二十世纪七八十年代以来，不同产业之间的边界开始相互渗透，两个或多个产业之间的业务频繁交叉，并进行市场开发的协同合作，最终形成一个综合的产业圈。同一产业的不同行业也经常通过协同运作取得高效成果。旅游产品各要素之间关联性较强，需要相互支撑、相互补充，形成一个融合型的综合产业，来满足游客的综合需要，故旅游业的综合性较强，基于旅游要素的产业融合性也较强。相互渗透融合的产业，得到了相互的补充和支持，整体发展的动能突出，协同运行更有效果（郑四渭、赵云云，2010）。

一、产业融合概念

产业融合（Industry Convergence）是指不同产业或同一产业不同行业相互渗透、相互交叉，最终融合为一体，通过相互协作达到高效输出，逐步形成新型产业的动态发展过程。产业融合已是产业发展的现实选择。社会生产力的进步和产业结构的发展对产业组织形式的革新提出了更高的诉求，这一诉求表现为产业融合。由于技术的革新和产业边界扩展，各产业间的合作关系得到加强。同时先进技术的不断更新和运用促进了产业结构的快速升级，也极大地促进了产业间的相互渗透和融合。产业融合为产业发展提供了更大的空间，产业结构的动态化和合理化过程，推动其进一步优化和发展。产业融合的驱动力主要来自四种因素：产业内部的驱动力、市场需求的拉动力、技术创新的推动力、产业环境的影响力（钱小林，2011）。

二、产业融合方式

（一）高新技术的渗透融合

高新技术的渗透融合即高新技术及其相关产业向其他产业渗透、融合，并形成新的产业的过程。高新技术向传统产业不断渗透，成为提升和引领高新技术产业发展的关键性因素，高新技术及其产业发展有利于提升传统产业的发展水平，加速传统产业的高技术化。这主要体现在：促进传统产业的高附加值化，促进传统产业推出新品种和新业态，促进传统产业装备现代化。目前，信息技术正在以前所未有的广度和深度渗透到制造业的各个环节中，使制造业的产品和生产过程，乃至管理方式发生了深刻的、甚至是革命性的变化（陈柳钦，2008）。

（二）产业间的扩展融合

产业间的扩展融合即通过产业间的互补和延伸，实现产业间的融合。它往往发生在高科技产业链自然延伸的部分，通过赋予原有产业新的附加功能和更强的竞争力，形成融合型的产业新体系。这种融合更多地表现为服务业向第一产业和第二产业的延伸和渗透，如第三产业中相关的服务业正加速与第二产业的生产前期研究、生产中期设计和生产后期的信息反馈过程展开全方位的融合，金融、法律、管理、培训、研发、设计、客户服务、技术创新、贮存、运输、批发、广告等服务在第二产业中的比重和作用日趋加大，相互之间融合成不分彼此的新型产业体系，如工业旅游、休闲农业和农业旅游等（聂子龙、李浩，2003）。

（三）产业内部的重组融合

通过重组型融合而产生的产品或服务，往往是不同于原有产品或服务的新型产品或服务。例如，第一产业内部的种植业、养殖业、畜牧业等子产业之间，可以生物技术融合为基础，通过生物链重新整合，形成生态农业等新型产业形态。在信息技术高度发展的今天，重组融合更多表现为以信息技术为纽带的、产业链上下游产业的重组融合，融合后生产的新产品表现出数字化、智能化和网络化的发展趋势，如模糊智能洗衣机、绿色家电的出现就是重组融合的重要成果（陈柳钦，2007）。

第二节　乡村旅游产业融合

一、中国乡村旅游产业融合实践

（一）陈湾村红色文化与乡村旅游相融合

瞿家湾镇是湘鄂西革命根据地的首府，是历史上红二方面军的摇篮。陈湾村位于瞿家湾镇，具有丰富的红色文化资源。贺龙元帅和周逸群、段德昌、柳直荀带领几名战士种下的树如今已长成参天大树，为纪念老一辈革命先驱，故命名为“红香树”。陈湾村另有革命旧址3处：红军出征渡口、贺龙练武场和红军饮马池。这些红色资源承载着革命时期贺龙元帅练兵阅武、传播红色火种的历史。著名的影视作品《洪湖赤卫队》就是依据此地的革命历史拍摄的。陈湾村地处江汉平原，土地肥沃、地势平坦、水域广阔、物产丰富，生态环境优越，其农田、水塘、树林等，具备乡村旅游开发的资源基础。

国家出台了多项相关优惠政策，对于小城镇建设的关注也进一步推动了乡村旅游的发展。陈湾村旅游开发得到了当地政府的大力支持，自2017年11月开始，瞿家湾镇积极推动特色小镇规划及申报工作，并响应国家政策，努力推广红色文化，激发小镇活力，发展特色产业，打造水生态红色小镇。周边旅游市场的快速发展及当地人民和政府发展红色旅游的强烈愿望，使陈湾村迎来了发展红色旅游前所未有的机遇。以红色记忆铸魂，以自然生态筑体，以红色旅游驻形，打造综合旅游发展模式。以水乡田园为特色，以人文艺术、红色历史为助力，与农业生产、田园景观相结合，全力打造集休闲、娱乐、旅游、观光于一体的“洪湖秀美乡村”。陈湾村通过功能整合改变村庄单一的居住功能，发挥村庄红色历史文化特色，建造发展红色旅游主题片区；结合本地水系资源，整治河流、净化水体、疏挖沟渠，打造绿色生态景观；促进农业生产规模化经营，进行分区引导种植，以生态农业构建优美的田园风景，塑造独特的大地景观；还引入休闲、娱乐功能，完善村庄配套服务设施。

陈湾村具有开展红色旅游的良好发展条件，它结合旅游产业发展趋势，通过将红色资源与自然资源重新组合，将红色文化与乡村旅游产业相融合，打破了单一的传统乡村旅游模式。同时，积极开发个性、休闲的体验型旅游，进一步激发了乡村旅游资源活力，提升了乡村旅游地域文化品牌，实现陈湾村可持续发展（范凯，2019）。

（二）芙蓉镇农业与乡村旅游产业相融合

芙蓉镇，本名王村镇，位于湘西土家族苗族自治州境内的永顺县，系土家族、苗族、汉族杂居镇，土家族占总人口80%以上。芙蓉镇是拥有两千多年历史的古镇，因宏伟瀑布穿梭其中，又称“挂在瀑布上的千年古镇”，为国家AAAA级景区。与龙山里耶镇、泸溪浦市镇、花垣茶峒镇并称“湘西四大名镇”，又有酉阳雄镇、“小南京”美誉。电影《芙蓉镇》在此拍摄，遂由王村镇更名为“芙蓉镇”。自改革开放以来，芙蓉镇快速发展，成为享誉国内外的文化旅游古镇。在经济社会进入高质量发展和全面推进乡村振兴战略的新时代，促进农业与旅游业融合发展已经成为芙蓉镇走上健康、可持续发展道路的必然要求。

芙蓉镇是一个农业综合水平低于旅游业发展水平的小镇，考虑到当地实际状况，芙蓉镇用旅游业的领先优势来改变农业相对滞后的情况，通过以旅促农，努力加快农业转型和农业现代化的建设，改变农业落后于旅游业的情况，以实现农业与旅游业齐头并进，共进步、同发展。芙蓉镇在整体开发过程中，高度重视资源整合。在开发农业旅游的过程中，充分展示农耕与民俗文化，做到寓教于游。依托乡村优质的生态环境，通过开展养生游、打造康养度假区等来延长产业链。总之，芙蓉镇大力挖掘具有自己特色的农耕文化、乡土文化和民族文化，以推动两大产业深度融合发展，利用点连成片，扩大农业旅游的全域发展，将不同特色的农业旅游产品整合起来，打造统一品牌，促使两大产业在横向空间上联动发展，在纵向产业链上深度融合（鲁明月，2020）。

（三）苏州文化创意与乡村旅游产业相融合

伴随着城市化进程，居民收入水平不断提高，乡村旅游逐渐成为人们放松心情、舒缓压力、休闲度假的最佳选择。苏州乡村旅游在发展早期曾显露出一些不足，如乡村的改造趋于城市化，商业气息较浓；民俗文化的展现流于表面，徒有形式不得内涵；旅游产品层次较低，仅停留于餐饮、住宿、采摘、垂钓等物质层面，造成产品特色不突出，同质化现象严重等。造成上述问题的主要原因在于乡村旅游的开发过程中，缺少了地域文化、特色文化的渗入。

乡村旅游想要创新发展，文化是基础，把文化融入乡村旅游的开发设计中，可以提高其市场竞争力。文化创意要求发挥个人的创造力和智慧，以资源为载体，赋予产品独特的文化内涵，它强调产品的差异性，突出产品的个性化，以此来满足人们多样化、多层次的精神文化需求。文化也是创意的平台与来源，是创意源源不断的温床。为了落实乡村旅游科学发展观，苏州开始着手乡村旅游的内涵提升，以文化创意为引领，充分挖掘苏州的自然资源和人文资源、历史文化和农耕文化，并进行提炼、解析、整合和延伸，使旅游者由“看风景”转变为“品文化”，在享受乡村安静清新的生态环境的同时，学习并体验乡村的民风、习俗、文化、艺术及生活方式。

文化创意产业与乡村旅游产业相融合，以文化为平台，用创意来改造乡村旅游，于是形成了创意乡村旅游。这样的模式可以延展乡村旅游的产业链，使其从单一的链条结构，扩展成“铰链式”发展，有利于旅游资源的永续利用，有助于旅游目的地个性鲜明地在市场中占据一席之地，同时创意乡村旅游还注重旅游者的体验性和参与性，更好地满足了他们的需求（王璇璇，2015）。

通过上述案例分析，我们体察到乡村旅游融合发展是必由之路，其不但能够突出乡村旅游的特色、激发乡村旅游发展的活力、满足乡村游客的立体需求，而且能够做到创新发展，取得市场竞争的有利地位。山西乡村旅游开发应充分借鉴这些先进经验。

二、山西乡村旅游产业融合存在的问题

纵观山西乡村旅游发展现状，产业融合理念在许多地区仍然被忽视，存在一些值得关注的问题。

（一）管理机制不成熟，缺乏整体协调能力

在山西乡村旅游发展进程中，常缺乏一个管理体制倡导并落实融合发展理念，规划和开发没有重视融合发展的内涵，使乡村旅游产业在一定程度上无法健康、有序、协调发展。在现有行政管理框架下，各部门协作的体制与机制不完善，不能有效协调政府部门间的合作，妨碍了乡村

旅游与各个产业之间的融合发展。单靠市场的力量无法克服制度性障碍,导致产业之间的互动融合受到限制,缺乏持续的发展动力。

(二)人才供给短板突出,经营主体创新不足

人才缺乏是山西乡村旅游产业融合发展的重要制约因素。由于缺乏乡村旅游专业管理人才,导致乡村旅游整体的经营管理水平偏低,乡村旅游开发受"隧道视野效应"制约,旅游产业的分支行业开发不足,商业模式单一,缺乏独特性、创新性以及纵向的专业分工,乡村旅游业务主要集中在休闲观光和农业旅游方面,而当地历史文化内涵、民族民俗风情的开发力度欠缺,乡村旅游业提供的服务单一,不能有效满足乡村游客的多样化需求。

(三)基础设施普遍落后,环境问题日益突出

乡村旅游供给分为基本供给与辅助供给,基本供给内容包括乡村旅游资源、旅游设施和旅游服务,辅助供给主要指公共基础设施。山西省许多地区的乡村旅游产业没有完善的基础设施支撑,导致了乡村旅游活动单调枯燥,缺乏整体满意度。

三、山西乡村旅游产业融合发展途径

(一)加强政府政策引导,促进产业融合发展

乡村旅游产业属于新兴产业形态,在发展中涉及农业、文化和旅游等多个地方性政府行政部门,需要具有规划性和指导性的政府政策支持,以协调各部门资源配置,为融合发展消除制度障碍。山西省地方政府应建立完善的乡村旅游发展协调机制,在乡村旅游领域发挥农业管理部门、文化和旅游管理部门的协同作用,在科学规划和可实施方案的基础上主导乡村旅游的三产融合发展和可持续发展。

(二)重视人力资源培育,激发经营主体活力

山西省乡村旅游开发应充分重视供给侧结构改革。要关注乡村旅游人才队伍建设,提升管理水平和服务水平,提升游客的满意度。要以

科学发展观激发经营主体的活力，坚持以乡村旅游为抓手的三产融合，深入挖掘乡村旅游资源特性，丰富产品历史文化内涵，积极寻求产品创新和经营创新；因地制宜地采用契合度较高的乡村旅游经营管理模式，突出产品的竞争力，以创意引领竞争力，以竞争力扩大市场影响。旅游产业融合可以调动相关产业人员积极参与进来，既改变了年轻人长年外出打工、年长者留守农村的家庭常态，又增强了旅游从业人员工作的主动性和创新性。

（三）延伸旅游产业链条，改善整体经营环境

在山西省乡村旅游发展进程中，首先要拓展乡村旅游的产品内涵，旅游乘数效应将带动餐饮、住宿、娱乐、购物和交通行业的发展，让更多的从业人员参与到旅游发展中来，增强乡村旅游发展的活力，提高产业融合的效率，并有效拓展乡村旅游产业边界。在三产融合的基础上，将乡村旅游与研学、康养、体育等项目进行结合，催生新型乡村旅游业态，在取得良好经济效益的同时，强化旅游基础设施和服务设施建设。此外，要加大环境整治力度，改善村民居住条件，推动乡村旅游目的地的城镇化建设，将美丽乡村建设与旅游产业结合起来，全力打造宜居、宜业、宜游的美丽乡村。

第五章　传统村落乡村旅游开发

第一节　传统村落概念和内涵

一、传统村落概念

自古以来村落一直是聚落的一种基本类型,在聚落形成伊始,村落和聚落的含义是相通的,后随着聚居人口的不断增加,聚落的形态发生阶段性变化,并逐渐演化为村落和城市两种形态,村落以其独特的内涵发展成为农村聚落的简称,具体表现为人们在地理边界内长期生活、聚居、繁衍,是一种由农业人群所组成的固定地理空间单元,是政治、经济、文化生活的广阔舞台(刘沛林,1997)。随着社会经济的发展和城市化进程的加快,大多数村落逐渐消失。除了少数留存下来的宋元时期的古村落外,大部分古村落都是明清时期遗留下来的。对于有幸保留下来的古老村庄,如果村庄的地域风貌保持基本不变,其环境、建筑、地格文脉和传统氛围等均得到了很好的保留,那么这些村庄就是我们所说的"古村落",也就是现代环境中人们可以看到的古代村落。

国内关于古村落的研究起源于20世纪80年代(冯骥才,2013),由于客观因素(如政策、经济、环境和生活观念)的变化,以及古村落本身固有的自然破损,学者们开始真正重视对古村落的研究则要追溯到20世纪90年代。关于古村落保护与发展的相关研究引起了政府和学界的持续关注,在过去30年中取得了许多杰出成果。关于古村落的定义,来自不同专业背景和学科的学者从其内涵、类别、特征和动力机制等维度分别进行了解释。中国古村落保护与发展委员会认为,古村落就是那些上溯源头在明清之前,至今已有五六百年历史的村寨聚落;刘沛林

(1997)则认为，古村落是古代保存下来的，地域基本未变的，环境、建筑、历史文脉、传统氛围等均保存较好的村落；丁怀堂(2007)认为只要满足以下4个条件的村落即为古村落：一要有比较悠久的历史，而且其历史还被记忆在该村庄；二要有丰富的历史文化遗存，其遗存包括物质的，还包括非物质的；三要基本保留原来村庄的体系；四要有鲜明的地方特色；陈甲全(2008)认为古村落是有着五六百年历史，蕴含着丰富的历史文化特色，地域基本未变，聚落环境和历史文化遗存保存较好的村落。

2012年4月，住房和城乡建设部、文化部、国家文物局、财政部联合发布的《关于开展传统村落调查的通知》中首次提出："传统村落是指村落形成较早，拥有较丰富的传统资源，具有一定历史、文化、科学、艺术、社会、经济价值，应予以保护的村落"，这是组织开展传统村落调查、遴选、评价、界定，以及制定保护和发展措施的依据。同年9月传统村落保护和发展专家委员会第一次全体会议决定，将习惯称谓"古村落"改为"传统村落"，以突出其文明价值及传承意义，为了与国家公布的正式文件保持一致，本章采用"传统村落"的提法。

二、传统村落遗产价值

《乡村振兴战略规划(2018—2022年)》明确指出，历史文化名村、传统村落、少数民族特色村寨、特色景观旅游名村等自然、历史、文化特色资源丰富的村庄，是突出和传承中华优秀传统文化的重要载体，要统筹保护、利用和发展的关系，努力维护村庄的完整性、真实性和延续性。乡村是中华传统文化的源泉和根基，也是囊括历史信息的重要载体，传统村落作为乡村中的特殊部分，孕育着农业文明，并产生、留存了其固有遗产的价值。

(一)传统村落是中国农业文明的产物

在工业化和城市化进程中，传统村落承载着中国传统文化的精髓，保留着中国文化的多样性和代表性，夹带着历史的厚重感，是五千年农业文明不可再生的文化遗产。传统村落是由古代先民在农业文明进程中建立的一个规模较大、相对稳定的基本社会单位，其基础是民族部落和民族的生产生活需要。这样一个拥有"原住民"大量生产、生活信息，以及物质和非物质文化遗产，还有丰富的历史信息和文化景观的村落，具有丰富的历史、文化、科学、艺术、社会和经济价值，是中国独特农业文明留下的最伟大遗产。另一方面，村落可以具体地保存和反映数千年来中国人民的日常生活和文化内涵；在这里，我们可以看到在不同时期建立在各种科学技术以及哲学和艺术精神基础之上的物质环境（即村落格局），以及住宅、学堂、庙宇、祖祠、道路等景观；还可以看到人地关系的表征，如原住居民与自然环境的相处方式，乡村的各种行为准则，节日庆典和婚丧嫁娶等仪式；还可以感受到当地习俗中仍在流传着仁慈、忠诚、孝顺（常玉荣，2020）。

山西晋中榆次区东赵乡后沟古村，有文字可考的历史可追溯到唐代。该村是浓缩了黄土旱塬农耕文明的传统村落，保存了中国北方汉民族自给自足的传统文明及其农耕文化，其生产和生活展示了中国古代自给自足的传统文明（邵秀英，2019）。村中精巧别致的古戏台、观音堂、菩萨殿，堪称北方民俗文化的活化石，充分反映了传统的"神权"和"族权"，民居建筑为典型的黄土高原土穴窑居，其特点是依崖就势、随形生变、层窑叠院、参差别致，遥相呼应的石窑、土窑、砖窑、明券窑、独体窑、里外窑等，形成了后沟村浑然天成的独特风景。古村地下排水系统可与一流的水利专家设计的工程相媲美，其完整的排水系统、等级分明的窑居建筑格局、威严的张家祠堂、精雕的古戏台、自给自足的生产作坊、防患于未然的仓储制度等充分显示出族权势力的统治地位，是北方农耕文明活态文化的完整画卷，堪称"农耕桃源"。

（二）传统村落是乡土之情的重要符号

城镇化是现代社会的必然要求和主要标志，也是中国经济社会发展的重要进程和客观要求。然而，在高速城市化进程中，太多的传统村落和历史文化名镇（村）被过度商业化，大批传统村落或其依托村镇的建筑被改造为摩天大楼。"见人见物见生活"的传统村落遭到破坏，与快速城市化进程相对应的是传统村落的迅速消失。根据国家统计数据显示，2000 年中国有 360 万个自然村，到了 2010 年这一数字已降至 270 万，短短 10 年内，90 万个自然村庄消失了，相当于每天有近 250 个自然村庄消失。有着体现中国农业文化的民居、古典建筑、民俗风情（物质文化、制度文化）和非物质文化遗产的传统村落的数量也已从2005年的5000个减少到2015年的3000个以下（邵秀英，2015）。传统村落见证了中国农业文明、古代建筑和民俗的演变与发展，承载着中国宝贵的农业文化遗产，蕴含着深厚的历史文化信息，并记录了数千年历史中积累的文化符号，大量传统村落的消失意味着数千年传统农耕方式和乡土文化的消失，人们在现代化的过程中找不到怀旧之情和自己的“根”，失去怀旧之情和乡愁记忆也意味着忘记传统的历史、文化和生产、生活、生态空间，这明显背离了生态文明的概念和“美丽中国”的初衷。

在2013年于北京举行的中央城镇化工作会议上，正式提出了要以人为本，推进以人为核心的城镇化。过去大规模拆除建筑以及人造城市兴起的城镇化理念被取而代之为新的城镇化理念，即尊重自然、顺应自然以及天人合一。依托现有山水文脉等独特的景观，让城市与自然融为一体，同时让城市居民望得见山、看得见水、记得住乡愁；融入现代元素使人们的生活更加舒适的想法体现在每个细节上，与此同时有必要保护和弘扬传统优秀文化，延续城市历史背景，在促进城乡统筹发展中，必须注意保持乡村原始风貌，在尽可能保留原有村庄形态的条件下改善居民的生活条件。新型城镇化进程不仅是对绿水青山承担更大责任，而且是对乡村文化多样性的发掘，也包括对传统村落景观遗产的保护。未来，传统村落将成为城乡一体化发展中保存记忆和文化遗产的重要载体和基础，保护传统村落将成为新型城镇化的重要任务。

（三）传统村落是中国珍贵的活态遗产

2012年中国传统村落保护工作正式启动，传统村落与物质文化遗产、非物质文化遗产成为中国三大遗产保护体系，传统村落也成为第三种遗产，作为生活着的聚落型遗产，既有物质文化遗产景观，又包含着丰富的非物质文化遗产景观；从村落空间属性来看，既有生产属性，也有生活属性，是具有准公共属性的聚落型活态遗产。

原中国民间文艺家协会主席冯骥才在《传统村落的困境与出路——兼谈传统村落是另一类文化遗产》中强调，从遗产学的角度看，传统村落与现有的物质文化遗产和非物质文化遗产有很大的不同，它既是生产生活中衍生出来的遗产，也包含着带有乡土味道的生产生活方式。第一，传统村落既具有物质文化遗产又具有非物质文化遗产的特征，两种遗产在村落中是融合和相互依存的，也是具有相同文化和审美基因的独特整体。如果仅将传统村落归入物质文化遗产范畴，那么这种情况会导致仅关注对乡村建筑和历史景观的保护，从而忽略对传统村落精神文化内涵的保护，不利于传统村落的可持续发展与保护；第二，传统村落建筑是人们生活和居住的“活态”建筑，它的选址、布局、装修风格等内容不会固定不变，而是一种渐进演变的状态，潜移默化地展现了具有聚落特色的人类活动的全貌。因此，传统村落建筑不同于文物和古建筑，不是固定不动的，而是需要不断修复甚至更新，充满“生活着”的气息；第三，传统村落是生活着的社区，不是固化的“文物保护单位”，而是生产和生活的场所，在日常生产和生活中积累了大量先人的经验，并通过建筑、格局、语言、经验等方面表征，如逐水而居、依山傍水等；第四，传统村落蕴含着更多的非物质文化遗产方面的精神和文化信息，如具有独特地方特色的历史记忆、宗族传承、方言、村规民约、婚丧嫁娶习俗等内容，它们因村而生，因村而兴。

三、传统村落遗产特点

村落遗产既不同于文物，也不同于新型遗产（如文化景观、文化路线和运河）和非物质文化遗产，在中国历史文化名城的保护体系下，传统村落是作为名镇名村进行保护的，但是从名镇名村的意义上看，历史文化名村仍然与传统村落有所不同。历史文化名城的保护体系着眼于民居建筑的保护，同时也考虑了其他方面。确切地说是为了保护“乡土建筑群”，保护区不包括村落的农场、河流和山脉，以及其他资源要素。因此，名镇名村意义上的村落保护，其实质就是保护村落里的文化遗产，而不是整体保护村落遗产，且现有的文化保护准则也不能完全适用于村落遗产的保护。因此，厘清传统村落作为遗产的特性是进行有效保护的前提。

（一）传统村落是历史悠久的聚落遗产

大多数传统村落都兴建于1911年之前，已有数百年甚至上千年的历史，悠久的历史为传统村落留下了深厚的文化底蕴。不同民族和地区的传统村落有着不同的文化内涵，每个村落有其独特的民俗风情。传统村落仍然保留了许多年前的生活状态和原始建筑外观，原住居民实际上世代在此居住，并保留了传统习俗和习惯。因此，具有悠久的历史，即“古”，这是传统村落的基本特征。传统村落是历史悠久的聚落型遗产，这意味着村落中各种资源的多样性和丰富性，包括建筑与环境、人文与自然、文化艺术与科学技术、物质遗产与非物质遗产的并存（胡燕，2014）。再如村落中的重要资源（显性和隐性资源）和普通资源、村落名人和普通村民、重大历史事件和日常生活琐碎等，后者并未因普通平凡而失去其原有意义，相反其印证了传统村落“生活着”的聚落型遗产特征，村落内的多种资源类型共同形成了一个相互融合和嵌套的系统，是不可分割的有机统一体。

个别学者在阐释传统村落是历史悠久的聚落型遗产的时候，强调其“整体性”，但目前的“整体性”以建筑为核心，突出建筑与周边自然环境之间的相互协调，以及村落建筑模式整体风格的统一，仅仅是建筑学上的统一。从整体来看，仅从某一学科角度强调的“统一”必然是片面的，聚落型遗产不能机械式地理解为完整的传统村落建筑，即便在此基础上添加了非物质文化遗产尤其是制度文化遗产，也仅仅是显性文化和隐性文化的堆叠，这样下去只会让其成为“固定式”的博物馆，从而失去其应有的价值。对于整个传统村落来说，应该从学科的综合性考虑，从村落原住居民角度出发，从本质上讲，传统村落是村民的日常生活空间，他们世世代代生活在这里，通过利用、改造等手段达到人地和谐共生，村落资源为自己所用，并保留各种风俗习惯、历史文化。

（二）传统村落是生活着的活态遗产

传统村落是以聚落形态存在的活态文化遗产，是至今还为人们生产生活而服务的村落，因此传统村落是农村乡土文化的活文物，是有血有肉的历史遗存，而不是固定式的遗址。只有活着的传统村落才能延续文化遗产，传统村落“生活着”的特征决定了其保护的特殊性。传统村落集古建筑、文物、村落文化和原住居民生活空间于一体，它不能通过凝固或文物陈列室来保护，而应该通过“见人见物见生活”的方式加以动态保护（邵秀英，2010）。“活”是传统村落的灵魂所在，也是其发展传统村落旅游的核心属性之一。传统村落除了独特的聚落布局和建筑艺术外，还保留着丰富的传统文化，例如，传统的生产和生活方式、传统生活习惯、当地手工艺品、戏剧、传说、习俗，村落遗产文化和非物质文化遗产是传统村落有别于一般遗产的核心内容。因此,传统村落的保护不仅要注重物质文化遗产的保护,还要注重非物质文化遗产的活态传承和原住民生产生活习惯的继承。而承载这些内容的基础就是传统村落,二者互为前提,相互依存。回到传统村落遗产上来,村落遗产本身就是活着的遗产,也是人类创造和建立的生产和生活空间,村落中所有的物质文化和非物质文化遗产都是人类创造和继承的结果。一个没有人的村落必定是一个失去生命力并走向衰亡的村落,当前中国部分传统村落面临着年轻人流失的现状,村内以老人、儿童居多,这种情况不利于传统村落的保护。当今人文地理学转而强调对文化景观和人地关系的主体"人"的研究,传统村落遗产不仅是物质及非物质的遗产,更是人的遗产,村落遗产保护和研究不能仅仅停留在自然的村庄空间,而应该更多地关注人的方面,从利益主体、空间主体、旅游开发主体等角度出发,增加传统村落保护与发展的造血功能,让传统村落成为可持续的活态遗产。

（三）传统村落是聚族而居的文化遗产

作为一种聚落型活态遗产,传统村落因其历史、科学或艺术特色而受到重视,并具有主题鲜明的遗产特色和底蕴厚重的文化特色,同重要的历史古迹和文化遗址相比,传统村落很少承载和见证相对重要的历史事件,取而代之的是传统农业文明下平民百姓的日常生活:读书、耕种、结婚和生子。对于原住居民来说,传统村落是一个不可或缺的空间,承载着他们的乡愁和乡情,即使他们暂时乔迁新居,仍然会保持对故土的依恋和情感,最终还要回到自己的故土。因此,村落遗产作为承载着一代又一代原住居民的空间,是世代相传的日常生活记忆。直到今天,留存下来的传统村落大部分都以姓氏和宗族聚居,祖先的祠堂是村落的核心,族谱上记载着创始人的传说以及家族兴衰的历史,留存着祖先崇拜、宗族感情、耕读文化、祖训家规等宝贵文化遗产,并形成浓厚的村落凝聚力(陈晓华,2019)。例如,师家沟的形成及师家大院的闻名与师氏家族的兴衰密不可分,从师家始祖定居师家沟开始,师氏家族耕读传家,农商合一,兼营钱庄、当铺,滚动发展,资金不断积聚壮大,逐步跻身于晋商行列,并占有一席之地。因此师家一度成为山西省中南地区的名门望族,清朝的时候师家沟就获得了"天下第一村"的美誉。

（四）传统村落是和谐发展的原生态遗产

农业自古以来就在中国历史的进程中发挥着基础性作用，重农抑商的思想在古代中国贯穿始终，农耕文明作为重要的原生态遗产是上述大背景下形成的重要文化产物。农耕文明强调人与自然的和谐统一，人地关系的和谐发展（夏周青，2015）。因此，传统村落在选址、布局和建筑构造上充分利用了自然环境和自然规律，村落在适应自然、尊重自然规律的条件下应运而生并繁荣发展，反映了中国传统文化中的“风水”和“天人合一”的理念。大多数中国传统村落都适应当地自然条件，因地制宜巧妙地利用自然环境，并与当地环境和谐相处，使人—村落—环境形成了和谐有机的整体，共生发展，传统村落的生产、生活和民俗都是适应环境的产物，所谓“一方水土养一方人”，传统村落作为原生态遗产，其和谐发展的特点是传统村落遗产传承的生命之源。涉及原生态遗产的未来，部分人认为随着传统农业生产方式和生活方式的消失，传统村落将不可避免地走向消失，从物质属性看，如果仅将传统村落视为传统文明的遗留物，之后因为这些遗留物逐渐失去其实际功能并退出历史舞台，由此就断定传统村落必然将会消失，这是片面的，属于从机械、静态的角度看问题。造成传统村落消亡的原因是多方面的，首当其冲的原因是传统村落的自然破损，村落建筑材料大多就地取材，以木材、泥土、石头等材料为主，随着时间的推移，材料逐渐老化，部分村落建筑呈现出破损、坍塌态势；其次是大量村民进入城市工作，城镇化以及城市生活的优越性导致了村落的灭亡。但是，我们不能完全放弃拥有深厚文化底蕴和记忆的家园，许多村民不知道自己村落的珍贵和村内建筑物的独特性，当他们大部分搬离自己从小生长的村落时，村落形成的传统文化和习俗就瓦解了。

我们不能否认传统村落的迅速消失主要是由上述因素造成的，但是不能得出所有传统村落都将这样消失的结论。尽管部分传统村落会消失在历史的长河中，但总会有一部分传统村落继续存在并遵循历史规律、向前发展。在当今社会转型与发展的背景下，村落要带着自身固有的属性和状态完成转型与更新，完成生产、生活方式的转变，以及村落文化的更新，实现现代文明背景下传统文化的复兴和改造，以及传统与现代的逐步融合。过去的村落体现了当时的文明，随着时间的推移，该村落将不可避免地在新时代完成其转型,村落的庙宇仍然会存在,对神灵的信仰依旧,但是人们崇拜神灵的目的和愿望会随着时代的发展而变化,同样情况下庙宇的功能也会发生更新与变化,仍然会发挥其信仰、祈祷、寄托情感的功能。此外,庙宇也会成为人们确认自己村落文化身份的表征。村外的游客、学者和专家将庙宇视为一种神圣、宝贵的符号和象征,村民也可以从“局外人”的眼光中确认他们的文化身份,如山西阳泉市平定县移穰村每年正月十五的移穰龙灯舞,承载着当地人对来年的期盼和对风调雨顺的希冀,时至今日尽管规模不如以前,但是人们对该习俗的最初需求并没有改变。很多传统得到维护并做出适应当今社会的悄然改变,得到进一步发展。

四、传统村落遗产保护条例

中国五千年的农耕文明衍生出许多形态各异的传统村落,大多数传统村落都位于相对偏远的地区,从建村到现在年代久远,且建筑多为泥、木结构,加之诸多自然因素影响,例如风化、侵蚀、雨雪、泥石流等自然损坏,村落的格局布局特征和生态环境不断遭受破坏(郤艳丽,2016),在城市化进程中面临着自然、人为破坏甚至消亡的威胁;另一方面,随着社会的进步和村落经济的发展,村民的个人需求和生活方式发生了变化,表现为居住在传统村落的村民渴望追求现代的物质文明成果,如网络、电子产品、新房子等,村落里的一些老房子已经损坏和老化,缺乏卫生设施和空调设施等,村民们更热衷于建造宽敞明亮的新房屋,不愿意或不想修理旧房屋,这样一来破坏了村落的原始风格。受到经济发展、现代化和城市化的影响,许多具有重大历史文化价值的传统村落和村落文化遭到或轻或重的破坏,有的甚至逐渐消失。保护传统村落是建设美丽家园和保护中华民族根祖文化的关键,在城镇化转型的过程中加强对传统村落的保护,不仅是遗产保护的需要,也是新型城镇化的重要内容。但是,传统村落首先是生活着的村落,且需兼顾生产生活属性,由于传统村落具有数量多、规模大、种类丰富、内涵复杂等特点,其保护和发展要比一般遗产资源更为复杂。此外,传统村落具有准公共属性特征,村落的保护将不可避免地涉及政府各部门的合作,并与村落管理者的文化素养有关,上述现状导致传统村落遗产的保护和利用变得复杂。

国外很早就关注历史小镇、传统村落的保护问题,特别是英国、美国、法国、德国、日本等国家。1913 年法国制定了世界上第一部保护文化遗产的现代法律《保护历史古迹法》,该法律把保护文化遗产类内容写入法条,1930 年法国又出台了《风景名胜地保护法》,将天然纪念物和富有艺术、历史、科学、传奇及画境特色的地点列为保护对象,将小城镇、村落与自然保护区、风景名胜区作为并列的保护对象。1960 年左右,欧洲建筑与遗产的保护对象由原来的建筑单体和著名的纪念物,开始扩展到住宅建筑、乡土建筑、工业建筑、城镇肌理和人居环境(如城镇街区、村镇)等方面,1964 年出台的《国际古迹保护与修复宪章》(即《威尼斯宪章》)明确将文物古迹的保护范围扩大到乡村和城市。之后美国、法国、英国和日本等也以此为契机,纷纷开展历史小城镇、传统村落的保护工作,建立乡村建筑遗产登录制度,成立保护协会,筹建保护基金等。1972 年出台的《保护世界文化和自然遗产公约》、1975 年出台的《关于历史性小城镇保护的国际研讨会的决议》、1976 年出台的《关于历史地区的保护及其当代作用的建议》(又称《内罗毕建议》)、1982 年出台的《关于小聚落再生的 Tlarcala 宣言》、1987 年出台的《保护历史城镇与城区宪章》、1999 年出台的《关于乡土建筑遗产的宪章》等,分别从文化遗产的定义及选定标准、历史小镇在保护中面临的威胁与成功保护的条件、历史地区保护的观点及其内涵、关于小聚落保护的建议、历史城镇与镇区应该保护的内容等方面展开论述,个别条例甚至指出乡村聚落和历史小镇所包含的不可再生资源如建筑遗产、生活环境、地方材料和传统工艺等,应该加大保护力度。

国内关于传统村落的保护源于 20 世纪 80 年代(李亚娟,2013),1986 年国务院公布第二批历史文化名城时提及,《国务院批转城乡建设环境保护部、文化部关于请公布第二批国家历史文化名城名单报告的通知》中首次涉及了历史文化区的保护问题,指出“对一些文物古迹比较集中,或能较完整地体现某一历史时期的传统风貌和民族地方特色的街区、建筑群、小镇、村寨等,也应予以保护,各省、自治区、直辖市或市、县人民政府可根据它们的历史、科学、艺术价值,核定公布为当地各级‘历史文化保护区’”,这也是中国传统村落保护工作正式启动的标志;2002 年在《中华人民共和国文物保护法》中,历史文化村镇的保护第一次被纳入法律体系。为了更好地保护、继承中国优秀的历史文化遗产,弘扬民族传统和地方文化特色,自 2003 年以来,原建设部和国家文物局共同推出了一系列关于中国历史文化名镇名村的评选活动，到笔者写作本文时已经宣布了七批中国历史文化名镇名村，中国传统村落的保护和利用日益受到政府和社会各界的广泛关注，这也为中国传统村落的保护和调查工作打下了良好的基础。

2005 年 9 月，“中国古村镇保护与发展国际研讨会”在山西临县碛口古镇举行。此次会议数十位历史学、考古学、建筑学和规划领域的专家、学者共同签署了《中国古村镇保护与发展碛口宣言》，《宣言》呼吁各级政府明确认识到，在经济飞速发展的过程中，盲目发展、建设和保护，加之意识淡薄等原因，对许多传统村落造成了不可逆转的破坏；各相关主体要高度重视传统村落的保护，建立健全法律法规和规章制度，进一步为传统村落的保护提供行之有效的法律保障；必须提高认识，强调方法并坚持下去，坚持“科学规划，严格保护，合理发展，永续利用”的原则，科学地处理好保护与发展之间的关系，促进传统村落的可持续发展。

2006 年，由中国国土经济学会主办的“第三届中国古村落保护与发展国际研讨会”和“古村落保护与新农村建设论坛”在有“中国最美乡村”之誉的江西婺源召开，会议通过了《中国古村落保护与发展（婺源）宣言》，《宣言》明确指出：传统村落的保护应包括其所依赖的整体环境，并应着重保护村民的利益，以满足村民对现代物质文明生活的需求。同年，在浙江西塘举行了“中国古村落保护”国际高峰论坛，该论坛发表的《中国古村落保护国际高峰论坛·西塘宣言》指出，传统村落是祖先创造的第一批文化成果，是一个群体的历史纪念碑，也是我们今天最后的精神家园。

2006 年 10 月，中国历史文化名镇（村）联谊会暨历史文化资源保护研讨会在安徽黟县召开，该会议召开的目的在于从根本上杜绝少数地方“重申报轻保护”的现象，建设部相关人士表示，中国将着手建立历史文化名镇（村）动态监管信息系统和保护监督员制度，适时建立历史文化名镇（村）退出机制，对传统风貌遭到严重破坏、已不符合中国历史文化名镇（村）标准的，将及时取消其称号。2008 年国务院出台了《历史文化名城名镇名村保护条例》，2012 年住建部组织开展全国传统村落摸底调查，评定具有重要保护价值的村落列入中国传统村落名录，并于 2014 年联合文化部、国家文物局、财政部出台《关于切实加强中国传统村落保护的指导意见》。此外，国家还出台了一系列涉及传统村落的政策、条例，对保护传统村落的理论、原则及方法进行了相应规定（见表 5-1）。

表 5-1 传统村落相关政策、条例

序号	时间	政策、条例内容
1	1997 年	安徽省人大常委会通过《安徽省皖南古民居保护条例》
2	2002 年	《中华人民共和国文物保护法》第十四条增列了历史文化村镇保护的内容
3	2003 年	建设部、国家文物局公布第一批中国历史文化名村
4	2006 年	中国古村落保护与发展委员会成立
5	2006 年	建设部城乡规划司建立历史文化名镇(村)退出机制
6	2007 年	中国古村落保护与发展委员会公布《中国景观村落保护公约》
7	2008 年	中华人民共和国国务院颁布《历史文化名城名镇名村保护条例》
8	2009 年	建设部和国家旅游局发布《关于开展全国特色景观旅游名镇(村)示范工作的通知》
9	2011 年	全国人大常务委员会通过《中华人民共和国非物质文化遗产法》
10	2012 年	村落保护与发展专家委员会发布传统村落概念
11	2012 年	住建部等公布《关于加强传统村落保护发展工作的指导意见》
12	2012 年	住建部等发布《关于公布第一批列入中国传统村落名录村落名单的通知》
13	2013 年	住建部等发布《关于做好 2013 年中国传统村落保护发展工作的通知》
14	2013 年	住房和城乡建设部、文化部、财政部公示《关于公布第二批列入中国传统村落名录的村落名单的通知》
15	2014 年	住建部等印发《关于切实加强中国传统村落保护的指导意见》
16	2014 年	住建部等印发《关于做好中国传统村落保护项目实施工作的意见》
17	2014 年	国家发改委等发布《关于实施乡村旅游富民工程推进旅游扶贫工作的通知》
18	2014 年	住建部等公布了第三批列入中国传统村落名录的村落名单
19	2015 年	中共中央、国务院印发《关于加大改革创新力度加快农业现代化建设的若干意见》
20	2015 年	《住房城乡建设部等部门关于做好 2015 年中国传统村落保护工作的通知》
21	2016 年	住建部发布《关于拟列入第四批中国传统村落名录的村落基本情况的公示》

续表

序号	时间	政策、条例内容
22	2017 年	《住房城乡建设部办公厅关于做好第五批中国传统村落调查推荐工作的通知》
23	2017 年	2017 年中央一号文件提出加大农村改革力度,激活农业农村内生发展动力
24	2018 年	中共中央、国务院公布《中共中央国务院关于实施乡村振兴战略的意见》
25	2018 年	住建部等部门联合公布了 2018 年第二批列入中央财政支持范围中国传统村落的名单
26	2019 年	住建部等部门联合发布《关于公布第五批列入中国传统村落名录的村落名单的通知》

来源：项目组绘

第二节　中国传统村落概况

中国是一个历史悠久,幅员辽阔的国家,同时也是一个传统的农业大国,中国传统村落的数量之多及其地理覆盖范围之大在世界上实属罕见。整体来看,国内外学者对传统村落的研究涉及社会学、人类学、地理学、建筑学、历史学、生态学、旅游学等学科,国外学者的研究主要集中在传统村落景观保护与可持续发展(Rahman,2015)、传统村落空间分布(Kim,2018)、传统村落人居环境(Savvides,2016)以及旅游对传统村落的影响(Setijanti,2015)等方面;国内学者关于中国传统村落的研究大致可划分为三个阶段:1996 年以前(最初的研究)以定性、描述性研究为主;1996—2005 年处于发展时期,研究方法和研究内容不断扩展和深入;2005 年以后进入地方认同、组织行为等软环境与传统主题多元共存的研究活跃期(张浩龙、陈静、周春山,2017)。其研究内容主要包括传统村落理论内涵与价值挖掘、传统村落空间形态与演变、传统村落保护与利用、传统村落评价、传统村落景观基因识别及其作用、传统村落人居环境、传统村落更新机制与模式、传统村落公共空间变迁与文化传承、传统村落旅游开发与影响等方面。研究成果数量逐年稳步上升,特别是在 2005 年后,相关成果数量增长明显,研究视角渐趋多元。

在已有研究成果中，学者对传统村落的空间分布研究尺度主要包括国家和省域两个层面，其中省域尺度的研究多集中在传统村落分布数量较多的云南、贵州、山西、湖南、广东、河南、江西等省份（高楠，2020）。

自2012年住建部、文化部、财政部发布《关于加强传统村落保护发展工作的指导意见》以来，截至目前，中华人民共和国住房和城乡建设部网站公布了五批共6819个中国传统村落（不包括中国香港、中国澳门和中国台湾地区），其中第一批传统村落名录公布646个中国传统村落（2012年）、第二批传统村落名录公布915个中国传统村落（2013年）、第三批传统村落名录公布994个中国传统村落（2014年）、第四批传统村落名录公布1598个中国传统村落（2016年）、第五批传统村落名录公布2666个中国传统村落（2019年）。

一、中国传统村落分布特征

中国有大量的传统村落，在地理空间上分布较为广泛，它们分布在全国各省（区、市），但是，由于各地区的地理环境差异，导致传统村落的空间分布存在很大的不平衡。全国31省（自治区、直辖市）均分布有传统村落（见表5-2，中国香港、中国澳门及中国台湾地区未统计），但具体来看各省空间分布差异较大，分布极不均衡。通过对表内数据的简单测算，中国传统村落在各地的空间分布平均密度是7.058个/万千米^2，超过传统村落空间分布平均密度的有18个省（自治区、直辖市），其中，浙江传统村落空间分布密度高达60.284个/万千米^2，系全国最高，贵州、福建、山西、湖南、安徽、江西6省传统村落空间分布密度均超过20个/万千米^2，而新疆、西藏、黑龙江、内蒙古、吉林、宁夏等6省（自治区）传统村落空间分布密度在1个/万千米^{2}以下。对表中数据测算得知，全国各省（自治区、直辖市）传统村落平均数量约220个，其中11个省（自治区、直辖市）的传统村落数量超过平均水平（占总数的79.03%）；20个省（自治区、直辖市）传统村落数量低于平均水平（占总数的20.93%）。通过对各省（自治区、直辖市）传统村落数量进行排名后发现，贵州以724个（约占传统村落总数的10.62%）传统村落位列全国首位；云南（708个）、湖南（658个）、浙江（636个）、山西（550个）、福建（494个）、安徽（400个）的传统村落数量紧随其后，以上7个省份均是传统村落大省，其传统村落数量（4170个）约占传统村落总数的61.15%，上海、宁夏、吉林、黑龙江、新疆传统村落数量占传统村落总数的比重均不足 0.5%，且数量均未超过 40 个，天津传统村落数量仅为 4 个，为全国最少。

表 5-2　中国传统村落分布状况

地区	面积：万千米 ^{2}	村落数量：个	密度：个 / 万千米 ^{2}	占比：%
贵州	17.62	724	41.090	10.617
云南	39.40	708	17.970	10.383
湖南	21.18	658	31.067	9.650
浙江	10.55	636	60.284	9.327
山西	15.67	550	35.099	8.066
福建	12.40	494	39.839	7.244
安徽	13.96	400	28.653	5.866
江西	16.69	343	20.551	5.030
四川	48.60	333	6.852	4.883
广西	23.67	280	11.829	4.106
广东	17.97	263	14.636	3.857
河北	18.88	206	10.911	3.021
湖北	18.59	206	11.081	3.021
河南	16.70	205	12.275	3.006
山东	15.58	125	8.023	1.833
青海	72.10	123	1.706	1.804
陕西	20.58	113	5.491	1.657
重庆	8.24	110	13.350	1.613
海南	3.54	64	18.079	0.939
甘肃	45.37	54	1.190	0.792
内蒙古	118.30	46	0.389	0.675
西藏	122.84	35	0.285	0.513
江苏	10.72	33	3.078	0.484
辽宁	14.80	30	2.027	0.440
北京	1.64	22	13.415	0.323
新疆	166.00	18	0.108	0.264

续表

地区	面积：万千米²	村落数量：个	密度：个/万千米²	占比：%
黑龙江	47.30	14	0.296	0.205
吉林	18.74	11	0.587	0.161
宁夏	6.64	6	0.904	0.088
上海	0.63	5	7.937	0.073
天津	1.20	4	3.333	0.059
合计	966.1	6819	7.058	100

来源：项目组绘

对市、县层面传统村落数据进行梳理可知，全国共计 309 个地级市（含自治州、盟、地区）分布有传统村落，进一步计算发现这类地级市的传统村落占全国总数的 85%。具体来看，贵州黔东南苗族侗族自治州以 409 个（占全国传统村落总数的近 6%）传统村落位列全国地级市首位，处于领先地位，该州传统村落数量已超过除贵州、云南、湖南、浙江、山西、福建以外的 25 个省（自治区、直辖市）；传统村落数量超过 150 个的包括安徽黄山市（271 个）、浙江丽水市（257 个）、湖南湘西土家族苗族自治州（172 个）、湖南怀化市（169 个）、山西晋城市（166 个），不难发现，全国传统村落的近 1/3 位于传统村落数量排名前 10 的地级市。从全国各县级行政区来看，全国排名前 20 位的县级行政区传统村落数量占全国总数的近 1/5，其中，安徽黄山市歙县以 148 个传统村落位列全国县级行政区首位，贵州黔东南苗族侗族自治州黎平县（99 个）、云南保山市腾冲市（86 个）、贵州黔东南苗族侗族自治州从江县（82 个）、浙江丽水市松阳县（75 个）、贵州黔东南苗族侗族自治州雷山县（71 个）紧随其后（高楠，2020）。

二、传统村落在南北地区的分布特征

我国北方和南方地区以秦岭—淮河线为界进行划分（李创新，2012），通过计算发现传统村落在北方和南方呈现出“北方少而南方多”的空间分布格局，进一步发现南方地区传统村落的两极分化趋势更加明显。从南北地区传统村落的空间分布状况可以看出，南方地区拥有传统村落 5292 个，约占全国传统村落数量的 77.61%，北方地区拥有传统村落 1527 个，约占全国传统村落数量的 22.39%。南方地区传统村落数量约是北方地区的3.47倍，可能跟南方地区拥有更多少数民族有关。具体来看，南方和北方传统村落数量最多的省份分别是贵州（724个）和山西（550个），分别约占南方和北方传统村落数量的13.68%和36.02%。

三、传统村落在三大地带的分布特征

我国三大地带按照“东部地带、中部地带、西部地带”的三分法进行划分（李创新，2012）。通过对各地带传统村落数量进行梳理后发现，传统村落在三大地带的空间分布呈现“西部多，中部均衡，东部少”的分布格局。其中，东部地带的传统村落为1882个，约占全国传统村落数量的27.60%，中部地带的传统村落数量为2387个，约占全国传统村落数量的35%，西部地带的传统村落数量为2550个，约占全国传统村落数量的37.40%，通过对三大地带传统村落空间分布比较可知，东、中、西三大地带传统村落数量比约为1.88∶2.39∶2.6，东、中、西三大地带内传统村落数量最多的省（自治区、直辖市）的传统村落数分别是数量最少省（自治区、直辖市）的127.2、50和120.7倍，中国东、西地带区域内极化趋势较中部地带显著，可以考虑集中连片式保护与发展。

四、传统村落在七大地区的分布特征

七大地区的传统村落在空间上呈现“自西南向东北、东南向西北依次递减”的分布格局，通过对七大地区传统村落空间分布比较可知，传统村落数量分布由多到少依次为华东地区（2036个）、西南地区（1910个）、华中地区（1069个）、华北地区（828个）、华南地区（607个）、西北地区（314个）和东北地区（55个），分别占全国传统村落数量的29.86%、28.01%、15.68%、12.14%、8.9%、4.6%、0.81%，不难发现华东地区传统村落数量占全国传统村落总数最多，东北地区传统村落数量占全国传统村落总数最少。

五、少数民族传统村落情况

中国五批6819个传统村落中包括1398个少数民族传统村落，这些少数民族传统村落主要分布在云南、贵州、广西、内蒙古、湖北、湖南、四川、青海等20个省(自治区、直辖市)、80个地级市(州、盟、地区)和246个县(市辖区、县级市、旗)。其中,贵州、云南、广西少数民族传统村落数量在全国省级行政区中排名前三,分别有472个、324个、161个;地级行政区少数民族传统村落数量排名前三的是贵州黔东南州(309个)、云南大理州(111个)、云南红河州(107个);从县级尺度看以贵州黔东南州黎平县(93个)最多,之后依次是贵州黔东南州的雷山县(58个)、从江县(44个)、台江县(37个)和云南红河州石屏县(34个)、建水县(30个)。进一步计量发现,贵州黔南州、安顺市、铜仁市,云南楚雄州、文山州、迪庆州、德宏州、西双版纳州,广西桂林市、贺州市,四川阿坝州、甘孜州,湖北恩施州,湖南怀化市、湘西州,青海海东市、黄南州,内蒙古中部地区、重庆东南部、新疆东北部、西藏中南部、浙江西南部以及东北地区的齐齐哈尔市、延边州、抚顺市、阜新市等地区集中分布着壮族、苗族、彝族、土家族、侗族、布依族、瑶族、水族、白族、哈尼族、傣族、藏族、羌族、土族、维吾尔族、回族、满族、朝鲜族、畲族等少数民族传统村落,共同构成了中国丰富的传统村落遗产资源,丰富了中国传统村落的多样性和内涵。

第三节　山西省传统村落与旅游发展

一、山西传统村落空间分布概况

山西是全国传统村落遗存最丰富的省份之一,据有关部门初步统计,山西有传统村落3500多处,是中国传统村落之最,随着第五批中国传统村落名单的公示,山西省入选中国传统村落名单的数量达到了550个,约占全国传统村落总数的8.07%,全国排名第五(高楠,2020),省内传统村落具有数量多、传统村落类型丰富、建筑风格多样等特征。550处传统村落广泛分布于全省11个地级市,覆盖全省各县。以吕梁—晋中—太原行政区划分界线为界,将山西省分为南北两部分,可以发现山西省传统村落数量呈现“南多北少”的空间分布特征,省内传统村落主要集中分布在晋城市、晋中市、长治市,三市合计约占全省传统村落总数的56.7%,其中,晋城市传统村落166处,约占全省传统村落总数的30.2%,为全省最多;其次,位于汾河中上游的晋中市有77处传统村落,占全省的 14%；传统村落数量排名第三的是长治市，约占全省的 12.5%。

从不同批次 11 个地级市传统村落的分布状况来看，山西省传统村落在各地级市的空间分布极不均衡（见图 5-1）。具体来看，第一批中国传统村落名单山西入选 48 个，分布在除朔州以外的 10 个地级市，其中入选传统村落数量最多的地级市是晋城市（13 个）和忻州市（8 个）；第二批中国传统村落名单山西仅入选 22 个，分别分布于 7 个地级市，与第一批传统村落覆盖范围相比，涉及地级市减少，其中入选传统村落数量最多的是阳泉市和晋中市，分别入选 7 个传统村落；第三批中国传统村落名单山西入选 59 个，11 个地级市均有分布，其中晋城、吕梁、长治传统村落入选最多，分别有 14 个、12 个、10 个传统村落入选；第四批中国传统村落名单山西入选 150 个，入选传统村落数量最多的地级市是晋城、晋中、吕梁，分别有 38、33、21 个传统村落入选；第五批中国传统村落名单山西入选 271 个，是传统村落数量增加最多的一批，覆盖 11 个地级市，入选数量前三的地级市为晋城（97 个）、长治（37 个）、吕梁（29 个）。

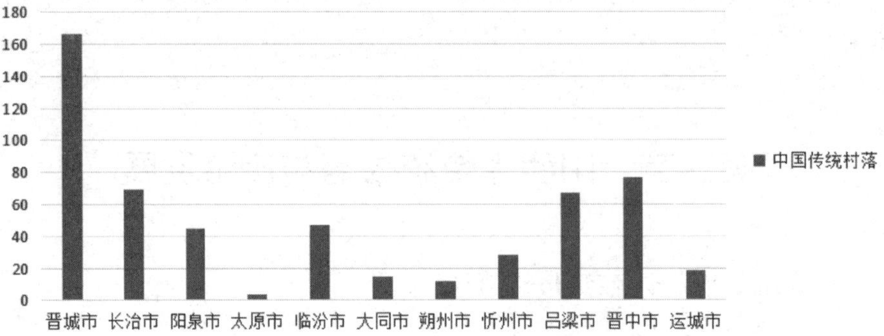

图 5-1　山西省各地级市中国传统村落数量

来源：项目组绘

二、山西传统村落空间分布特征

山西位于黄土高原的东部，河流与山脉内外相望，山环水绕，表里河山，处于重要的地理位置，是历史上的兵家必争之地。山西复杂的地形和多样的气候为古代人类居住选址奠定了良好的区位环境，作为中华民族的发祥地之一，几千年的农耕文明孕育了丰富的地域历史文化，为山西类型多样、主题鲜明的传统村落的形成提供了不可或缺的文化背景。

因此，山西传统村落的空间分布是山西自然社会文化环境的综合反映（邵秀英，2015）。山西的传统村落空间分布具有以下特征：

（一）大分散小集聚，逐水而居

山西省不仅有大量传统村落，而且地域空间分布广泛。据不完全统计，山西省大约有3500个传统村落，其中保护相对完备的有500多个，国家公布的五批中国传统村落名单山西入选550个，全国排名第五，广泛分布于省内的11个地级市。对山西省传统村落和历史文化名镇（村）进行梳理后发现，山西省历史文化名镇（村）数量最多的是地处晋东南的晋城市，占全省历史文化名镇（村）总数的36.8%，晋城市还是全省传统村落数量最多的地级市，共有166个中国传统村落；晋中市、长治市和吕梁市排名第二到第四，这四个城市的传统村落合计占该省传统村落总数的68.9%。可以看出，大分散、小集聚是山西省传统村落空间分布的重要特征。

山西传统村落空间分布的另一个特征是沿河集聚，传统村落选址靠近河流，一方面受到山西自然环境（干旱缺水）的限制，另一方面符合人类生存和繁衍的基本需求——逐水而居。水是人类生命之源，在生产力普遍不发达的时代，水对以农业为主的地区之重要性不言而喻，在人们生产生活中发挥着不可或缺的重要作用，古人对水的依赖性可想而知，加之古人定居选址讲究"依山傍水"而居，沿河流域及周边便成为山西省传统村落分布的密集地带。据统计，山西省传统村落中约有一半以上集中在汾河流域、沁河流域和黄河东岸。

（二）趋向于平原、山间盆地

从自然环境看山西地处黄土高原，境内多山脉，80%的地形系山地，大部分传统村落分布在山间盆地和平原地带。平原多由河流冲积而成，且自然条件良好，土地肥沃，交通便利，为人类提供了丰富的生产和生活资料，平原周边的群山和河流等则是天然的安全屏障，为人类的生存、发展和延续提供了方便，并且给人强烈的生命安全感和融合感，这些优势决定了平原在传统村落选址和村民定居方面更具优势。目前，山西传统村落基本都分布在平原地区或山间盆地。其中，山西中部和东南部平原或山间盆地的传统村落遗存最多、密度最高，尤其是晋中盆地、临汾盆地和上党盆地最为集中。传统村落集中于低地的空间分布趋势，也是人类适应自然、借自然之力为我所用的生态需求和思想的典型体现。

（三）趋向于经济繁荣地区、文化发达地区

历史上山西省村落的形成受到诸如经济和文化等因素的深刻影响，这一点可以在当今传统村落的分布上看出，具体来看大多数保存完好的传统村落都位于历史上经济繁荣、文化发达的地区或重要的交通路线（枢纽）上。例如，传统村落相对集中在河流周边，其水运比较发达，碛口古镇古时就是重要的水运枢纽，承载着货物的运送和交换功能，发挥着连接作用。晋东南沁河流域经济发展水平虽不及晋中一带，但却有着底蕴深厚的农耕文明和浓郁的封建政治文化，皇城、郭峪、西文兴等村落建制与民居建筑均打上了封建时代文化繁荣的烙印。山西境内每一个传统村落都有其独特文化背景和底蕴，随着时间的推移形成了各种主题鲜明的传统村落，总的来说，大部分传统村落的形成都离不开经济、文化、交通等因素的影响。

（四）以军事需要布局的指向性明显

山西的复杂地形和重要地理区位对历史时期传统村落的形成和发展产生了重要影响。山西晋西北地区是农耕文化与游牧文化交界地带，历来都是兵家必争之地，境内还有长城等古建筑，可见其军事地位的重要性，军事类传统村落主要集中在两个地区，一是晋北大同、朔州、忻州等地，如雁门关、阳明堡、镇河堡等军事城堡式村落；一是东部太行山区，如麻田、王家峪等近代革命根据地和晋中、长治一带的城堡式村落。这类传统村落在发挥军事作用的基础上演化出商贸物流、生产生活等功能，包括今大同、忻州、朔州等地的新平堡、阳明堡、右卫镇、旧广武村等，虽然现在已经失去其原有功能，但村落建筑和村落文化里若有若无地体现出军事元素，如村民们忠诚、纯朴等品质。

三、山西传统村落旅游发展特点

山西传统村落旅游资源丰富、旅游开发起步较早，但各地发展水平不尽相同。山西省传统村落最早开发旅游业的是襄汾县丁村，丁村凭借村内拥有旧石器时代的化石而闻名中外，坐落着明清民宅院落33座，房间共计498间，还建有丁村民俗博物馆（1985年11月10日开馆），该博物馆是中国较早的地方专业性民俗博物馆。值得一提的是，1986年乔家大院民俗博物馆向公众开放。1990年开始，乔家大院、曹家大院、碛口古镇等传统民居及村落以其独特的建筑和风土人情吸引了大众的目光。迄今为止，以民居等建筑为主体的传统村落外在吸引力，以及原始生态文化的内在吸引力逐渐成为山西最具影响力的旅游吸引物。截至目前，山西省已有30多处传统村落旅游景区，综合分析山西传统村落旅游发展，具有以下三大特点。

（一）传统村落旅游发展快

自从20世纪80年代“古村落旅游”一词出现后，古村落旅游发展如火如荼，势头强劲，湖南的张谷英村，浙江兰溪的诸葛村，安徽的宏村、西递村等成为国内外旅游热点，吸引了一大批慕名而来的游客，形成一定规模。与上述国内传统村落旅游地的发展相比，山西传统村落旅游具有发展起步较晚，但发展迅速的特点。首先是山西传统村落旅游得到了充分开发，形成了一批具有代表性的传统村落旅游景区，如乔家大院、王家大院、皇城相府、张壁古堡等，这些景点凭借其自身优势，加之政策、旅游开发主体的支持与媒体宣传、推广，迅速成长为一批具有代表性的传统村落旅游景区，并发挥着示范效应。其次，旅游环境及政策激发了山西传统村落旅游发展契机，进入21世纪以后，个性化旅游成为国内旅游市场发展的趋势之一，传统村落因其小众性、个性化、原生态等元素受到一大批旅游者的青睐，成为游玩目的地的不二选择，这种旅游需求给山西传统村落旅游发展带来机遇，使其进入快速发展阶段。例如2007年的全国旅游宣传主题为“和谐城乡游”，山西因地制宜推出了11个“世外桃源”，7个经典名村，其中传统村落占到将近1/2。目前，除了发展较早的云冈镇、台怀镇、晋祠镇、娘子关镇、东观镇乔家堡村、静升镇王家大院、东阳镇常家庄园、皇城村、北洸村曹家大院、丁村等较为成熟的旅游景区以外，王家峪村、碛口古镇、西湾村、李家山村、大寨镇、张壁村、西文兴村、后沟村、闫景村李家大院等均成为山西乃至全国重要的旅游目的地。随着传统村落旅游景区设施的不断完善以及旅游开发主体意识的不断提高，再加上政策支持等条件的支撑，今后将有一大批传统村落型景区问世。

（二）各级政府支持力度大

山西大多数传统村落都位于偏远地区，经济相对落后，作为传统村落发展的主要利益相关者之一，各级政府都把传统村落旅游发展作为摆脱贫困、致富的重要途径。因此，各级政府对传统村落的推荐、申报和保护以及旅游规划工作十分重视。同时，各级政府积极采取有利于传统村落旅游发展的相关措施，有效促进了传统村落旅游资源的开发保护以及旅游业的发展。从全国范围来看，山西省不仅是最早开展传统村落申报工作的省份之一，同时也是传统村落旅游发展较早的省份之一，2008 年山西省旅游局牵头正式启动“全省旅游名镇名村”公众评选活动，在 78 个备选村镇中评选出 27 个旅游名镇名村。2018 年起山西将在“黄河、长城、太行”三大旅游板块打造 300 个旅游扶贫示范村，山西省第五次旅游发展大会上省长做了《发展乡村旅游，助力乡村振兴》的主题讲话，省政府采取的一系列政策或举措，无疑对传统村落保护乃至旅游开发起到了政策上的支持和保障作用。

省内各级政府根据各自传统村落旅游资源开发现状，采取了对应的政策措施，如吕梁市临县政府通过举办“红枣文化节”“全国摄影大奖赛”“第四届古镇大会”等活动，扩大了碛口古镇及其周边传统村落（西湾村、李家山村）的知名度，通过自身的旅游资源和旅游活动的开展，积极准备申报世界遗产的工作。

皇城村村委会利用本村煤炭产业的资金支持，大力发展旅游业，使旅游业成为支柱产业，成功完成了村落产业转型升级，2000 年 5 月当地政府斥资 280 万利用本村场地增加影视剧《康熙王朝》关于陈廷敬和皇城相府的戏，实现 2001 年旅游收入 1500 万，成功打造皇城相府的旅游品牌，以此为契机编排了“开城仪式”旅游项目，实现了经济效益和社会效益的双目标。在榆次后沟村成为中国民间文化遗产抢救工程的唯一传统村落调查范本之后，由政府投资的东赵乡到后沟古村的旅游线路开通，吸引企业等旅游开发主体前来投资开发，促进了该村旅游发展，并使当地原住民的旅游收益方式多样化。地方政府的重视不仅在一定程度上提高了山西传统村落的知名度，而且加快了山西传统村落旅游开发和保护的步伐。

（三）各地区发展不平衡

传统村落是人与自然和谐共处的聚落型遗产，这决定了传统村落旅游不完全等同于乡村旅游。传统村落是生活着的村落，是农耕乡土文化的活文物，并不是传统意义上的遗址，这就决定了传统村落发展旅游应注重参与体验而不是参观或普通农家乐。传统村落一方面作为原住民生活着的社区，另一方面又作为游客参观游览的景区，其开展旅游活动的核心——原住居民，不仅是传统村落旅游的主体，也是传统村落旅游的客体，由此决定了传统村落旅游开发和管理的复杂性。

此外，山西大部分传统村落所处位置较为偏僻，交通相对闭塞，村落经济发展水平相对落后，村落旅游开发意识薄弱，各村旅游接待条件和能力不一，导致各地传统村落旅游发展水平不均衡、发展模式不同。例如，从传统村落的旅游开发利用角度看，依托A级及以上景区发展旅游的传统村落数量较少，约有70%的古村、古镇未得到有效开发利用；从传统村落旅游开发现状看，既有旅游开发与保护均较好的碛口古镇、皇城村等，也有保护状态完好但旅游开发程度较低的上庄村、移穰村等；还有处于濒危抢救状态的李家山村、王化沟村等。传统村落保护与旅游开发带来的区域差异与失衡，让机遇与挑战并存。

四、山西传统村落旅游发展主要类型

从景区发展程度划分，山西传统村落可以分为成熟型传统村落、较成熟型传统村落、开发初期型传统村落和未开发型传统村落四个类型（见表5-3）。

（一）基于旅游开发程度分类

1. 成熟型传统村落（镇）

成熟型传统村落（镇）指A级及以上等级的景区所在传统村落（镇），目前，台怀镇（五台山风景名胜区）、云冈镇（云冈石窟）、皇城村（皇城相府）、东关镇（乔家大院）为山西省4个国家AAAAA级景区的依托地，占全省国家AAAAA级景区数的50%；晋祠镇（晋祠博物馆）、西文兴村（柳氏民居）、车辋村（常家庄园）、闫景村（李家大院）、王家峪村（八路军太行纪念馆）、河边镇（河边民俗博物馆）、上庄村（天官王府）、杏花村（汾酒文化景区）为国家AAAA级景区的依托地，等等。这些传统村落（镇）发展旅游依托境内A级及以上等级景区，旅游发展成熟，旅游基础设施较完善。

2.较成熟型传统村落（镇）

较成熟型传统村落（镇）指旅游开发时间较早，旅游设施基本完善，吃、住、行、游、购、娱等旅游六要素基本齐全，旅游接待人数多且有门票收入的传统村落（镇）。如后沟村、张壁村、丁村、小河村、郭峪村、润城镇、解州镇、大寨镇、麻田镇等。这类传统村落（镇）依托自有旅游资源，在旅游开发主体的支持帮扶下较早地发展旅游，旅游发展较为成熟。

3.开发初期型传统村落（镇）

开发初期型传统村落（镇）指正在实施旅游开发，具备一定旅游接待能力，但旅游设施不甚完善，且没有旅游门票收入的传统村落（镇），如西湾村、李家山村、旧广武村、右卫镇、王化沟村、东沟村、师家沟村、店头村，新平堡镇等。这类传统村落初具旅游发展雏形，但囿于旅游收入、旅游开发主体意愿、旅游产品设计等原因，旅游发展处于初级阶段。

4.待开发型传统村落（镇）

待开发型传统村落（镇）指目前还没有向游人开放，仅限于考察或保护，基本没有旅游收入的传统村落（镇），这类传统村落（镇）仅仅拥有评选传统村落（镇）必备的条件，如建筑、民风民俗等，并未经过旅游规划与开发，目前山西省80%左右的传统村落（镇）都属于这一类型。

表5-3　山西部分传统村落（镇）所含景区一览表

村镇名称	景区、风景名胜区	门票/元	位置	备注
台怀镇	五台山风景名胜区	135	忻州市	AAAAA级旅游景区 国家重点风景名胜区
云冈镇	云冈石窟	120	大同市	AAAAA级旅游景区 入选世界遗产名录
皇城村	皇城相府	120	晋城市	AAAAA级旅游景区 中国北方第一文化巨族之宅
乔家堡村	乔家大院	113	晋中市	全国重点文物保护单位 国家二级博物馆
晋祠镇	晋祠博物馆	80	太原市	AAAA级旅游景区 全国重点文物保护单位

续表

村镇名称	景区、风景名胜区	门票 / 元	位置	备注
河边镇	河边民俗博物馆	50	忻州市	AAAA 级旅游景区
静升镇	王家大院	50	晋中市	AAAA 级旅游景区 全国重点文物保护单位
车辋村	常家庄园	80	晋中市	AAAA 级旅游景区
闫景村	李家大院	54	运城市	AAAA 级旅游景区 全国重点文物保护单位
西文兴村	柳氏民居	50	晋城市	AAAA 级旅游景区
上庄村	天官王府	30	晋城市	AAAA 级旅游景区

来源：邵秀英、耿娜娜，2015

（二）基于旅游发展形式分类

山西传统村落（镇）按照旅游发展形式可以分为封闭式、开放式、回归式和带动式。

封闭式指整个村落持封闭状态，在村落入口处专门有收费处或统一入口，游客不能随时随地进入。以榆次后沟古村为例，旅游开发商在村口设门票售卖处，整个古村实行封闭保护，买票才可以进入，村内原住居民保持原有生活方式，游客进入之后可以进行旅游活动，完成自己的旅游体验。

开放式跟封闭式相反，整个村落（镇）持开放状态，人人可以随时随地自由进入，村落（镇）不设置门票收费处。以临县碛口古镇为例，古镇呈全开放状态，游客与当地原住居民均可自由出入，且不收门票，古镇与附近的李家山村、西湾村等形成传统村落旅游系列，与黄河、黄土风光（黄河画廊等）相融合，吸引大量游客、学者和师生前往。

回归式指传统村落发展到一定阶段，村内原住居民由于经济、个人意愿、政策、教育、医疗等原因搬离其生活着的村落，以追求更好的生活条件与环境，之后由于旅游开发主体对村落价值的认知以及政策、资金等支持，原住居民又"回迁"到本村开展旅游活动的形式。以太原店头村为例，改革开放后该村人口逐步向外迁移，原有村址成了几乎无人居住的"空壳"。近年来，店头村村委认识到古村在保留传统文化、开发旅游方面的价值，对古村的庙宇、院落、古树名木等加强了保护，利用古村展示传统生活习俗,使古村恢复了活力,原村民逐渐回流,开始发展旅游。

带动式指传统村落(镇)依托周边景区所拥有的开展旅游活动的条件、设施及客源等,采用大点带小点的方式开展该村(镇)的旅游业。以灵石静升镇为例,古镇内有国家 AAAA 级景区王家大院,在王家大院的带动下,静升古镇旅游业进一步发展,其餐饮、住宿等行业较为发达。同时,静升镇非常注重古镇文化氛围的保护,为王家大院的旅游营造了良好的环境。

第六章　乡村旅游板块协同开发

第一节　黄河旅游板块协同发展

一、研究意义和价值

（一）研究意义

2017 年 9 月 22 日，山西省旅游发展大会上提出打造黄河、长城、太行三大旅游板块的方略，以推动山西文化旅游大发展。本课题将山西乡村旅游与山西黄河板块旅游进行融合研究，在山西黄河旅游开发的大格局下，充分发挥山西黄河地域深厚的乡村文化底蕴和独特的乡村旅游资源优势，推进山西黄河乡村旅游创新发展，以适应山西经济转型升级和国家全域旅游示范省创建需要，形成山西黄河旅游板块的乡村旅游长效发展机制，贯彻落实乡村振兴的战略部署。

（二）学术价值

本研究的学术价值体现在，以可持续发展思想为指导，挖掘黄河旅游板块乡村地域的历史文化、农耕文化和民俗文化内涵，充分展现世界四大流域文明的华夏大河文明，传承中华精神的魂脉。以黄河独特的自然景观和文化内涵价值为依托，将乡村旅游开发与黄河旅游板块开发相结合，充分发挥乡村旅游发展的协同耦合效应，突出乡村特色资源，完善乡村旅游产业链条。

（三）应用价值

结合各市县乡村旅游发展现状与资源配置情况，分析乡村旅游发展的支撑因素和依托资源，因地制宜地制定黄河旅游板块内乡村旅游开发的战略定位，设计各市县乡村旅游线路，加强乡村旅游与黄河旅游的深度融合，推进美丽乡村建设。

二、研究对象

山西黄河旅游板块的西口文化、红色文化和中国古代文化底蕴深厚，蕴含着黄河古堡遗址、黄河峡谷地貌、吕梁山风光和黄河湿地风光等诸多旅游资源。在山西黄河旅游大开发背景下，依托其文化旅游资源，开发乡村旅游特色元素，培育乡村旅游产业体系，落实乡村振兴战略部署。

（一）山西黄河板块乡村旅游资源

山西省黄河旅游板块中乡村地域辽阔，自然景观壮美秀丽、乡村聚落丰富多样，蕴含着深厚的农耕文化、民俗文化和历史文化，具有发展乡村旅游的资源条件。通过研究山西黄河板块乡村旅游资源可确定重要乡村旅游目的地，并为乡村旅游线路设计奠定基础。

（二）山西黄河板块乡村旅游线路

在山西黄河板块乡村旅游资源调查的基础上，设计山西黄河板块乡村旅游线路，借力于旅游集散体系的市场导流作用，以及山西省黄河旅游板块的协同功效，为山西黄河板块乡村旅游发展注入持久活力。

三、山西黄河旅游板块分析

（一）发展战略

1. 总体战略

紧紧把握旅游发展态势，努力满足旅游市场需求，建设黄河板块交通网络大格局，以整合提升建设龙头、重点和特色景区，以塑造板块旅游新驱动力为主线，推动旅游供给侧革命，让新项目、新产品和新业态成为黄河板块的亮点和品牌，打造黄河板块文化旅游在国内外的特色和影响力，拓展市场的吸引力，成为“山西特有”和“美丽中国”的名片。

2. 战略重点

以展现“黄河之魂在山西”为战略重点，打造水陆空全面发展的黄河旅游风景廊道，建设充分体现文旅融合、独具创意、具备国内外巨大影响力的爆破性、导引性项目，借此使黄河板块旅游走出山西并推向全国。

3. 发展路径

山西黄河板块旅游的发展路径是：以战略重点项目为引领，以多姿多彩的黄河旅游风景廊道建设为串联，全面完善旅游基础服务和智慧设施建设，推动区域乡村振兴和生态环境改善，加快关键性项目建设，形成板块全域旅游的大格局、大趋势、大繁荣的跨越发展态势。

（二）战略措施

1. 构建大廊道

依托山西省黄河一号国家旅游专用公路，沿路布置服务区、驿站、停车区、观景台、自驾车营地、自行车慢享车道等服务设施，将黄河板块内的文化元素融入其中，同时精品化打造黄河沿线景区及通过支线、环线串联的景区，以线串点，形成“珍珠璎珞”式的精品旅游廊道。

2. 开发新业态

结合资源特色，积极开发当今受到游客欢迎、景区能够产生效益的旅游新业态，将低空旅游、地面旅游、水上旅游、冰雪旅游、夜间旅游、农业旅游、工业旅游等新型旅游产品和新业态融入黄河旅游板块，形成全季、全域、全要素、全方位的立体式旅游。

3. 完善全服务

构建完善的“吃、住、行、游、购、娱”旅游服务体系，以“安、顺、诚、特、需、愉”六字要诀为根本要求，全面提升黄河板块的旅游服务设施水平，其中，贯彻智慧旅游理念和提供智慧服务是重中之重，是旅游服务体系的龙头工作。

4. 拓展大市场

紧跟旅游发展大趋势，根据市场需求开展各类营销活动，让黄河板块的旅游走出山西，面向全国甚至全球进行营销。以黄河板块文化特色为营销主题和名片，参加国内外的各类推介会、展销会，按照国别、地区和专业人群分类营销，以智慧旅游、手机终端、即时服务营销和名人代言等方式推销黄河板块旅游特色。尽快推出具有山西黄河文化底蕴的专题片，策划推出具有强大影响力的演艺和实景剧。

5. 拟定好政策

在一定程度上，黄河板块的发展依赖于积极的发展政策。当前，国家和山西省各个部门出台了一系列有利于旅游发展的优惠政策，但是，根据黄河板块的区域发展特点及社会经济发展状况，在黄河板块的旅游发展过程中，必须出台能够针对板块发展实际的，与国家各类法律法规相协调的各类配套优惠政策和促进措施，其重点在投融资、市场化、村镇建设、土地、水务、环境治理、省际协作等方面。

（三）规划范围

黄河山西段始于偏关县，止于垣曲县，山西黄河板块划分为主体区和关联区。

1. 主体区

主要涉及山西省黄河沿岸地区的19个县（市），分别为忻州市的偏关县、河曲县和保德县；吕梁市的兴县、临县、柳林县和石楼县；临汾市的永和县、大宁县、吉县和乡宁县；运城市的河津市和永济市两个县级市，以及万荣县、临猗县、芮城县、平陆县、夏县和垣曲县。

2. 关联区

主要为主体区之外的吕梁山区和中条山区，涉及30个县（市、区），分别为忻州市的静乐县（部分）；吕梁市的离石区、岚县、方山县、交城县、文水县、汾阳市、中阳县、孝义市、交口县；晋中市的平遥县（部分）、介休市（部分）、灵石县（部分）；太原市娄烦县（部分）、古交市、清徐县（部分）、晋源区、尖草坪区、万柏林区；临汾市的隰县、汾西县、蒲县、洪洞县（部分）、尧都区（部分）、襄汾县（部分）、霍州市（部分）；运城市的稷山县、新绛县、闻喜县、盐湖区。

（四）空间布局

1. 总体布局

黄河板块总体分为“西口文化与黄河古堡休闲片区、黄河峡谷与红色文化旅游片区、吕梁山生态康养休闲度假片区、黄河湿地和古中国文化休闲片区”四大功能片区。

（1）西口文化与黄河古堡休闲片区

片区范围：包括忻州市的河曲、保德和偏关三县。旅游形象：黄河黄，边堡耸，西口风情浓。

（2）黄河峡谷与红色文化旅游片区

片区范围：晋陕黄河峡谷与红色文化交汇区，南起河津龙门，北至兴县，包括紧靠黄河边的兴县、临县、柳林、石楼、永和、大宁、吉县和乡宁在内的八个县。旅游形象：瀑布曲峡长流，蕴含中华河魂。

（3）吕梁山生态康养休闲度假片区

片区范围：岚县以南、汾河以西的吕梁山区。旅游形象：山乡林深酒香，浓情康养吕梁。

（4）黄河湿地和古中国文化休闲片区

片区范围：黄河板块河津市、稷山县以南的运城市域。旅游形象：古中国，华夏风，情满晋之南。

2. 主体区布局

（1）一条黄河廊道：即将沿黄河1225千米公路建成“山西省黄河一号国家旅游专用公路”，形成板块南北畅通、旅游服务设施齐全、景观优美的国家级风景廊道。

（2）四大旅游核心：即将偏关老牛湾、黄河壶口、碛口和永济华夏经典文化旅游区建成板块的四大旅游集散核心。

（3）四个旅游名县（市）：即河曲、临县、吉县、永济四个县（市）。

（4）六大主题旅游线路：即黄河水上、峡谷自驾、红色经典、黄河文明、西口古道、低空观光六大主题旅游线路。

（5）八大特色景区：即河曲西口风情旅游区、黄河奇湾、乾坤湾、云丘山、世界大河文明博览园、中条山山地康养运动旅游区、大禹渡—圣天湖—永乐宫—印象风陵、历山风景旅游区八大特色景区。

3. 关联区布局

（1）两个中心支撑：将吕梁市离石区和运城市盐湖区打造成区域旅游中心。其功能包括旅游集散节点、智慧旅游中心、美食购物特色街区、区域休闲度假、旅游信息咨询、旅游商品生产、旅游人才培养等。

（2）四大景区引领：将关帝山、关帝庙—盐湖景区、汾酒酒文化休闲体验博览园及姑射山仙洞沟景区建成示范性景区，以康养、研学、文化体验和特色旅游商品销售为主产品和业态。

四、山西黄河板块乡村旅游资源分析

（一）主体区乡村旅游资源

黄河旅游板块主体区涉及山西省黄河沿岸地区的 19 个县（市），前文已有介绍，此处不再赘述。

1. 忻州市黄河板块乡村旅游资源

截至 2021 年 5 月，有 3 个山西省 AAA 级乡村旅游示范村：忻州市偏关县万家寨镇老牛湾村（第一批）；忻州市河曲县楼子营镇柏鹿泉村、忻州市河曲县土沟乡榆岭洼村（第二批）。

2. 吕梁市黄河板块乡村旅游资源

截至 2021 年 5 月，有 1 个山西省 AAAA 级乡村旅游示范村：吕梁市柳林县三交镇三交村（第一批）。

7 个山西省 AAA 级乡村旅游示范村：吕梁市柳林县薛村镇军渡村（第一批）；吕梁市兴县蔡家崖乡蔡家崖村、吕梁市临县安业乡前青塘村、吕梁市临县林家坪镇南圪垛村、吕梁市柳林县柳林镇于家沟村、吕梁市柳林县留誉镇刘家圪垯村、吕梁市石楼县罗村镇泊河村（第二批）。

3. 临汾市黄河板块乡村旅游资源

截至 2021 年 5 月，有 1 个全国乡村旅游重点村：临汾市乡宁县关王庙乡坂儿上村（第一批）。

6 个山西省 AAA 级乡村旅游示范村：临汾市永和县阁底乡东征村、临汾市乡宁县关王庙乡坂儿上村（第一批）；临汾市永和县阁底乡石家湾村、临汾市永和县阁底乡霍家沟、临汾市吉县屯里镇桑峨村、临汾市乡宁县台头镇嘉和村(第二批)。

4. 运城市黄河板块乡村旅游资源

截至2021年5月,有1个全国乡村旅游重点村:运城市永济市开张镇东开张村(第二批)。

12个山西省AAA级乡村旅游示范村:运城市河津市清涧街道办龙门村、运城市永济市蒲州镇西厢村、运城市永济市开张镇东开张村、运城市万荣县高村乡闫景村、运城市万荣县万泉乡北涧村、运城市夏县泗交镇王家河村(第一批);运城市永济市城西街道水峪口村、运城市万荣县皇甫乡袁家村、运城市平陆县杜马乡东坪头村、运城市垣曲县历山镇同善村、运城市垣曲县新城镇左家湾村、运城市垣曲县历山镇历山村(第二批)。

(二)关联区乡村旅游资源

关联区主要为主体区之外的吕梁山区和中条山区,涉及30个县(市、区),前文已有介绍,此处不再赘述。

截至2021年5月,在上述区域内,有4个全国乡村旅游重点村:吕梁市汾阳市贾家庄镇贾家庄村、晋中市平遥县段村镇横坡村(第一批);晋中市介休市龙凤镇南庄村、太原市娄烦县天池店乡河北村(第二批)。

1个山西省AAAA级乡村旅游示范村:晋中市平遥县段村镇横坡古村(第一批)。

39个山西省AAA级乡村旅游示范村:吕梁市离石区信义镇永红村、吕梁市离石区信义镇任家沟村、吕梁市离石区信义镇归化村、吕梁市汾阳市贾家庄镇贾家庄村、晋中市平遥县岳壁乡梁村、晋中市介休市张兰镇张村、晋中市介休市龙凤镇南庄村、太原市娄烦县米峪镇乡下石村、太原市娄烦县天池店乡河北村、太原市娄烦县静游镇峰岭底村、太原市清徐县徐沟镇西怀远村、太原市清徐县孟封镇杨房村、临汾市襄汾县新城镇丁村、运城市稷山县西社镇马跑泉村、运城市闻喜县东镇上镇村(第一批);忻州市静乐县丰润镇庆鲁村、吕梁市离石区交口街道办高家沟村、吕梁市离石区信义镇王村、吕梁市离石区信义镇严村、吕梁市岚县河口乡王家村、吕梁市方山县北武当镇来堡村、吕梁市方山县圪洞镇前东旺坪村、吕梁市交城县庞泉沟镇苏家湾村、吕梁市中阳县下枣林乡神圪垯村、吕梁市中阳县车鸣峪乡弓阳村、吕梁市孝义市新义街道办贾家庄村、吕梁市孝义市胜溪湖街道办曹溪河七村联片乡村旅游区、晋中市平遥县朱坑乡六河村、太原市古交市岔口乡关头村、太原市晋源区晋祠镇赤桥村、太原市尖草坪区柏板乡宇文村、临汾市洪洞县兴唐寺乡兴唐寺村、临汾市洪洞县甘亭镇南羊獬村、临汾市洪洞县赵城镇永乐村、临汾市洪洞县曲亭镇上寨村、临汾市尧都区枕头乡枕头村、运城市稷山县太阳乡石佛沟村、运城市盐湖区上王乡牛庄村、运城市盐湖区泓芝驿镇王过村(第二批)。

五、山西黄河板块乡村旅游产品设计

山西黄河旅游板块由北向南的功能分区依次为西口文化与黄河古堡休闲片区、黄河峡谷与红色文化旅游片区、吕梁山生态康养休闲度假片区、黄河湿地和古中国文化休闲片区,在这些区域蕴涵着丰富的乡村景观和乡村文化,具有开发乡村旅游的资源优势。贯穿南北的黄河旅游公路可将重点乡村串联,增强黄河乡村旅游的可进入性。

(一)山西黄河板块乡村旅游业态规划

1. 自驾徒步乡村旅游

以山西省黄河一号国家旅游专用公路为轴,串联山西黄河板块内的乡村旅游景区、景点及乡村特色景观,开发中条山穿越探险线路、黄河湿地观光体验线路、黄河峡谷穿越探险线路、红色经典教育体验线路、西口古道商贸体验线路和关帝山穿越康体线路等自驾和徒步穿越为主的乡村旅游线路。

2. 康体养生乡村旅游

充分结合黄河板块的乡村旅游资源,助力打造"夏养山西"康养品牌,开发以黄河峡谷运动康养、关帝山(含庞泉沟、北武当山等)道教文化和森林康养、云丘山中和文化—中医药康养、汾酒酒文化和戎子酒庄葡萄酒体验康养、中条山运动和温泉康养为主题的乡村康养旅游产品。

3. 户外运动乡村旅游

以"拥抱乡村、怡享自然、挑战自我"为主题,充分利用现有乡村旅游资源，打造黄河漂流、冬季冰雪运动、山西省黄河一号国家旅游专用公路自行车骑行、中条山和关帝山山地越野（骑行）、黄河峡谷低空飞行、中条山攀岩、黄河栈道探险、孟门至龙门水上观光、黄河峡谷马拉松、碛口铁人三项等具有挑战性和刺激性的山西黄河乡村运动旅游产品。

4. 研学体验乡村旅游

在黄河旅游板块的乡村地域，以黄河文化、古代中国文化、中原文化、走西口文化、晋商文化、红色文化以及农耕文化为背景，策划大河文明主题研讨和体验、世界青少年汉学夏令营、晋蒙粮油故道和盐运古道研学体验、黄河地质科考研学、红色文化教育以及国学夏令营等活动为主的系列乡村研学旅游产品。

5. 休闲度假乡村旅游

在山西黄河旅游板块内的乡村地域，以黄河湿地、国家森林公园、黄河古堡和古村、黄土原乡等旅游资源为依托，以建设森林生态旅游度假区、历史文化名村度假地、黄河湿地度假区等项目为重点，大力开发休闲度假、康养运动、黄河自然湿地观光等乡村旅游产品。

（二）山西黄河板块乡村旅游线路设计

综合山西黄河板块主体区与关联区的乡村旅游资源，本文在忻州市、吕梁市、临汾市和运城市的近黄河区域规划了黄河板块的乡村旅游线路。

1. 忻州市黄河板块乡村旅游线路

老牛湾村—老牛湾景区—乾坤湾景区—万家寨风景区—柏鹿泉村—榆岭洼村—王化沟村—芦芽山风景区—米家沟村—东风水库—宁化村—宁化古城—庆鲁村—庆鲁沟。

2. 吕梁市黄河板块乡村旅游线路

北线：王家村（隶属岚县河口乡）—蔡家崖纪念馆—黑茶山庄—“四八”烈士纪念馆—前青塘村—前东旺坪村—北武当山风景区—苏家湾村—庞泉沟自然保护区—来堡村—任家沟村—归化村—永红村—严村—王村（隶属离石区信义镇）—吕梁市—于家沟村（隶属柳林县柳林镇）—军渡村—碛口国家级风景名胜区—南圪垛村。

南线：吕梁市—高家沟村—神圪垯村—三交村—刘家圪垯村—泊河村—弓阳村—金龙山风景名胜区—贾家庄村—山西孝河湿地公园—胜溪湖森林公园—胜溪湖。

3. 临汾市黄河板块乡村旅游线路

石家湾村—乾坤湾景区—东征村—红军东征永和纪念馆—霍家沟村—桑峨村—台头村—坂儿上村—云丘山景区—丁村民俗博物馆—丁村—丁村遗址—枕头村—姑射山—临汾市—南羊獬村—上寨村（隶属洪洞县曲亭镇）—永乐村—兴唐寺村—陶唐峪风景区。

4. 运城市黄河板块乡村旅游线路

北线：马刨泉—龙门村—古渡龙门风景区—北涧村—孤峰山景区—闫景村—李家大院—袁家村—王过村—张董村—牛庄村（隶属盐湖区上王乡）—石佛沟村—上镇村。

南线：鹳雀楼—西厢村—普救寺—水峪口村—神潭大峡谷—东开张村—东坪头村—王家河村—泗交旅游风景区—左家湾村—同善村—历山村—历山风景区。

全国乡村旅游重点村和山西省乡村旅游示范村均可作为乡村旅游元素，纳入山西黄河旅游板块的旅游线路中，毗连地区可以进行区域线路组合和拆分。以乡村振兴为主旨，以凸显黄土原乡文化、农耕文化、渔猎文化为主，通过景区带动、特色乡村（黄土人家和黄河人家）旅游发展的方式，积极开发田园观光和采摘、民宿体验、休闲度假、乡村美食、品尝购物、康体运动、教育研学和民俗文化等多种类型的乡村旅游产品。关于山西黄河旅游板块的乡村旅游市场客流调节，可依托山西黄河旅游板块的集散中心和集散点，开设山西黄河乡村旅游事业部窗口，形成山西黄河乡村旅游集散体系，宣传介绍板块内的乡村旅游资源和乡村旅游线路，为板块内乡村游客提供展示推介服务、集散导流服务、交通接续服务、线上信息服务、线下综合服务、预警救援服务。

第二节 长城旅游板块协同发展

一、研究意义和价值

（一）研究意义

山西省将文化旅游产业确立为山西战略性支柱产业，积极推进黄河、长城、太行三大旅游板块建设，将进一步形成“乐水、尚城、崇山”的旅游品牌体系。十九大报告明确提出了实施乡村振兴战略，而乡村旅游的综合带动效应，可有效促进农村一二三产业融合发展。本课题将山西乡村旅游与山西长城板块旅游进行融合研究，在山西长城旅游开发的大格局下，推进山西长城乡村旅游创新发展，大力发展长城乡村休闲旅游产业，坚持突出特色、注重内涵、协调发展，在山西长城旅游板块的乡村地域，结合乡村田园风光和长城边塞、军事、农牧、贸易等历史文化元素，打造一批国内一流的长城文化旅游村镇，带动当地群众致富，推动山西长城区域乡村振兴战略的实施。

（二）学术价值

乡村旅游从最初农家乐的简单形态逐渐向产业形式多元化转变，乡村旅游的活跃区域也从大都市的近郊逐渐向大都市远郊、中小城市郊区以及生态文化资源富集的偏远乡村区域扩展。山西长城旅游板块的区域与乡村地域高度重合，山西长城乡村旅游已有了初步发展，但由于区位经济弱势、地理位置偏远、基础设施落后、科学规划滞后、管理服务粗放和有效监管不足等原因，出现了产品质量低下、同质竞争严重、产业协同不足和持续增长乏力等问题，导致需求侧满意度不高、重游率较低，在供给侧反映为千村一面的孤岛效应，以及经营不善、间或经营，甚至关门歇业的现象。本课题的研究将针对上述问题，借助山西长城旅游板块开发契机，着力于山西长城乡村旅游开发的研究。研究的学术价值体现在，在山西长城乡村旅游产品提档升级的基础上，优化乡村旅游客流分配体系，发掘基于板块协同效应的乡村旅游发展的持续动力。本课题的研究虽然立足于山西省长城旅游板块的乡村旅游,但其发展中存在的问题有许多是全省乃至全国的共性问题,故本课题的研究结果可为其他地区提供借鉴。

(三)应用价值

十九大报告指出,要实施乡村振兴战略,必须始终把解决好“三农”问题作为全党工作的重中之重。要坚持农业农村优先发展,按照产业兴旺、生态宜居、乡风文明、治理有效、生活富裕的总要求,建立健全城乡融合发展体制机制和政策体系,加快推进农业农村现代化。深化农村土地制度改革,完善承包地“三权”分置制度。培育新型农业经营主体,健全农业社会化服务体系,促进农村一二三产业融合发展。又逢山西长城旅游板块建设强势推进,故该板块乡村旅游开发面临重大历史机遇。本课题研究的应用价值体现在,借力山西长城旅游板块开发的支撑,完善乡村旅游产品布局,深入研究山西长城区域民俗村、特色小镇、田园综合体等多种发展模式的应用,促进休闲农业开发和美丽乡村建设取得长足发展,以乡村旅游为抓手实施乡村振兴战略。本课题研究对于促进山西长城旅游板块的农业供给侧结构性改革,加强农业与旅游深度融合,推进美丽乡村建设,实施旅游富民工程,提升乡村生活品质,具有重要的应用价值。

二、研究对象

(一)山西省长城板块乡村旅游

山西长城地域的乡村旅游面临着诸多发展困境。存在的问题可总结归纳为以下六点:第一,基础设施落后。经济区位弱势,基础设施不完善,网络信息化建设不足,辅助旅游供给水平较低。公共服务短缺和交通可进入性差成为突出问题。第二,专业人员匮乏。农民参与积极性较弱,旅游管理人才匮乏,服务人员素质不高,加之乡村旅游人才培训机制不足,成为制约山西长城乡村旅游发展的瓶颈和短板。第三,调控职能缺失。单体规模较小,协同功效不足,产业扩张受限制。各自为政的现象较普遍,资源和资金没有形成有效合力,乡村旅游没有形成完整的产业链条和产业体系。第四,管理水平偏低。缺乏科学规划和管理,零乱无序开发普遍存在。法制观念不强、可持续发展理念缺位，致使生态环境受到破坏。第五，服务功能不足。服务设施不完善，服务意识不到位，缺少便捷化服务和个性化服务，忽略了乡村游客体验需求。环境不整洁、卫生不达标，成为服务质量的突出问题。第六，营销意识淡薄。市场定位模糊，目标市场不明确。产品雷同，同质化严重。缺乏创新设计和深度加工，长城文化内涵的融入与展现不足。精品意识和品牌意识不强，游客满意度不高，重游率较低。明确上述问题，有助于使本课题的研究更具有针对性，以进一步打造山西长城乡村旅游集群。

（二）山西长城乡村旅游耦合要素

首先是板块联动的耦合。山西长城旅游视域下的乡村旅游开发，应以长城旅游板块开发为依托，推动沿长城地区乡村旅游资源的内涵开发，实现长城旅游资源与周边乡村旅游资源的有机融合，在优化长城旅游产业结构的同时，提高乡村旅游经济收益，促进乡村产业融合，实施乡村振兴战略。其次是特色构建的耦合。山西长城旅游板块乡村地域辽阔，自然景观壮美秀丽、乡村聚落丰富多样，蕴含着独具特色的边塞文化、军事文化、贸易文化、农牧文化、民俗文化和历史文化，具有发展乡村旅游和休闲农业的资源条件。第三是乡村旅游市场的耦合。在山西省长城旅游板块开发的基础上，对原有市场进行乡村旅游导流，扩大长城板块乡村旅游的市场影响力。

三、研究重点和目标

（一）研究重点

第一，山西长城乡村旅游与山西长城板块旅游的空间一致性分析。在综合分析部分，通过分析山西长城乡村旅游现状与山西长城旅游板块布局规划，寻找出两者重叠部分，即山西长城乡村旅游与山西长城旅游板块布局在地理地域方面的一致性内容。总体来看，山西长城均位于北部，集中在忻州、朔州和大同三市之内，大部分地区位于乡村地域，其自然风光、农耕文化和历史文化交相辉映，蕴含着丰富的旅游资源，具备乡村旅游开发的条件。第二，山西长城乡村旅游产品设计。深入挖掘山西长城区域内乡村聚落的典型旅游资源，加以提炼升华并形成乡村旅游产品和旅游线路。第三,山西长城乡村旅游集散体系设计。运用旅游市场集散理论建立山西长城乡村旅游集散体系,实现乡村旅游市场分流、乡村旅游形象建设、乡村旅游质量监督、乡村旅游产业优化和乡村旅游区域融合功能。

(二)主要目标

本课题的研究目标在于以山西长城旅游板块大发展为契机,发挥长城乡村旅游与长城旅游板块协同功效,促进山西长城乡村旅游的协调发展,推进山西长城乡村旅游集群建设,有效实施山西省乡村振兴战略。

四、山西长城旅游板块分析

(一)目标市场

山西长城旅游板块全力开辟省内市场,重点突破周边省份市场,积极拓展京津冀、长三角市场,努力探索境外市场。

1. 核心市场

以省内游客,国内、国外文化旅游爱好者为主。

2. 基础市场

三小时车程内的周边省份短程游客,以及通过高铁带来的京津冀、长三角区域的中长程游客。

3. 高潜力市场

以中国港澳台地区与广东省、福建省、云南省、海南省等较远省份,以及海外地区的游客为主。

(二)总体定位

1. 山西世界级文化遗产旅游目的地

山西保留了战国到明朝等各个历史时期的长城遗址,见证了历史上匈奴、鲜卑、党项、沙陀等多个民族的发展历程,是山西作为民族熔炉的历史象征和文化地标,它既是祖先遗留下来的宝贵遗产,也是华夏文明的载体，是山西厚重文化底蕴的象征。山西长城包括墙体、关堡、敌楼、马面、烽火台、城楼、壕沟、挡马墙等多种建筑遗存，这些建筑遗存许多分布在险峻雄奇的地理环境之中，凝固了军事文化、边贸文化、民俗文化、地域文化等多种历史文化元素，通过深度挖掘山西长城的历史文化内涵，科学保护、维护、管理与合理利用，凝练爱国主义、民族融合主题，结合晋中、晋北地区已有的五台山、平遥古城、云冈石窟三处世界文化遗产，逐步将山西长城打造为世界级文化遗产旅游目的地。

2. 山西长城生态文化旅游经济带

长城分布区域以山地、贫困地区居多，通过长城旅游带的打造，可推动长城沿线整体经济、社会、文化、生态全方位发展。以长城本体文化及周边地域文化的提炼梳理为线索，构筑长城文化带。结合乡村旅游与乡村振兴建设，促进长城沿线地区经济发展，坚持保护优先、生态为重、适度开发、合理利用、可持续发展，有重点、有步骤、差异化打造以长城为核心的生态文化旅游经济带。

(三)发展策略

(1)保护优先，合理发展。
(2)品牌优先，合理定位。
(3)文游融合，多元叠加。
(4)区域协同，重点突破。
(5)旅游阻贫，乡村振兴。

(四)空间布局

通过对现有交通网络进行重新规划组织，带动旅游景区联结为整体；通过完善服务体系等级，提升游客体验。空间上，长城板块划分为主体区和关联区(图 6-1)。

1. 主次区域划分

主体区涉及 3 市(地级)30 县(县级市、区)，是长城旅游主体资源在山西省集中分布的区域；关联区涉及 5 市 13 县(县级市、区)，是长城旅游主体资源分布地区的延伸区域。

（1）长城旅游板块主体区

图 6-1　山西长城旅游板块空间范围

来源：山西省长城板块旅游发展总体规划（2018—2025 年）

包括大同市 4 区 6 县（平城区、云冈区、云州区、新荣区、天镇县、阳高县、左云县、广灵县、灵丘县、浑源县）；朔州市 2 区 3 县 1 市（朔城区、平鲁区、右玉县、应县、山阴县、怀仁市）；忻州市 1 区 1 市 12 县（忻府区、原平市、繁峙县、代县、宁武县、神池县、偏关县、河曲县、岢岚县、五台县、五寨县、静乐县、保德县、定襄县）。

（2）长城旅游板块关联区

包括吕梁市（兴县）；阳泉市（郊区、平定县、盂县）；晋中市（左权县、和顺县、昔阳县）；长治市（黎城县、壶关县）；晋城市（泽州县、陵川县、高平市、沁水县）。

2. 主体区空间结构

长城板块总体布局形成“一主一副多点，两轴一带四片”的空间架构。

（1）一主一副多点

选取经济发展突出、交通区位便利、板块文化交融、长城资源丰富的区域，构建多级高效的长城旅游服务中心体系。

一主：长城旅游服务主中心。依托大同市的经济、区位与交通优势，建设长城旅游服务核心基地，结合新荣区得胜堡、方山北魏文化遗址、大同古城、大同火山群等周边丰富的旅游资源和生动的文化内涵，成为对接京津冀的桥头堡，辐射带动整个长城旅游片区发展。

一副：长城旅游服务次中心。依托雁门关、新（旧）广武城的丰富长城遗存，以忻州代县—朔州新（旧）广武城作为长城板块旅游服务的次中心，服务于内长城沿线及周边区域的旅游片区发展。

（2）两轴一带四片

两轴：内外长城路。依托长城旅游公路，沿内外长城展现长城文化脉络，串联沿线主要关、城、寨、堡、台、墩，打造两条长城黄金旅游带。

一带：中部联动带。长城主体区所在的大同市、忻州市、朔州市，旅游资源丰富，包括云冈石窟、五台山、恒山、芦芽山、应县木塔、万年冰洞等景区；依托现二广高速与大张高铁、大西高铁的快速联系，南北串联交通要道与长城旅游公路，形成客流、交通流、信息流的互联互通，构建长城景点与周边重要景区的联动发展。

四片：四个重要主题片区。依托长城遗存资源，打造边陲史记主题片区（沿外长城布局，保留外长城黄土夯路的景色特质，发展以堡群游览、边贸互市体验、温泉康疗度假、徒步探险为主的旅游主题）；烽火弦歌主题片区（沿内长城布局，以雄奇险峻长城观览、军事文化、红色文化体验为主的旅游主题）；山河览胜主题片区（选取内长城、外长城、黄河的交汇点，打造与北京长城“北京结”对应的“山西结”，突出内外长城交汇处的重要性，以偏关为中心，依托丰富的长城景观资源，打造以大地景观、水陆空全角度多方位游览体验为主的旅游主题）；大美乡村主题片区（选取长城与太行山的交汇段，依托自然景观资源，结合长城地域文化、红色文化与新时代精神，与美丽乡村、乡村振兴建设联动发展）。

3. 关联区产品布局

除了主体区的大同市、朔州市、忻州市三市及关联区的阳泉市外，长城还在吕梁市、晋中市、长治市、晋城市有所分布。这些区域长城年代跨度大，作为长城旅游关联功能区，主要承担山西长城全域旅游功能的拓展与辐射，与主体区共同构成山西长城全域旅游的全系统架构。关联区发展重点为阳泉市平定县、晋中市左权县；以娘子关、固关景区等为统领，结合周边旅游资源，与太行山板块交融、联动发展，打造以长城为核心的旅游产品。

五、山西长城板块乡村旅游资源分析

（一）主体区乡村旅游资源

1. 大同市长城板块乡村旅游资源

大同有众多深藏在乡野的古村落、古堡、老街巷，还有不少依山傍水的美丽乡村，这都是可以挖掘的乡村旅游资源。

广灵县壶泉镇涧西村以保存完好的古民居吸引了众多游人；浑源县神溪村的律吕神祠和湿地景观十分独特；灵丘县上下北泉村优美的山水景观和碧水环绕的集装箱营地让游客流连忘返，上北泉村还增设了展示打铁、制麻绳、剪纸等的非遗展区和打树花演出区，下北泉村集装箱营地增设了树屋、水系。还有一些乡村景观也成为人们探秘休闲的好地方，比如灵丘县赵北乡安庄村的冰河峡谷，给人一种“铁马冰河入梦来”的感觉，被网友认为是清凉胜地。广灵县的长江峪峡谷两侧峰峦叠嶂，峪中溪、泉、瀑布相得益彰，这都是尚未开发的自然资源，以其原生态和野性美为一些旅游者青睐。灵丘县车河有机社区、浑源县神溪村等有着恬静的田园风光、优美的生态环境，还有遍布乡野的特色民居，成为市民和周边城市游客的首选。

灵丘县上下北泉村远峰突兀、河水绕村、杨柳拂岸，倒影横斜，入夏可以赏花、看草、听泉、观荷、垂钓、漂流。每年从夏初起，每到周末，在村庄的荷花池畔、集装箱营地等处，村民们身着表演服进行说唱表演和实景演出，整个村庄热闹起来，也让游客参与其中。除了实景演出外，村民们的生活场景也呈现在乡村大景区内，演员们拿着道具筐，盛放着花椒、核桃、苦荞麦等当地的土特产品进行展示，做起家乡特产的代言人。游客不仅能在现场体验石碾碾玉米的有趣过程，还可以订购这些产品，体验倍感新鲜。

大同市众多乡村有丰富的文旅资源和独特的非遗资源，不少乡村将旅游与民俗融合起来，通过实景演出的形式呈现乡村景观并与游客互动，还将传统美术、传统技艺和传统手工艺品的制作、生产、表演、销售搬进景区，取得了良好效果。浑源县神溪村将大型实景演出放到了白天，在村子里的荷花湖、律吕神祠等景点处进行演出，红红火火的文旅项目带火了乡村游。灵丘县红石塄乡龙渠沟社区居民表演的《龙渠沟的老百姓》，融合了迎亲、敬酒、舞龙、秧歌等民俗项目，反映出乡亲们的幸福生活。此外，灵丘县车河有机社区也启动了实景表演。这些融合乡村文化的实景剧，是一部部探路乡村振兴、丰富旅游资源、演绎乡风乡俗的文旅融合作品，为乡村旅游锦上添花。

为推进农旅融合产业发展，近年来，大同市大力实施休闲农业和乡村旅游精品工程，深入推进特色旅游乡镇、特色旅游村建设试点，大力发展集观光、游览、采摘、休闲、度假于一体的农旅融合新业态，把发展生态旅游与振兴乡村结合起来，把田园风光、秀美乡村变成聚宝盆，让游客到乡村可观花、赏景、采摘、玩冰雪，一年四季皆可游赏。有着黄花小镇美称的云州区，凭借黄花的美名和火山群、土林地貌、昊天禅寺、吕家大院等一大批自然人文旅游资源和土堡、土窑洞、石头垒砌的村庄等遗存吸引着众多游客。春天，在云州区唐家堡村附近的忘忧大道上，道路两旁大片绿油油的黄花菜长势喜人，沿途人群纷纷赏景拍照。阳高县以温泉、古长城等旅游资源而闻名，近年来大力发展农家生态采摘园、杏果采摘园、无公害蔬果采摘园等，不同的季节可以采摘到不同的果蔬，众多游客来此垂钓漂流、品尝农家美食，深感不虚此行。农旅融合既可以带动农民增收，又可以吸引市民休闲养生。大同市众多乡村走“以农促旅、以旅兴农”的农旅融合发展之路，不仅提高了农旅融合的附加值，也实现了农旅融合产业的多重效益。

截至 2021 年 5 月，大同市有 1 个全国乡村旅游重点村：灵丘县红石塄乡下车河村（第二批）。有 1 个山西省 AAAA 级乡村旅游示范村：灵丘县红石塄乡下车河村（第一批）。有 15 个山西省 AAA 级乡村旅游示范村：灵丘县红石塄乡上北泉村、灵丘县独峪乡花塔村、新荣区堡子湾乡得胜堡村、云冈区口泉乡杨家窑村、广灵县壶泉镇涧西村、云冈区高山镇高山村、浑源县永安镇神溪村、浑源县南榆林乡北紫峰村（第一批）；云州区西坪镇唐家堡村、云州区西坪镇坊城新村、新荣区郭家窑乡助马堡村、灵丘县武灵镇东福田村、广灵县南村镇白羊村、左云县管家堡乡黑土口村、天镇县逯家湾镇李二口村(第二批)。

2. 朔州市长城板块乡村旅游资源

朔州市着力打造休闲观光和农事体验型特色旅游村,依托各乡村的区位条件、资源特色和市场需求,打造不同类型的乡村旅游产品。朔州市的具体做法:围绕田园生态和农业生产,着力打造休闲观光和农事体验型特色旅游村。如朔城区司马泊村(神海湿地公园),平鲁区大辛窑村(明海湖景区)、怀仁县鲁沟村(鲁沟生态旅游园区)、应县中曹山村(天喜农业庄园)、右玉县樊家窑村(杏林沟)等。2015年,朔州市推出住农家院、吃农家饭、赏景、采摘、种植、垂钓等项目,节日期间前来游乐、摄影、绘画、DV创作的游客络绎不绝。围绕历史文化和名人古迹,着力打造现代新村观光型和人文气息型特色旅游村,如朔城区青钟村和吉庄村、山阴县河阳堡村、右玉县杀虎口村等。2015年,青钟村开发了百亩水上乐园、采摘、烧烤、垂钓等农家乐服务平台;吉庄村被评为"山西省休闲农业与乡村旅游示范点";河阳堡村王家屏纪念园的游客服务中心和魁星楼均已建设完成;杀虎口村建起的仿古民居已成为发展乡村旅游的餐饮商贸集聚区,同时,还完善了停车场、厕所、游客信息咨询中心等设施,越来越多的游客慕名前来;围绕原生态古村落、民俗村堡的文化特色,着力打造古村落观光度假型特色旅游,如平鲁区凤凰城、山阴县旧广武村、右玉县马营河村。2015年,马营河村完成了古乐楼、五神庙修复,并配套完成给排水、供电、道路硬化、绿化美化等工程,村容村貌发生明显变化,受到了很多自驾游、自行车俱乐部的青睐,吸引了大量游客。

朔州市联合策划专题栏目,积极开展美丽乡村建设工作。2015年,朔州旅游局联合市农委、市广播电视台,打造了一档大型旅游专题栏目"美丽乡村看朔州"。该栏目计划走访52个村庄,完成52期节目的录制,通过常态拍摄、季节性拍摄、大型航拍等方式,全景展示朔州乡村自然和人文画卷,立体呈现朔州乡村旅游文化坐标。目前,栏目已录制完成25期。在市广播电视台播出的基础上,充分利用网站、移动客户端、微信平台等新媒体进行推广,并同期制作了图书影像资料,多渠道宣传朔州的美丽乡村。在全国脱贫之前,朔州市按照省旅游局和省扶贫办安排,积极开展乡村旅游扶贫试点村申报工作。右玉县的樊家窑村、常门铺村、甘泉庄村、马营河村、高墙框村、金牛庄村、麻滩村、牛心堡村、破虎堡村等9个村，曾经被国家定为乡村旅游扶贫重点村进行扶持，并帮助符合条件的乡村申请省旅游局扶持乡村旅游发展专项资金，组织相关人员参加各类乡村旅游专题培训班，有效提升乡村旅游从业人员及管理人员素质。目前这些贫困村已经全面脱贫，在乡村振兴的进程中，继续开展乡村旅游建设。朔州市积极开展乡村旅游标准化示范点建设工作，按照国家和省级标准要求，借鉴其他省、市乡村旅游示范村评定标准、农家乐旅游服务质量等级评定标准等，朔州市制定了当地的乡村旅游质量标准。精心挑选旅游资源禀赋优、基础条件好、市场需求旺、资金和人才比较有保障、具有一定开发价值的乡村作为试点，联合相关部门，推进乡村旅游示范点建设，以点带面发展乡村旅游，并从资金、技术等方面予以扶持，稳步推行标准化建设、标准化服务和标准化管理。

2016年，右玉县打造张千户岭村和常门铺村乡村旅游项目，实施特色窑洞工程。应县重点实施总投资70亿元的南山自然生态旅游区项目。该项目集中在应县小石峪，涉及小石口、山岔、天井、双钱树等11个村庄。除此之外，朔州市还依托朔州生态观光旅游公路，将沿线的乡村旅游景点统一规划，连点成线，打造旅游线路，实现乡村旅游发展的最佳生态效益、经济效益与社会效益。

2019年，朔州市把加强组织领导作为推动全市农村环境集中整治、建设美丽乡村的重要保证，要求各县、区抓紧成立领导组，党政主要负责人深入一线，确保农村环境治理、美丽乡村建设工作取得实效。该市把加大资金投入作为推动工作的重要措施，推动桑干河沿线的5个县区、17个乡镇、70个村率先实现垃圾有效治理、污水有序排放。全市以“四治”，即治乱、治垃圾、治污水、治农业面源污染为重点，开展全面集中整治行动；实现“四无”，即无乱搭乱建乱占、无垃圾杂物乱堆乱放、无污水废水乱排乱放、无农业生产废弃物乱丢乱埋，彻底解决农村脏乱差现象，从根本上改善农村环境面貌。朔州市还把乡村旅游开发与美丽乡村提质结合起来，从绿色生态、历史文化、观光旅游、休闲度假、名人效应、农事体验等方面挖掘开发旅游资源，整体联动推进美丽乡村建设，打造宜居宜游、独具特色的美丽乡村。市农业农村局、市文旅局牵头制定全市乡村精品旅游点“农家乐”、民宿客栈的标准和规范，市县两级政府在政策上给予鼓励，在资金上进行补贴奖励，整合各个乡村旅游精品旅游点的旅游资源。

怀仁市马辛庄乡鲁沟村开展“凝聚新力量、筑梦新时代”助力2020

年朔州市美丽乡村旅游季系列活动。鲁沟村是一座在中国北方难得一见的美丽乡村，这里绿树环抱，湖光潋滟，“大美鲁沟村，塞上小江南”，早已在北方地区远近闻名。该村居民住宅整齐明亮，道路宽敞整洁，村子里东西各有一处园子：西边生态园，湖光粼粼，垂柳依依，悠然舒心；东边德孝苑，古色古香，拱桥流水曲径通幽，假山瀑布水帘飞溅，各种花卉争奇斗艳。此外，南有龙泉湖，中有银玉湖等景观。鲁沟村被评为山西省 AAA 级乡村旅游示范村，先后荣获全国文明村镇、山西省最美旅游村、山西省生态村、山西省科普示范基地、山西省法制建设先进单位、山西省文化示范村等众多称号。鲁沟村挖掘本村独有的佛教、民俗、历史文化，与旅游相嫁接，营造了“诗酒田园”的环境，打造了全龄、全季、利于养心的精神层面的旅游产品，使游客在获得文化体验的同时享受自然生活的健康乐趣，受到广大游客的青睐。鲁沟村美丽乡村建设的先进经验，为建设“乡村美、产业兴、村民富”的新农村贡献了智慧和力量。

截至 2021 年 5 月，朔州市有 1 个全国乡村旅游重点村：怀仁市马辛庄乡鲁沟村(第二批)。11 个山西省 AAA 级乡村旅游示范村：朔城区神头镇东神头村、右玉县杀虎口风景名胜区杀虎口村、怀仁市马辛庄乡鲁沟村、山阴县张家庄乡广武村、右玉县杀虎口风景名胜区二十五湾村、右玉县杀虎口风景名胜区马营河村(第一批)；朔城区南榆林乡青钟村、朔城区神头镇西神头村、朔城区小平易乡林家口村、平鲁区凤凰城镇凤凰村、右玉县丁家窑乡云石堡村(第二批)。

3. 忻州市长城板块乡村旅游资源

忻州市积极推进乡村旅游开发，展示山西省“看得见山水、记得住乡愁、留得住乡情”的乡村旅游新形象。

北合索村位于忻州城西 8 公里处，距二广高速忻州出口仅 8 分钟里程，被忻黑线、合奇线环抱，交通便利；陀罗山、国宝级建筑金洞寺、双乳湖等山水寺庙环绕，风景优美。2010 年北合索村承担了忻府区西部山区 22 个村 110 户 315 人的移民任务，是忻府区西部移民安置点；2013 年获评山西省休闲农业与乡村旅游示范点；2015 年被评为中国最美乡村；2016 年被评为山西省四星级休闲农业示范村。北合索村以“健康养生、休闲娱乐”为主题，突出“温泉养生游”“运动娱乐游”“休闲度假”三大特色，以建立温泉休闲娱乐区、温泉养生体验区、会议商务区、创意文化孵化区、养老公寓区和生态农业观光区为目标，满足游客的不同需求。如今的忻府区北合索村正高举共同富裕的旗帜,向着以温汤立村、旅游兴村、产业富村,打造宜居温泉特色小镇迈进。

保德县故城村位于山西省忻州市保德县城西10公里处,与陕西府谷县城隔黄河相望,宽广的迎宾大道与沧榆高速在这里交汇,独特的区位优势带来了蓬勃的发展生机。此村有汉代古城遗址,有历史文化名村的称号,入选全国百家星级旅游村、山西省AAA级乡村旅游示范村,是保德县历史建筑景观和乡村生态旅游方面一颗璀璨的明珠。沿旅游公路登上村口的制高点,环顾四周、眺望远方,绵延数十公里黄土高原地貌尽收眼底,中华民族的母亲河——黄河,千百年来奔流不息,从故城旁流过;黄河岸边的枣林像绿毯一样伸向远方,一眼望不到边际。身后"印象故城"四个字古色古香,引人注目。

吴家庄村在岢岚县城南约20公里处,通过移民搬迁、产业开发,走出了一条发展现代农业、建设社会主义新农村的好路子。由远而近,一排排别墅式新房敞亮夺目,一条条街道干净整齐,一座座大棚瓜菜喜人。与这充满现代气息的新村落形成鲜明对比的是,村后面半山坡上散落着的一眼眼破败不堪的旧窑洞,讲述着这个小山村的沧桑巨变。

忻府区庄磨镇、原平市崞阳镇、五台县灵境乡均蕴含着丰富的乡村旅游资源,历史文化和农耕文化交相辉映。五台县东冶镇永安村,徐向前元帅的故居就在此地。五台县灵境乡灵境村有灵境寺,周边山灵水秀,处处显现着大自然的灵气。河边镇是定襄县历史文化名镇,在这里可游览阎锡山的旧居,感受特色饮食文化。忻州市定襄县宏道镇,有古迹洪福寺,2000年被国务院公布为全国重点文物保护单位;此地还有深厚的头盔、戏服制作、木雕、石雕、八音会、面塑、剪纸等民间工艺文化。

截至2021年5月,忻州市有2个全国乡村旅游重点村:岢岚县宋家沟乡宋家沟村(第一批)、忻府区合索乡北合索村(第二批)。有1个山西省AAAA级乡村旅游示范村:岢岚县宋家沟乡宋家沟村(第一批)。有19个山西省AAA级乡村旅游示范村:保德县杨家湾镇故城村、宁武县涔山乡王化沟村、忻府区合索乡北合索村、偏关县万家寨镇老牛湾村、繁峙县东山乡伯强村、岢岚县大涧乡吴家庄村、定襄县晋昌镇西河头村、代县枣林镇鹿蹄涧村、岢岚县王家岔乡王家岔村(第一批);忻府区合索乡黄龙王沟村、原平市楼板寨乡大龙门村、原平市大林乡西神头村、宁武县化北屯乡宁化村、代县上磨坊乡新城村、繁峙县繁城镇赵家庄村、五台县东冶镇永安村、静乐县丰润镇庆鲁村、河曲县楼子营镇柏鹿泉村、河曲县土沟乡榆岭洼村(第二批)。

(二)关联区乡村旅游资源

1. 吕梁市兴县

兴县处于山西省长城和黄河旅游板块的重叠地区。兴县围绕红色旅游开发,重点打造以晋绥边区革命纪念馆为核心的晋绥边区首府旅游区和以"四八"烈士纪念馆为核心的黑茶山景区两个AAAA级景区,完成了北坡晋绥分局旧址修缮布展,实施了对晋绥日报社旧址、西北农民银行旧址、358旅旅部旧址等红色旅游景点的初步打造。该县持续推进乡村旅游建设,依托特有的自然景观、民俗文化和红色文化遗址,逐步打造了"晋丰山庄""黑茶山庄""绿生态休闲谷""蔡家崖红色印象""印象农家"等多个乡村旅游景点和乡村旅游客栈。

2. 阳泉市1区和2县

(1)郊区

截至2021年5月,阳泉市郊区拥有全国乡村旅游重点村1个:郊区平坦镇桃林沟村(第二批)。

山西省AAA级乡村旅游示范村3个:郊区平坦镇桃林沟村(第一批)、郊区旧街乡南沟村、郊区西南舁乡大洼村(第二批)。

(2)平定县

截至2021年5月,阳泉市平定县拥有全国乡村旅游重点村1个:平定县娘子关镇娘子关村(第一批)。

山西省AAAA级乡村旅游示范村1个:平定县娘子关镇娘子关村(第一批)。

山西省AAA级乡村旅游示范村12个:平定县冠山镇宋家庄村、平定县东回镇七亘村、平定县岔口乡红岩岭村、平定县巨城镇南庄村(第一批);平定县冠山镇杨家沟村、平定县张庄镇南阳胜村、平定县张庄镇宁艾村、平定县娘子关镇新关村、平定县娘子关镇下董寨村、平定县巨城镇西岭村、平定县巨城镇移穰村、平定县岔口乡甘泉井村(第二批)。

(3)盂县

截至2021年5月,阳泉市盂县拥有山西省AAAA级乡村旅游示范村 1 个：盂县孙家庄镇王炭咀村（第一批）。

山西省 AAA 级乡村旅游示范村 8 个：盂县仙人乡垴上村、盂县孙家庄镇禅房村、盂县梁家寨乡骆驼道村、盂县梁家寨乡御枣口村、盂县梁家寨乡大崔家庄村、盂县梁家寨乡灯花村、盂县梁家寨乡猫铺村、盂县秀水镇泥河村（第二批）。

3. 晋中市 3 县

（1）左权县

截至 2021 年 5 月，晋中市左权县拥有山西省 AAA 级乡村旅游示范村 4 个：左权县桐峪镇上武村、左权县麻田镇泽城村（第一批）；左权县石匣乡赵家庄村、左权县麻田镇南会村（第二批）。

（2）和顺县

截至 2021 年 5 月，晋中市和顺县拥有山西省 AAA 级乡村旅游示范村 3 个：和顺县松烟镇许村、和顺县平松乡小南会村、和顺县松烟镇南天池村（第二批）。

（3）昔阳县

截至 2021 年 5 月，晋中市昔阳县拥有全国乡村旅游重点村 1 个：昔阳县大寨镇大寨村（第一批）。

山西省 AAA 级乡村旅游示范村 1 个：昔阳县大寨镇大寨村（第一批）。

4. 长治市 2 县

（1）黎城县

截至 2021 年 5 月，长治市黎城县拥有山西省 AAA 级乡村旅游示范村 5 个：黎城县停河铺乡霞庄村、黎城县黄崖洞镇佛崖底村（第一批）；黎城县洪井乡孔家峧村、黎城县东阳关镇后峧村、黎城县西井镇卜牛村（第二批）。

（2）壶关县

截至 2021 年 5 月，长治市壶关县拥有全国乡村旅游重点村 1 个：壶关县桥上乡大河村（第二批）。

山西省 AAAA 级乡村旅游示范村 1 个：壶关县大峡谷镇（2020 年 4 月 2 日，桥上乡更名为大峡谷镇）大河村（第一批）。

山西省 AAA 级乡村旅游示范村 3 个：壶关县石坡乡南平头坞村（第一批）；壶关县大峡谷镇桥上村、壶关县集店乡岭东村（第二批）。

5. 晋城市 3 县 1 市

截至 2021 年 5 月，晋城市 3 县 1 市的情况如下：

（1）泽州县

全国乡村旅游重点村 1 个：金村镇东六庄村（第二批）。

山西省 AAA 级乡村旅游示范村 6 个：泽州县金村镇东六庄村、泽州县大东沟镇贺坡村（第一批）；泽州县高都镇北街村、泽州县北义城镇西黄石村、泽州县山河镇青龛村、泽州县周村镇石淙头村（第二批）。

（2）陵川县

全国乡村旅游重点村 1 个：陵川县附城镇丈河村（第二批）。

山西省 AAA 级乡村旅游示范村 1 个：陵川县附城镇丈河村（第一批）。

（3）高平市

山西省 AAA 级乡村旅游示范村 1 个：高平市原村乡良户村（第一批）。

（4）沁水县

山西省 AAA 级乡村旅游示范村 1 个：沁水县土沃乡南阳村（第一批）。

六、山西长城板块乡村旅游产品设计

在《山西省长城板块旅游发展总体规划（2018—2025 年）》的第 13 条总体定位中，提及建设山西长城生态文化旅游经济带要结合山西乡村旅游发展，促进长城沿线地区经济发展。山西省长城旅游板块的乡村旅游产品设计对于建设宜居、宜业、宜游的新农村格局，实现村美、业兴、民富的乡村建设目标，具有重要意义，将进一步推进产业兴旺、生态宜居、乡风文明、治理有效、生活富裕的乡村振兴内涵建设。

（一）山西长城板块乡村旅游产品分类

1. 长城人家乡村旅游产品

结合乡村振兴战略的实施，在长城沿线重点打造美丽乡村，在节点地区打造特色小镇及历史文化名村镇，以长城旅游带动经济发展。长城人家旅游产品主要集中在长城资源周边的村镇，特别是长城附近历史上的贫困县等，发展长城边塞客栈、农家乐、长城特色民宿、写生摄影基地、农果采摘、特色手工作坊等类型丰富多样的体验活动；美丽乡村建设要紧扣长城人家主题，产品类型突显长城文化，为长城特色浓厚的乡村申报历史文化名村。

2. 节事体验乡村旅游产品

根据长城沿线乡村大量独具特色的地域文化资源，打造深入体验式的乡村节日和文娱活动，传承当地传统文化，带动村镇经济发展。节事体验乡村旅游产品主要涉及文化领域，包括平鲁尉迟恭传说、门神文化，右玉精神、西口文化。此外还有丝路文化、红色文化，独具晋北特色的民俗文化，以及非物质文化遗产等。

3. 边贸风情乡村旅游产品

根据古代长城所体现的万里茶路、通商互市等商贸文化，结合历史典故、现存长城遗址及乡村旅游资源，建设具有山西长城特色的边贸风情乡村旅游产品。通过重现古代榷场、互市的繁荣，设立乡村地域的边贸集市、重走古代驼队路线，规划建设马市博物馆、外贸特色小镇等，使游客感受古代长城内外各民族交融繁盛的古代商贸文化。边贸风情旅游产品主要龙头项目为大同市得胜堡群景区，依托得胜口城堡群和饮马河湿地森林，联动周边其他古堡群和乡村旅游景点，将散布的“点”串成“线”，延伸旅游路线，丰富边贸风情乡村旅游的内涵。

4. 文化研学乡村旅游产品

在长城旅游板块的乡村地域，可以组织旅游者进行研学活动，开展科研考察，感受长城的军事文化、商贸文化、边塞文化以及乡村地域的饮食文化、建筑文化、农耕文化、民俗文化。大同市新荣区谢家场村、下深涧村、西梁村及云冈区云冈镇白庙村共计12000多米的早期长城宜作为专业性考古基地。考古研学旅游产品使游客在考察游览过程中感受长城的内在文化及史诗风貌。在长城研学的基础上，去乡村体验研学课程，去乡村做公益服务，体验乡村文化的丰厚内涵，关注美丽乡村建设。

5. 康养会奖乡村旅游产品

依托山西长城旅游板块乡村地域的聚落、建筑、温泉、山林和田园风光等资源，体验晋北原生态的乡村人文和自然环境，策划康养度假和会议、奖励相结合的乡村旅游产品，促进“长城+林泉康养+田园风光”的乡村旅游产业发展。康养会奖旅游产品主要包括温泉疗养基地、度假村、森林休闲游、高端论坛、企业培训等休闲体验类旅游产品。可开发的林泉康养基地包括大同市的大洼村、恒山、云西茶坊、镇虏村、桦林背林场、白羊峪风景区、黑龙寺；朔州市的黄花梁地区、冠庄、小盐坊村、九连山；忻州市的海子坪、芽儿沟、大营盘村、馒头山、白人岩、大南背村；阳泉市的药林寺、莲花掌村、木口村、狮脑山。在此基础上，将乡村旅游元素融合发展。

（二）山西长城板块乡村旅游线路设计

1. 山西长城旅游主体区乡村旅游线路

（1）大同市长城板块乡村旅游线路

在山西长城旅游板块的格局中，明确了大同市“古堡山峦的乡土”乡村旅游主题，设计了中西线和东南线两条主干线路。中西线：云冈区高山镇高山村—新荣区堡子湾乡得胜堡村—阳高县下深井乡大泉山村—天镇县新平堡镇。东南线：云州区大同火山群—浑源县永安镇神溪村—广灵县壶泉镇涧西村—灵丘县红石塄乡下车河村。以全国乡村旅游重点村和山西省乡村旅游示范村为主体，在山水明丽的自然风景衬托下，展示丰富的乡村人文特色，为游客提供踏青郊游和乡村旅游的目的地。

（2）朔州市长城板块乡村旅游线路

明确朔州市“塞上绿洲的田园”乡村旅游主题，着力打造西北线和东北线两条主干线路。西北线：平鲁区下木角乡上木角村—平鲁区双碾乡泉盛庄村—平鲁区阻虎乡迎恩堡村—平鲁区凤凰城镇六百户村—右玉县杀虎口风景名胜区杀虎口村—右玉县杀虎口风景名胜区二十五湾村—右玉县杀虎口风景名胜区马营河村。东北线：山阴县下喇叭乡榆树洼村—应县镇子梁乡镇子梁村—应县大临河乡北楼村—应县大临河乡北楼口村—应县白马石乡界河村—应县白马石乡跑马梁。

（3）忻州市长城板块乡村旅游线路

在山西长城旅游板块中，忻州市的乡村旅游资源禀赋与总量位居首位。明确忻州市“观山望水的乡愁”乡村旅游主题，以忻州古城为出发点，设计西线和东线两条主干线路。西线：忻州古城—忻府区合索乡北合索村—岢岚县大涧乡吴家庄村—岢岚县王家岔乡王家岔村—岢岚县宋家沟乡宋家沟村—保德县杨家湾镇故城村—偏关县万家寨镇老牛湾村—宁武县潜山乡王化沟村—宁武县化北屯乡宁化村。东线：忻州古城—原平市大林乡西神头村—代县枣林镇鹿蹄润村—繁峙县东山乡伯强村—五台县驼梁景区—定襄县晋昌镇西河头村。

2. 山西长城旅游关联区乡村旅游线路

从山西长城旅游板块来看,兴县关联区独立在山西西部,晋城市关联区独立在山西东南部,阳泉市、晋中市和长治市的关联区相连在山西东部。

(1)兴县长城板块乡村旅游线路

兴县处于长城和黄河旅游板块的重叠处,应紧抓山西省锻造长城和黄河旅游板块的历史机遇,把红色文化与乡村旅游要素融合起来,开发打造特色更鲜明、个性更突出的乡村旅游产品。兴县乡村旅游线路依托境内的沿黄河旅游公路,将乡村旅游景点串联。

(2)阳泉市长城板块乡村旅游线路

长城旅游关联板块阳泉市部分的乡村旅游主题可明确为“太行长城乡村美”,具体设计为南线和北线。南线:阳泉郊区平坦镇桃林沟村—阳泉城区义井镇小河村—平定县巨城镇移穰村—平定县巨城镇西岭村—平定县娘子关镇娘子关村。北线:郊区咀子上村—盂县孙家庄镇王炭咀村—盂县藏山翠谷—盂县大宋古村。

(3)晋中市长城板块乡村旅游线路

长城旅游关联板块晋中市部分的乡村旅游主题可明确为“长城太行人家”,设计由北向南的一条Z字形路线:昔阳县大寨镇大寨村—和顺县平松乡小南会村—和顺县松烟镇南天池村—和顺县松烟镇许村—左权县石匣乡赵家庄村—左权县桐峪镇上武村—左权县麻田镇泽城村—左权县麻田镇麻田村(麻田八路军总部纪念馆)。

(4)长治市长城板块乡村旅游线路

长城旅游关联板块长治市部分乡村旅游的主题明确为“上党多彩乡村游”,设计南北两条线路。南线(壶关县境,依托太行山大峡谷景区):壶关县集店乡岭东村—壶关县石坡乡南平头坞村—壶关县大峡谷镇桥上村。北线(黎城县境,依托黄崖洞景区):黎城县黄崖洞镇佛崖底村—黎城县东崖底镇下赤裕村(黄崖洞景区)—黎城县西井镇卜牛村—黎城县洪井乡孔家峧村—黎城县停河铺乡霞庄村—黎城县东阳关镇后峧村。

（5）晋城市长城板块乡村旅游线路

长城旅游关联板块晋城市部分乡村旅游主题确定为“古堡太行乡村游”，设计西线、东线和北线三条主体线路。西线：泽州县大东沟镇贺坡村（或泽州县山河镇青龛村）—泽州县周村镇石淙头村—阳城县北留镇郭峪村—阳城县润城镇砥洎城景区—沁水县土沃乡南阳村。东线：泽州县金村镇东六庄村—陵川县附城镇丈河村—陵川县夺火乡凤凰村（凤凰欢乐谷景区）—陵川县锡崖沟村（王莽岭景区）。北线：泽州县高都镇北街村—泽州县北义城镇西黄石村—高平市原村乡良户村—丹朱岭旅游区。

全国乡村旅游重点村和山西省乡村旅游示范村均可作为乡村旅游元素，纳入山西长城旅游板块的旅游线路中，毗连地区可以进行区域线路组合。在山西长城旅游板块大发展的推动下，该区域的乡村旅游将进一步提升品牌影响力，为丰富山西旅游业的内涵奠定基础。

七、山西长城板块乡村旅游集散体系

（一）山西长城板块乡村旅游事业部设置

1. 长城旅游板块集散体系

在山西长城旅游板块总体规划中，提及长城旅游板块的“主要旅游集散中心是长城板块的旅游集散枢纽中心、游客服务中心，以及旅游交通设施调度中心”。依托大同市旅游服务的核心地位，将主要旅游集散中心坐落于该市。为凸显忻州代县—朔州新旧广武城旅游服务次级中心的地位，将次要旅游集散中心坐落于忻州代县和朔州新旧广武城。另外，选取天镇县、灵丘县、右玉县、偏关县、平定县5处重要节点作为长城旅游片区重要旅游服务集散点。

2. 乡村旅游事业部集散体系

为促进山西长城旅游板块乡村旅游的发展，可依托山西长城旅游板块的集散中心和集散点，开设山西长城板块乡村旅游事业部窗口，形成山西长城板块乡村旅游集散体系，宣传介绍板块内的乡村旅游资源和乡村旅游线路，为板块内乡村旅游业引导客流，激发山西长城旅游板块内乡村旅游市场活力。

（二）山西长城板块乡村旅游集散功能

1. 乡村旅游市场分流

乡村旅游集散体系通过把分散的游客（包括自驾游客）聚集起来，集约分配到各旅游线路，减少了分散游客独自出游的成本，还能减少自驾车给城市或景区带来的交通压力，节约停车场用地，有效减少环境污染，节约能源，分流交通压力。

2. 乡村旅游形象建设

游客对目的地的印象往往来源于个人的主观体验。一些直接和顾客接触的环节往往成为其对整个目的地印象的全部来源和合理依据。乡村旅游集散体系通过周密的规划与设计，为游客提供规范和优质的服务，使得旅游市场有序运行，对于在游客心目中树立目的地的良好印象有至关重要的作用，这也是旅游整合营销的一个重要环节和内容。

3. 乡村旅游质量监督

规范乡村旅游集散体系的管理和服务，将旅游投诉应对与旅游市场整治紧密结合，督导乡村旅游行业和从业人员的经营行为，保障旅游者的合法权益与旅游安全。积极建设乡村旅游供给方诚信认证体系，对经营者诚信级别进行信用评价并公示，向高级别诚信商家与从业人员发放"诚信护照"。

4. 乡村旅游产业优化

作为旅游资源整合系统，乡村旅游集散体系的地位会随着其功能的完善不断得到提升。通过游客组织、乡村景点（景区）管理、乡村旅游资源整合的工作创新，特别是通过乡村旅游集散体系的运作，加强与乡村景点（景区）的配合，实现旅游信息的分享，使得乡村旅游行业管理中的不确定性问题、资源利用效率不高的问题得到化解。这必然对乡村旅游资源的优化配置起到促进作用，有利于乡村旅游业健康发展。

5. 乡村旅游区域整合

乡村旅游集散体系在市场力量驱动下，可以打破山西长城旅游板块内行政区划的限制，扩大乡村旅游横向合作的范围，把乡村旅游目的地延伸到周边不同地区。不同地区可以将乡村旅游集散体系作为执行主体,开展旅游合作,为区域乡村旅游合作搭建平台,从而有利于促进山西长城旅游板块的乡村旅游资源整合。

(三)山西长城板块乡村旅游集散服务

1. 交通接续服务

乡村旅游集散体系派出的新能源旅游车(大巴、商务车、轿车),为游客提供绿色旅游交通服务。以免费接送车等形式,直接对接高铁、民航、客运、酒店、旅行社、交通枢纽、乡村旅游景区(景点)服务中心等交通节点的散客或者团队,实现乡村游客的全场景交通接续。

2. 集散导流服务

对于中转团队游客,就地换乘旅游专线新能源大巴后再去乡村旅游目的地。对于散客,可派新能源小车,顺利直通各主要乡村旅游景点景区。新能源轿车还可对接私家车游客,减少旅游用车污染物排放。对于外地逗留游客和本地居民,乡村旅游集散体系则提供"食、住、行、游、娱、购"齐备的休闲目的地。乡村旅游集散体系还是旅游活动的组织者,吸引兴趣相同的游客组团出行,为游客提供专业导游。

3. 线上信息服务

随着信息环境不断改善,旅游者倾向于通过网络智慧旅游平台自助安排旅游行程。乡村旅游集散体系要不断完善OTA(Online Travel Agency,在线旅行社)旅游平台建设,为游客提供线上综合咨询服务和电子商务交易服务,帮助游客了解乡村旅游产品、制定乡村旅游计划、预订乡村产品,以个性化服务实现旅游散客长尾效应,以针对性服务实现乡村旅游订制的高端市场收益。还需加强移动端智慧乡村旅游平台建设,通过手机的便携性实现自助游客便捷的信息感知与消费决策。

4. 线下综合服务

乡村旅游线下业务与网络业务并举,提供高效优质的O2O(Online To Offline,线上到线下)对接服务,以业务流程改造实现乡村旅游产业转型升级。对接游客线上预订的内容,帮助游客实施旅游计划,为游客提供旅游消费过程中的全要素服务。增强ICT(Information and Communication Technology,信息和通信技术)与线下服务的融合度,以便捷服务提升游客消费体验度。完善线下服务网点，将乡村旅游事业部的集散节点延伸到酒店、景区、交通枢纽、大型商业场所、大型社区以及各大停车场。

5. 展示推介服务

建设多媒体乡村旅游资源展示平台，重点宣传长城旅游板块的乡村旅游资源和线路。为满足游客个性化需求，推介休闲旅游、度假旅游、森林旅游、康养旅游、农业旅游、研学旅游、体育旅游、会奖旅游等乡村旅游项目。定期举办乡村旅游主题活动，搭建乡村旅游景点（景区）旅游宣传主会场，向游客介绍各类乡村旅游线路和旅游目的地，实现山西长城旅游板块内乡村旅游业点面结合的良性发展。

6. 预警救援服务

建设乡村旅游应急指挥体系，建立覆盖主要旅游目的地的实时数据和影像采集系统，建立上下联通、横向贯通的旅游网络数据热线，实现对乡村旅游景点（景区）、旅游集散地、线路和区域突发事件的应急处理及运营预测预警。24 小时全天候为游客的紧急求助提供救援服务。

针对山西长城板块乡村旅游目前存在的产业协同不足和持续增长乏力等问题，将山西长城板块乡村旅游发展与山西长城板块旅游开发战略相融合，可确立山西长城板块乡村旅游全景化、全产业化、全时化的区域旅游开发理念，有效解决基础设施落后、科学规划滞后、管理服务粗放和有效监管不足等问题，特别是要解决产品质量低下、市场供需脱钩、同质竞争严重的问题，进一步推进山西长城板块乡村旅游供给侧结构性改革。在此基础上，针对山西长城板块乡村旅游区位经济弱势、地理位置偏远等问题，以板块联动、特色构建、智慧旅游、多模式发展、品牌塑造等耦合要素，推动山西长城板块乡村旅游的可持续发展，落实美丽乡村建设和旅游富民工作，全面落实乡村振兴战略。借力于山西长城旅游板块开发的协同效应，可完善全生态、全链条、全体验、全层次的山西长城板块乡村旅游产业集群，要利用山西长城区域独特的地形、气候、饮食、医药和文化资源，进一步挖掘乡村旅游发展的动力因素，提高游客满意度和重游率，加快培育山西长城板块乡村旅游发展新动能。

第三节　太行旅游板块协同发展

一、研究意义和价值

（一）研究意义

2017 年 9 月 22 日，山西省旅游发展大会上提出要打造黄河、长城、太行三大旅游板块，以期加快构建山西文化旅游发展大格局升级版。本课题将山西乡村旅游与山西太行板块旅游进行融合研究，在山西太行旅游开发的大格局下，推进山西太行板块乡村旅游创新发展，大力发展太行板块乡村休闲旅游产业，坚持全域统筹、彰显特色、龙头带动、保护优先和改革创新的原则，在山西太行旅游板块的乡村地域，结合乡村田园风光和太行优质旅游资源，打造一批国内一流的太行文化旅游村镇，开发基于乡村旅游产业的全生命周期康养产品，建设一批乡村康养小镇和乡村康养度假区，打造一批国内一流的文化旅游村镇。利用集散综合体进行旅游市场导流，落实乡村振兴战略部署，实现村美、民富、业兴的局面。

（二）学术价值

本研究的学术价值体现在，基于山西太行旅游板块开发战略，借力旅游板块开发的支撑来完善乡村旅游产品布局，深入研究山西太行山区域民俗村、特色小镇、田园综合体等多种发展模式的应用，促进休闲农业开发和美丽乡村建设。在山西太行板块乡村旅游产品提档升级的基础上，优化乡村旅游客流分配体系，发掘基于板块协同效应的乡村旅游发展的持续动力。山西省太行旅游板块乡村旅游发展中存在的问题有许多是全省全国共性问题，故研究结果可为其他地区提供借鉴。

（三）应用价值

2016 年 12 月，国务院印发《“十三五”旅游业发展规划》，明确提出，要培育 20 个跨区域的特色旅游功能区，其中包括太行山生态文化旅游区。2017 年 10 月，十九大报告指出，要实施乡村振兴战略，完善承包地

“三权”分置制度，健全农业社会化服务体系，促进农村一二三产业融合发展。2020年10月，经国务院同意，国家发展改革委、文化和旅游部联合印发了《太行山旅游业发展规划（2020—2035年）》。该《规划》由北京市、河北省、山西省、河南省人民政府组织实施；国家发展改革委、文化和旅游部负责对《规划》实施情况进行跟踪分析、督促检查。山西省太行旅游板块区域，既是山西省乡村聚落密集的区域，也是历史上山西省连片特困地区集中分布的区域，同时分布有诸多革命老区，红色旅游胜迹众多，与乡村地域高度重合。故山西太行板块乡村旅游开发面临重大历史机遇。本研究对于促进山西太行山区农业供给侧结构性改革，加强农业与旅游深度融合，推进美丽乡村建设，实施旅游富民工程，提升老区人民生活品质，打造融旅游、居住、养生、医疗、护理为一体的山西太行康养产业集群，努力构建山西太行休闲康养大格局，都具有重要的应用价值。

二、研究对象

山西太行区域由于长期处于经济弱势，其乡村旅游产业存在基础设施不完善、公共服务短缺和交通可进入性差等问题，本研究针对山西太行旅游板块乡村旅游的具体问题，结合新时期太行山旅游业发展面临的新形势、新机遇和新挑战，提出大力传承和弘扬太行精神，开发乡村旅游特色元素，培育乡村旅游产业体系，打造山西太行板块乡村旅游集群的建设任务，助推山西太行山区乡村振兴。

（一）山西太行板块乡村旅游资源

山西省太行旅游板块乡村地域辽阔，自然景观壮美秀丽、气候条件适宜康养、乡村聚落丰富多样，蕴含着深厚的农耕文化、民俗文化和历史文化，具有发展乡村旅游、休闲农业和乡村康养的资源条件。研究山西太行板块乡村旅游资源可确定重要乡村旅游目的地，并为乡村旅游线路设计奠定基础。

（二）山西太行板块乡村旅游线路

在山西太行板块乡村旅游资源评价的基础上，设计山西太行板块乡村旅游线路，借助旅游集散体系的市场导流作用，以及山西省太行旅游板块的协同功效，为山西太行板块乡村旅游、休闲农业和康养产业的发展注入持久活力。

三、山西太行旅游板块分析

（一）总体定位

立足山西太行旅游板块的内部综合基础条件，将山西太行旅游板块打造成为“国际山岳旅游胜地”“避暑康养胜地”“神话传奇胜地”。

1. 国际山岳旅游胜地

按照“世界眼光、国际标准、中华精粹、山西特色”的要求和原则，围绕太行板块建设具有国际水准的精品景区，开发特色产品、精品线路、新兴业态，培育领军企业，深度挖掘山西太行山地区地域特色，整合各类旅游资源要素，不断提升其中国文化精粹承载地、中国山岳文化地标的地位，打响“大美太行在山西”“大美太行、康养山西”的品牌宣传口号，将山西太行旅游板块打造成为“国际山岳旅游胜地”。

2. 避暑康养胜地

紧紧依托山西太行板块在清凉气候、青山绿水、传统医药、有机食品、历史文化等方面的独特优势，深度挖掘太行板块的避暑度假旅游资源，加快开发避暑度假旅游产品，鼓励并支持在陵川、平顺、黎城、左权、盂县、和顺、五台等地打造一批避暑度假基地，规划建设融旅游、居住、养生、医疗、护理为一体的康养产业集群，重点发展乡村康养、森林康养、温泉康养、中医药康养和康养地产等新业态，加快建设一批康养旅游城市、一批康养小镇、一批康养产业园、一批康养度假区，从而使山西太行旅游板块成为养心、养眼、养生、养志、养趣的康体养生胜地。

3. 神话传奇胜地

充分利用“精卫填海”“女娲补天”“羿射九日”“神农尝百草”“愚公移山”等神话故事起源于太行山，且在上党地区极为流行的优势，加快采用 AR、VR 等现代科技手段，加强文化创意产品设计，创造独特观光体验，打造神话探秘、奇幻山水旅游产品。同时，以上党神话为主题，发挥创意，打造具有标志性的文艺演出，培育山西太行板块旅游产品新亮点，将太行板块打造成新产品新业态最集聚、最好玩、穿越感体验性最强的旅游目的地，最终将其打造成不朽的“神话传奇胜地”。

（二）发展目标

以创新、协调、绿色、开放、共享的发展理念为引领，以创建全域旅游目的地为目标，按做好顶层设计、明确实施主体、突破重点项目、完善基础设施、彰显品牌营销、抓好实施保障等要求，将太行旅游板块建设成基础设施功能完善、公共服务水平优质、标杆性龙头景区带动效应明显、旅游产品供给丰富、旅游市场文明规范、业态发展多元，在国内外知名度和美誉度高、品牌影响力大的旅游品牌集群。

（三）板块特点

全国太行山主体在山西，山西因居太行山以西而得名，大美太行在山西，集山水、历史、红色、康养、乡村等旅游资源于一体。山西省太行山板块山水风光秀丽、历史文化厚重、民俗风情浓郁，又是抗战圣地。这里是雄奇太行，名山荟萃；是秀丽太行，遍布自然风光；是古韵太行，遗迹汇聚；是红色太行，遍布革命旧址、红色遗存；是清凉太行，气候宜人；是康养太行，避暑、温泉等康养旅游资源汇聚。

山西省太行板块旅游资源丰度大、密度高、整体性强、组合度好，全域旅游资源价值巨大。旅游资源品位高，拥有五台山、平遥古城两处世界文化遗产，五台山景区、皇城相府景区、雁门关景区等国家 AAAAA 级旅游景区，具有唯一性和国际性。旅游资源特色鲜明，中国显性文化遗产高度集中。旅游资源呈现全域分布，各区域均有特色旅游资源。客源市场巨大，区域优势突出，华北地区、长江三角洲地区都是客源市场。旅游产业经济发展迅猛，成为山西省三大旅游板块中重要的一大发展极核，其景区开发已形成一定的产业支撑。旅游交通建设不断完善，旅游配套服务要素初见雏形，自然文化遗产保护较好，具备巨大发展潜力。

山西省太行板块是旅游资源富集区，自然旅游资源、红色旅游资源、历史文化旅游资源与民俗非遗旅游资源等多种旅游资源在此富集。这里是扶贫攻坚区，旅游扶贫实现太行山原集中连片特困地区发展。这里是抗战圣地、革命老区，拥有武乡八路军太行纪念馆、麻田八路军总部纪念馆、黄崖洞八路军兵工厂、百团大战总指挥部砖壁旧址等诸多八路军抗战遗址、纪念地这样的红色遗存，太行山红色旅游区被列为全国十二个重点红色旅游区之一。这里是文化遗产、传统村落和民俗文化聚集区，拥有五台山与平遥古城两处世界文化遗产，国家历史文化名城7处，国家历史文化名镇6处，国家历史文化名村16处，88项国家非物质文化遗产。这里是生态屏障和美丽山西标志区，拥有5处国家地质公园、14处国家水利风景区、16处国家森林公园，具有特殊自然环境造就的天成之美，鬼斧神工，遍布众多自然风光。这里是名山汇聚区，依托太行山脉，山地较多，中国佛教名山五台山、北岳恒山、中镇霍山和历山等天下名山荟萃于太行之巅。

（四）规划范围

山西省文化和旅游厅于2021年1月进一步明确了太行旅游板块规划范围，涉及山西6市（大同、忻州、阳泉、晋中、长治、晋城）36个县（市、区）。

大同市：浑源县、广灵县、灵丘县、云州区。

忻州市：五台县、定襄县、五台山风景名胜区、繁峙县、忻府区、静乐县、宁武县。

阳泉市：盂县、平定县、城区、矿区、郊区。

晋中市：昔阳县、和顺县、榆社县、左权县、寿阳县。

长治市：武乡县、沁县、襄垣县、黎城县、平顺县、壶关县、长子县、潞城区、屯留区、上党区。

晋城市：沁水县、阳城县、陵川县、高平市、城区。

（五）空间布局

着力构建“一个廊道、三个片区、九个龙头景区、十一个特色旅游名县、五个旅游名城、百个精品旅游景区”的山西太行板块全域旅游发展大格局。

1. 一个廊道

以纵贯南北的“山西省太行一号旅游公路”为线索，以现有各类交通网络为支撑，形成一条连接沿线景区景点、旅游重点县、旅游城镇和重点旅游乡村的旅游风景道，打造沿太行山南北贯通的集旅游交通廊、文化景观廊、旅游经济发展廊和旅游体验廊于一体的国家级示范走廊。

2. 三个片区

将规划区按照太行自然山水划分为三大片区，即以晋城、长治为主的南太行片区，以阳泉、晋中为主的中太行片区，以忻州和大同部分县区为主的北太行片区。南太行片区与中太行片区以浊漳河为界，北太行片区与中太行片区以滹沱河为界。

（1）南太行突破。发挥南太行山水风光雄奇秀丽、古堡古村落独特罕见、生态环境优越、避暑康养优势突出、太行山品牌形象突出等优势，与河南、河北等相邻区域联动整合，打造南太行山水旅游目的地，打造山水旅游新胜地，实现率先突破发展。

（2）中太行崛起。以生态康养为核心，以红色研学为特色，重点发展乡村康养、森林康养和康养地产等新业态，集中力量打造康养旅游品牌，打造抗战圣地品牌，重点建设红色文化资源集中连片保护区，对重点旅游线路进行资源整合，依托晋察冀、晋冀鲁豫、晋绥、太行和太岳抗日根据地等红色文化内容，打造红色旅游精品。

（3）北太行突破。依托五台山、恒山等重量级旅游景区，发挥宗教文化、自然风光、清凉气候等优势，拓展辐射周边，形成涵盖五台、繁峙、代县、定襄的大五台山旅游圈，构建集宗教文化、观光游览、休闲度假、温泉养生为一体的复合型旅游目的地。

三个片区将形成三个旅游圈，即北太行旅游圈、中太行旅游圈、南太行旅游圈，以区域旅游合作促进太行板块旅游大发展，并形成三个合作圈，即北太行旅游圈与长城文化旅游协同形成太行——长城文化旅游合作圈，中太行旅游圈与晋商文化旅游协同形成太行——晋商文化旅游合作圈，南太行旅游圈与黄河文化、汾河根祖文化旅游形成太行——黄河文化、汾河根祖文化合作圈。

3. 九个龙头景区

山西太行山地区的板块崛起，需要龙头景区的带动。依托太行山主体区主要旅游景区景点，筛选打造九大龙头景区：沁河古堡群、太行山大峡谷群、大王莽岭、中太行山旅游景区（黄崖洞）、左权百里画廊、娘子关、五台山、恒山、昔阳大寨旅游区，形成沁河古堡群—大王莽岭—太行山大峡谷群为核心的旅游集群，形成中太行山旅游景区（黄崖洞）—左权百里画廊为核心的旅游集群，形成娘子关—大寨及其周边为核心的旅游集群，形成以五台山和恒山为核心的旅游集群，以力争规划期内全部打造成国家AAAAA级景区或国家级旅游度假区，辐射与带动周边区域其他景区景点的发展。

4. 十一个特色旅游名县

将五台、左权、昔阳、盂县、黎城、平顺、壶关、陵川、浑源、阳城、武乡等旅游资源分布密集、特色优势明显、发展条件良好的县，规划建设成山西太行特色旅游名县。用全域旅游的理念布局产业要素，发挥旅游生产要素对整体产业布局的导向作用，加大旅游产业体系建设，做好以旅游产业为龙头的县域发展规划。在财政、投资、土地、金融等方面对旅游开发、经营予以重点倾斜，推动旅游业与其他关联产业融合，实现旅游业与区域经济和社会事业的全面协调发展，使旅游业实现从点、线到面的飞跃。

5. 五个旅游名城

将晋城、长治、阳泉、忻州和晋中打造成山西太行五大旅游名城，完善城市旅游服务中心，凸显城市旅游特色，建成服务与支撑太行板块旅游发展的中心城市。

6. 百个精品旅游景区

在山西太行板块内遴选和重点打造百个精品旅游景区，按照国家AAAAA级景区、国家AAAA级景区、国家级旅游度假区、省级旅游度假区标准，规划建设百个不同类型的精品旅游景区，构建山西太行板块精品旅游产品体系骨架。

四、山西太行板块乡村旅游资源分析

（一）大同市太行板块乡村旅游资源

太行旅游板块涉及大同市的浑源县、广灵县、灵丘县、云州区。

截至2021年5月，在上述区域内，有全国乡村旅游重点村1个：灵丘县红石塄乡下车河村（第二批）。

山西省AAAA级乡村旅游示范村1个：灵丘县红石塄乡下车河村（第一批）。

山西省 AAA 级乡村旅游示范村 9 个：灵丘县红石塄乡上北泉村、灵丘县独峪乡花塔村、广灵县壶泉镇涧西村、浑源县永安镇神溪村、浑源县南榆林乡北紫峰村（第一批）；云州区西坪镇唐家堡村、云州区西坪镇坊城新村、灵丘县武灵镇东福田村；广灵县南村镇白羊村（第二批）。

（二）忻州市太行板块乡村旅游资源

太行旅游板块涉及忻州市的五台县、定襄县、五台山风景名胜区、繁峙县、忻府区、静乐县、宁武县。

截至 2021 年 5 月，在上述区域内，有全国乡村旅游重点村 1 个：忻府区合索乡北合索村（第二批）。

山西省 AAA 级乡村旅游示范村 9 个：宁武县涔山乡王化沟村、忻府区合索乡北合索村、繁峙县东山乡伯强村、定襄县晋昌镇西河头村（第一批）；忻府区合索乡黄龙王沟村、宁武县化北屯乡宁化村、繁峙县繁城镇赵家庄村、五台县东冶镇永安村、静乐县丰润镇庆鲁村（第二批）。

（三）阳泉市太行板块乡村旅游资源

太行旅游板块涉及阳泉市的盂县、平定县、城区、矿区、郊区。

截至 2021 年 5 月，在上述区域内，有全国乡村旅游重点村 3 个：平定县娘子关镇娘子关村（第一批）；城区义井镇小河村、郊区平坦镇桃林沟村（第二批）。

山西省 AAAA 级乡村旅游示范村 3 个：平定县娘子关镇娘子关村、城区义井镇小河村、盂县孙家庄镇王炭咀村（第一批）。

山西省 AAA 级乡村旅游示范村 24 个：平定县冠山镇宋家庄村、郊区平坦镇桃林沟村、平定县东回镇七亘村、平定县岔口乡红岩岭村、郊区西南舁乡咀子上村、平定县巨城镇南庄村（第一批）；盂县仙人乡堖上村、盂县孙家庄镇禅房村、盂县梁家寨乡骆驼道村、盂县梁家寨乡御枣口村、盂县梁家寨乡大崔家庄村、盂县梁家寨乡灯花村、盂县梁家寨乡猫铺村、盂县秀水镇泥河村、平定县冠山镇杨家沟村、平定县张庄镇南阳胜村、平定县张庄镇宁艾村、平定县娘子关镇新关村、平定县娘子关镇下董寨村、平定县巨城镇西岭村、平定县巨城镇移穰村、平定县岔口乡甘泉井村、阳泉市郊区旧街乡南沟村、阳泉市郊区西南舁乡大洼村（第二批）。

(四)晋中市太行板块乡村旅游资源

太行旅游板块涉及晋中的昔阳县、和顺县、榆社县、左权县、寿阳县。

截至 2021 年 5 月,在上述区域内,有全国乡村旅游重点村 1 个:昔阳县大寨镇大寨村(第一批)。

山西省 AAA 级乡村旅游示范村 11 个:寿阳县宗艾镇下洲村、昔阳县大寨镇大寨村、榆社县河峪乡偏良村、左权县桐峪镇上武村、左权县麻田镇泽城村(第一批);寿阳县平头镇黑水村、左权县石匣乡赵家庄村、左权县麻田镇南会村、和顺县松烟镇许村、和顺县平松乡小南会村、和顺县松烟镇南天池村(第二批)。

(五)长治市太行板块乡村旅游资源

太行旅游板块涉及长治市的武乡县、沁县、襄垣县、黎城县、平顺县、壶关县、长子县、潞城区、屯留区、上党区。

截至 2021 年 5 月,在上述区域内,有全国乡村旅游重点村 2 个:武乡县蟠龙镇砖壁村、壶关县桥上乡(2020 年 4 月 2 日,桥上乡更名为大峡谷镇)大河村(第二批)。

山西省 AAAA 级乡村旅游示范村 2 个:上党区振兴新区振兴村、壶关县大峡谷镇大河村(第一批)。

山西省 AAA 级乡村旅游示范村 28 个:平顺县石城镇岳家寨村、武乡县蟠龙镇砖壁村、屯留区丰宜镇石泉村、平顺县西沟乡西沟村、壶关县石坡乡南平头坞村、武乡县大有乡李峪村、黎城县停河铺乡霞庄村、黎城县黄崖洞镇佛崖底村、平顺县阳高乡车当村(第一批);上党区南宋乡东掌村、上党区贾掌镇西岭村、上党区西火镇十泉岭村、潞城区辛安泉镇南流村、平顺县石城镇白杨坡村、平顺县阳高乡东坪村、平顺县虹梯关乡虹霓村、平顺县中五井乡西赛村、平顺县石城镇王家庄村、壶关县大峡谷镇桥上村、壶关县集店乡岭东村、襄垣县古韩镇小垴村、襄垣县下良镇强计村、黎城县洪井乡孔家峧村、黎城县东阳关镇后峧村、黎城县西井镇卜牛村、武乡县大有乡枣烟村、武乡县洪水镇左会村、沁县牛寺乡走马岭村(第二批)。

（六）晋城市太行板块乡村旅游资源

太行旅游板块涉及晋城市的沁水县、阳城县、陵川县、高平市、城区。

截至2021年5月，在上述区域内，有全国乡村旅游重点村4个：城区北石店镇司徒村（第一批）；陵川县附城镇丈河村、城区钟家庄街道洞头村、阳城县润城镇中庄村（第二批）。

山西省AAAA级乡村旅游示范村1个：城区钟家庄洞头村（第一批）。

山西省AAA级乡村旅游示范村12个：晋城市城区北石店镇司徒村、阳城县润城镇中庄村、城区西上庄办事处牛山村、高平市原村乡良户村、陵川县附城镇丈河村、沁水县土沃乡南阳村、阳城县蟒河镇邢西村（第一批）；阳城县润城镇上庄村、阳城县北留镇皇城村、沁水县嘉峰镇窦庄村、沁水县土沃乡杏则村、阳城县东冶镇独泉村（第二批）。

五、山西太行板块乡村旅游产品设计

在《山西省太行板块旅游发展总体规划（2018—2025年）》第6条"区情特点分析"中，指出山西大美太行的旅游资源有五个重要元素：山水、历史、红色、康养、乡村，乡村旅游在太行旅游板块中占有重要地位。第9条"面临发展机遇"中，指出山西太行山区曾经是历史上中国连片特困地区，这里是乡村振兴的主战场，战略发展优势明显。第4条"规划思想与原则"中，提出打造山西太行旅游板块要助力太行山区乡村振兴事业。山西省太行旅游板块的乡村旅游产品设计对于太行地域美丽乡村建设具有重要意义。

（一）山西太行板块乡村旅游开发策略

1. 开发乡村康养旅游产品

依托山西太行山夏季清凉、青山绿水、饮食多样、医养资源丰富等优势，大力发展乡村休闲度假产品和乡村康养旅游产品。加快提升完善太行乡村的休闲度假服务功能，积极申报国家级和省级乡村旅游度假区，加快规划一批乡村旅游休闲度假综合体。鼓励支持在陵川、平顺、黎城、左权、盂县、和顺、五台等地打造一批避暑度假基地，发展融旅游、居住、康养、医疗、护理为一体的乡村旅游产业集群，重点发展乡村森林康养、乡村温泉康养、中医药康养和康养地产等新业态，加快建设一批乡村康养小镇、乡村康养产业园、乡村康养度假区，成为养心、养眼、养生、养志、养趣的乡村康体养生胜地，以乡村康养产业拉动旅游全产业链发展。

2. 建设乡村山岳旅游村镇

地处大山大川或中高山区的山岳型乡村旅游村镇，目前已成为度假、休闲、康体治疗等重要的旅游空间。山西太行山区地质地貌的旅游景观丰富多样，多分布在乡村区域，故发展山岳型乡村旅游具有得天独厚的优势。利用丰富的山岳自然景观资源，可以打造良好的乡村景观环境，促进乡村生活环境体系进一步完善，推进以旅游业为抓手的三产融合发展，故山岳型旅游村镇具有广阔的发展前景。建设乡村山岳旅游胜地，可依托山西太行旅游板块具有国际水准的精品景区、特色产品、精品线路和新兴业态，深度挖掘山西太行山地区乡村地域特色，整合各类乡村旅游资源要素，建设山岳型旅游村镇，不断提升其中国文化精粹承载地、中国山岳文化地标的美誉度，实现山岳型旅游村镇与自然的和谐发展。

3. 打造文化传承精神高地

“精卫填海”“羿射九日”“女娲补天”等神话故事起源于山西太行山地域，且流行于上党地区。应加快融入 AR、VR 等现代科技，加强创意产品设计，打造特殊观光体验，开发神话探秘等旅游产品。以神话传奇为主题，创意打造具有标志性的文艺演出，培育旅游新亮点，将太行板块打造成新产品新业态集聚且穿越感体验性较强的旅游目的地。山西太行山地域文化内涵丰富，通过加快实施文化遗产保护重点工程、文化遗产开发利用工程、实施“乡村文化记忆工程”、非物质文化遗产保护工程、戏曲传承振兴工程、文化产业基地建设工程、文旅融合发展工程、红色旅游发展工程等文化保护传承创新工程，打造精神文明高地新载体。

（二）山西太行板块乡村旅游线路设计

1. 大同市太行板块乡村旅游线路

大同市在山西太行旅游板块中的部分处于北太行，涉及大同市的浑源县、广灵县、灵丘县、云州区，其乡村旅游资源主要分布在大同市东南部，具体线路由西北向东南，可设计为：云州区西坪镇唐家堡村—云州区西坪镇坊城新村—云州区大同火山群—浑源县南榆林乡北紫峰村—浑源县永安镇神溪村—广灵县南村镇白羊村—广灵县壶泉镇涧西村—北岳恒山—灵丘县武灵镇东福田村—灵丘县红石塄乡下车河村—灵丘县红石塄乡上北泉村。以全国乡村旅游重点村和山西省乡村旅游示范村为主体，以大同古城、大同火山群和北岳恒山为依托，进行线路组合。

2. 忻州市太行板块乡村旅游线路

忻州市在山西太行旅游板块中的部分处于北太行，涉及忻州市的五台县、定襄县、五台山风景名胜区、繁峙县、忻府区、静乐县、宁武县，其乡村旅游资源主要分布在忻州古城两翼及北部，具体线路以忻州古城为中心，由西向东再向北，可设计为：宁武县涔山乡王化沟村—宁武县化北屯乡宁化村—静乐县丰润镇庆鲁村—忻府区合索乡黄龙王沟村—忻府区合索乡北合索村—忻州古城—定襄县晋昌镇西河头村—五台县东冶镇永安村—五台山风景名胜区—繁峙县东山乡伯强村—繁峙县繁城镇赵家庄村—雁门关景区。以全国乡村旅游重点村和山西省乡村旅游示范村为主体，以忻州古城、五台山风景名胜区和雁门关景区为依托，进行线路组合。以上大同市和忻州市的太行乡村旅游线路均处于北太行段。

3. 阳泉市太行板块乡村旅游线路

阳泉市在山西太行旅游板块中的部分处于中太行，其太行板块乡村旅游资源蕴藏量是地级市中较为丰富的，涉及阳泉市的盂县、平定县、城区、矿区、郊区，拥有3个全国乡村旅游重点村，3个山西省AAAA级乡村旅游示范村，24个山西省AAA级乡村旅游示范村。阳泉市太行乡村旅游线路可设计为南线、中线和北线。以全国乡村旅游重点村和山西省乡村旅游示范村为主体，以藏山旅游风景区、大宋古村、红岩岭自然风景区和娘子关景区为依托，进行线路组合。

北线：郊区咀子上村—盂县孙家庄镇王炭咀村—盂县孙家庄镇禅房村—盂县藏山旅游风景区—盂县大宋古村。

中线：平定县巨城镇南庄村（地道战遗址）—郊区西南舁乡大洼村—平定县岔口乡甘泉井村—平定县岔口乡红岩岭村（红岩岭自然风景区）—盂县仙人乡垴上村。

南线：郊区平坦镇桃林沟村—城区义井镇小河村—平定县巨城镇移穰村—平定县巨城镇西岭村—平定县娘子关镇下董寨村—平定县娘子关镇娘子关村（娘子关景区）。

4. 晋中市太行板块乡村旅游线路

晋中市在山西太行旅游板块中的部分处于中太行，涉及晋中市的昔阳县、和顺县、榆社县、左权县、寿阳县，其太行板块乡村旅游资源主要分布在晋中市东部，可设计一条由北向南的线路：昔阳县大寨镇大寨村—和顺县平松乡小南会村—和顺县松烟镇南天池村—和顺县松烟镇许村—左权县石匣乡赵家庄村—龙泉国家森林公园—莲花岩景区—左权县桐峪镇上武村—左权县麻田镇泽城村—左权县麻田镇南会村—左权县麻田镇麻田村（麻田八路军总部纪念馆）。以全国乡村旅游重点村和山西省乡村旅游示范村为主体，以大寨村、龙泉国家森林公园、麻田八路军总部纪念馆和左权百里画廊为依托，进行线路组合。

5. 长治市太行板块乡村旅游线路

长治市在山西太行旅游板块中的部分处于南太行，其太行板块乡村旅游资源蕴藏量是地级市中较为丰富的，涉及长治市的武乡县、沁县、襄垣县、黎城县、平顺县、壶关县、长子县、潞城区、屯留区、上党区，拥有两个全国乡村旅游重点村，两个山西省 AAAA 级乡村旅游示范村，28 个山西省 AAA 级乡村旅游示范村。长治市太行板块乡村旅游线路可设计为北线、中线和南线三条线路，以全国乡村旅游重点村和山西省乡村旅游示范村为主体，以红色文化资源和太行山水景观为依托，进行线路组合。

北线：武乡县大有乡枣烟村—武乡县大有乡李峪村—武乡县韩北乡王家峪村（八路军总部旧址纪念馆）—武乡县蟠龙镇砖壁村（朱德、邓小平、刘伯承旧居）—武乡县洪水镇左会村—黎城县西井镇卜牛村—黄崖洞风景区—黎城县黄崖洞镇佛崖底村—黎城县洪井乡孔家峧村—黎城县停河铺乡霞庄村—黎城县东阳关镇后峧村。

中线：潞城区辛安泉镇南流村—平顺县中五井乡西赛村—太行水乡—平顺县阳高乡车当村—平顺县石城镇王家庄村—平顺县石城镇白杨坡村—平顺县石城镇岳家寨村—平顺县阳高乡东坪村—平顺县虹梯关乡虹霓村—天脊山风景区—太行大峡谷景区—平顺县西沟乡西沟村—壶关县集店乡岭东村—上党区贾掌镇西岭村。中线线路为环状。

南线：上党区南宋乡东掌村—上党区振兴新区振兴村—上党区西火镇十泉岭村—壶关县石坡乡南平头坞村—太行峡谷国家森林公园—红豆峡自然风景区—壶关县大峡谷镇桥上村—太行八泉峡景区—壶关县大峡谷镇大河村。

6. 晋城市太行板块乡村旅游线路

晋城市在山西太行旅游板块中的部分处于南太行，其乡村旅游资源涉及晋城市的沁水县、阳城县、陵川县、高平市、城区，其旅游线路可设计为东线、西北线和西南线三条，以全国乡村旅游重点村和山西省乡村旅游示范村为主体，以古堡旅游资源和太行山水景观为依托，进行线路组合。

东线：陵川县附城镇丈河村—陵川县夺火乡凤凰村（凤凰欢乐谷景区）—陵川县锡崖沟村（王莽岭景区）。

西北线：城区北石店镇司徒村—城区西上庄办事处牛山村—沁水县湘峪村（湘峪古堡）—沁水县嘉峰镇窦庄村—高平市原村乡良户村—丹朱岭旅游区。

西南线：城区钟家庄街道洞头村—阳城县北留镇皇城村—阳城县润城镇中庄村—砥洎城景区—阳城县头南村（九女仙湖）—阳城县蟒河镇邢西村—阳城县东冶镇独泉村—山西阳城蟒河猕猴国家级自然保护区。

全国乡村旅游重点村和山西省乡村旅游示范村均可作为乡村旅游元素，纳入山西太行旅游板块的旅游线路中，毗连地区可以进行区域线路组合和拆分。在山西太行旅游板块开发进程中，应将发展乡村旅游业作为阻断太行山区返贫的抓手，并成为太行山区乡村振兴的重要支撑，使参与乡村旅游发展的山区人民成为产业致富的实践者和受益者。关于山西太行旅游板块的乡村旅游市场客流调节，可依托山西太行旅游板块的集散中心和集散点，开设山西太行乡村旅游事业部窗口，形成山西太行乡村旅游集散体系，宣传介绍板块内的乡村旅游资源和乡村旅游线路，为板块内乡村旅游业引导客流，激发山西太行旅游板块内乡村旅游市场活力。

第七章　乡村智慧旅游建设

乡村旅游的提档升级迫切需要智慧旅游的支撑，智慧旅游应用于乡村旅游是一种必然趋势（郑艳萍，2016；韩福丽等，2017；尹大禹等，2017）。张凌云等（2012）认为，智慧旅游的本质是指包括信息通信技术在内的智能技术在旅游业中的应用，是以提升旅游服务、改善旅游体验、创新旅游管理、优化旅游资源利用为目标，增强旅游企业竞争力、提高旅游行业管理水平、扩大行业规模的现代化工程。将智慧旅游与乡村旅游相融合，结合姚国章（2012）关于智慧旅游的阐释，可知乡村智慧旅游的概念，即乡村旅游业高度融合ICT技术（内联网、物联网、互联网、移动互联网，大数据、云计算，固定和移动终端等信息通信技术），主动感知旅游资源、旅游活动、旅游经济等信息，进而实施智慧政务、智慧管理、智慧营销和智慧服务，使游客快速、便捷地做出购买决策并享用智能服务的现代化乡村旅游经济活动。

第一节　乡村智慧旅游职能划分

乡村智慧旅游的职能可划分为乡村智慧旅游政务、乡村智慧旅游管理、乡村智慧旅游营销和乡村智慧旅游服务四大职能，并可根据其概念内涵进行更为细致的职能划分，以建立完善、高效与便捷的乡村智慧旅游体系。乡村智慧旅游政务，关注行政管理单位与乡村旅游企业之间的信息交流，以有效提升乡村旅游主管部门的宏观管控能力。乡村智慧旅游管理关注如何提高旅游企业管理信息化水平，乡村智慧旅游营销建设则关注如何有效促进旅游宣传与市场开拓，而乡村智慧旅游服务建设关注如何提升服务质量。

一、乡村智慧旅游政务

乡村智慧旅游政务以信息通信技术为支撑，将区域内乡村旅游企业发展纳入信息化管理范畴，将办公、教育、监督、分析、评价及指挥功能集于一体，其打破了各自为政和条块分割的局面，从宏观管理层面对乡村旅游产业发展进行监督与指导，能够实施跨部门协调并促进全域乡村旅游的发展。

二、乡村智慧旅游管理

乡村智慧旅游管理将促进乡村旅游企业由传统旅游管理方式向现代管理方式转变，鼓励和支持乡村旅游企业广泛运用信息技术，改善经营流程，提高管理水平，实现乡村旅游企业管理从传统的被动处理、事后管理向过程管理和实时管理转变。乡村智慧旅游管理将提升产品和服务竞争力，增强游客、旅游资源、旅游企业和旅游主管部门之间的互动，高效整合旅游资源，推动旅游产业整体发展。

三、乡村智慧旅游营销

乡村智慧旅游营销通过乡村旅游舆情监控和数据分析，挖掘乡村旅游热点和乡村游客兴趣点，引导乡村旅游企业策划对应的旅游产品，制定对应的营销主题，从而推动乡村旅游业的产品创新和营销创新。乡村智慧旅游营销通过量化分析来进行营销渠道选择，筛选效果明显并可以长期合作的营销渠道。乡村智慧旅游营销还充分利用新媒体传播特性，吸引游客主动参与乡村旅游产品的传播和推介，并通过积累乡村游客数据和乡村旅游产品消费数据，逐步形成新媒体营销平台。

四、乡村智慧旅游服务

乡村智慧旅游服务以游客便捷服务为抓手，通过信息技术提升乡村游客旅游体验和旅游品质。乡村游客在旅游信息获取、旅游计划决策、旅游产品预订及费用支付、享受旅游消费、回顾及评价旅游经历的整个过程中都能感受到乡村智慧旅游带来的便捷服务体验。乡村智慧旅游通过物联网、无线通信等技术，实现信息的传递和实时交换，使乡村游客的旅游过程更顺畅，提升了乡村旅游的舒适度和满意度，为乡村游客带来更好的旅游安全保障和旅游品质保障。乡村智慧旅游还将推动传统的旅游消费方式向现代的旅游消费方式转变，并引导乡村游客产生新的旅游消费习惯，确立更加科学有效的消费理念。

乡村智慧旅游平台将电子政务专网与各级行政单位和经营单位进行连接，应用主体可通过网络访问业务应用系统。应用主体不需要单独的服务器系统，可根据分级权限来访问与使用乡村智慧旅游平台。乡村智慧旅游平台建立覆盖全时段全方位的精确、便捷、高效、可视的管理体系，全面掌握乡村旅游企业的经营状况，主动获取乡村游客信息，形成游客数据积累和分析体系，全面了解乡村旅游市场需求的变化，为乡村旅游发展的科学决策和科学管理提供依据。

第二节　乡村智慧旅游职能细分

在明确乡村智慧旅游的四大职能，即智慧政务、智慧管理、智慧营销和智慧服务之后，可以进一步进行乡村智慧旅游的职能细分。

一、乡村智慧旅游政务职能细分

（一）任务控制

建立辖区内乡村旅游企业名录，通过智慧旅游平台实行有效监管，明确任务的发送、接受与监督等工作程序。

（二）投诉处理

主要包括对乡村游客投诉信息的添加、查询、删除与反馈，以实现对旅游投诉以及旅游质量问题的有效处理，维护乡村旅游市场秩序。

（三）企业登记

乡村旅游企业（含旅游景区景点）的一般信息（如地址、电话、传真、

E-mail 等）和详细信息（文字、照片、录像等）的发布、查询与管理。

（四）资产监管

包括乡村旅游企业基础设施和服务设施的信息管理和实景化观测。

（五）专题统计

可对整体经营状态进行名称统计、数据库字段统计、选定空间位置统计等。

（六）外部协调

与公安、交通、工商、卫生、质检等部门形成信息共享和协作联动机制。

二、乡村智慧旅游管理职能细分

（一）管理智能

通过办公自动化和信息化建设，推进业务流程重组，改进乡村旅游企业管理模式。

（二）产业整合

实现区域内乡村旅游资源整合，明确产业分工与布局，推动乡村旅游规模发展与协同发展。

（三）科学调度

密切关注游客流量与分布状态，对乡村旅游景区（点）的车辆、工作人员进行合理的调配。

（四）安全保障

根据乡村旅游信息数据形成预测预警机制，提高应急管理能力，保障乡村旅游安全。

（五）生态监测

实时可视化监测大气、水质、地质和森林等自然环境状态，保护生态资源，保障乡村旅游可持续发展。

三、乡村智慧旅游营销职能细分

（一）推介宣传

利用网站与新媒体推送乡村旅游目的地相关的文字、图片和音像资料，提高游客对乡村旅游产品的了解程度，形成现实或潜在购买意向。虚拟现实技术可运用于虚拟景区建设，以强化宣传效果，并通过知识标签提供面向乡村游客的学习功能。

（二）产品查询

乡村游客借助乡村智慧旅游平台可进行分类检索，获得旅游产品信息，以“库查图”的方式进行电子地图的精确定位。乡村游客通过产品目录或者输入产品名称，即可检索出符合条件的所有乡村旅游企业的名称并显示产品内容。

（三）线路规划

乡村旅游企业必须向主流电子地图（百度地图和高德地图）上报地理信息与服务信息，使得用户在地图上点击一个旅游信息点，就可以获得该处的一般信息和详细信息，并能够把电子地图作为协助手段以规划乡村旅游线路。

（四）在线交易

提供多样化在线支付方式，保障游客顺利预订。建立完善的乡村游客评价体系，一方面约束乡村旅游企业的行为，促使其提供优质高效的服务；另一方面优质产品的评价内容将成为其他游客的交易参考，有利于促进乡村旅游品牌的建设与传播。

四、乡村智慧旅游服务职能细分

(一)信息公布

信息公布涉及乡村旅游企业对于重要新闻、天气情况、交通状况、热点推荐、公告警示、服务评级等旅游资讯的发布。具体运用多媒体展示系统与LED信息系统进行操作。

(二)提升体验

在服务过程中,运用信息技术与人工智能,以高效、便捷、舒适的服务方式提升顾客的满意度与体验度。

1. 智慧交通服务

乡村游客在旅游目的地可以使用手机客户端的实时公交APP或者电子地图APP即时进行旅游线路规划,并予以实施,提高了旅游时效。这些APP平台是全国性共享平台,它需要乡村旅游目的地提供旅游地点的相关信息,以完成旅游交通的线路规划。

2. 电子导游服务

乡村智慧旅游平台应开发基于手机GPS定位和基站定位的电子导览地图并配备电子语音导游。当乡村游客到达旅游目的地之后,可以自助完成游览。平台系统应支持电子地图的打印。

3. 餐饮与住宿服务

团购平台APP的周边服务功能及促销优惠信息能够实现O2O无缝接合,即线上即刻交易,线下即刻享用。此时智慧营销与智慧服务融为一体。同时,智慧场景服务也得到了升级,如电子菜单更加便捷、无人酒店手续更简洁。

(三)客户管理

将CRM(Customer Relationship Management,客户关系管理)作为一种理念、一种技术、一种模式应用于乡村智慧旅游平台,以增强对游客服务的针对性,有效巩固乡村旅游市场。

乡村智慧旅游之智慧政务、智慧管理、智慧营销与智慧服务四大职能并不是孤立实现的，智慧政务统领其他三大职能，而智慧管理是智慧营销和智慧服务的基础，智慧营销为智慧服务提供了客源，智慧服务又树立了智慧营销的口碑。这些细分职能常交织在一起，比如OTA的美团既可以承担营销职能，又可以实现即时的、场景化的产品选择与支付服务。

第三节　乡村智慧旅游技术应用

一、乡村智慧旅游体系构建

从以往旅游信息化建设过程来看，我们走过许多弯路。比如，县级市构建的智慧旅游平台，由于体量过小，聚合度较低，加之经费有限、入不敷出，无法维持正常的运营，在硬件投资与软件开发方面造成了巨大的浪费。目前来看，智慧旅游平台建设限于省级以上区域是恰当的，其具有较好的资源整合能力，能够充分发挥智慧旅游的职能功效。乡村智慧旅游建设是否有必要投资建立独立体系？笔者认为，乡村智慧旅游职能是基于智慧旅游平台人为划分的，乡村智慧旅游建设没有必要建立独立体系。我们只需在省级智慧旅游平台的框架中将数据库的内容设置相应的乡村旅游标签，将乡村智慧旅游体系从省级智慧旅游平台中抽取出来，即可让其单独发挥作用，实现乡村智慧旅游的职能功效，而省级智慧旅游平台建设最适用的信息技术就是SaaS（李霞，2013；翟岳辉，2013）。

SaaS是Software as a Service（软件即服务）的简称。随着互联网技术的发展和应用软件的成熟，SaaS在21世纪开始兴起，成为一种基于互联网提供软件服务的应用模式，服务商可以为客户提供从硬件设备、网络设施到软件开发、软件维护升级、网站管理维护等一体化的服务，在该模式下，每个客户可以根据自己的需求来定制个性化的服务。最重要的是在此模式下，用户不用再购买软件，只需花少量的钱向提供商租用基于网络的软件来管理企业经营活动，且无须对软件进行维护，由服务商负责对软件进行全权管理和维护，软件厂商在向客户提供互联网应用的同时，也提供软件的离线操作和本地数据存储功能，让用户随时随地都可以使用自己租用的软件及其服务。对于许多小型企业来说，SaaS 是采用先进技术实现信息化的最好途径，其免除了企业购买、维护基础设施和应用程序的支出。SaaS 应用软件的价格通常为"全包"费用，囊括了通常的应用软件许可证费、软件维护费以及技术支持费，将其统一为每个用户的月度租用费。SaaS 不仅适用于中小型企业，其他规模的企业也可以从 SaaS 中获利。

以基于 SaaS 的省级智慧旅游平台为基础，在数据库中添加乡村旅游的标签，在操作界面设计一个省级乡村智慧旅游的职能应用体系，就可以开发出一个能够满足省域内绝大多数乡村旅游业务需求的通用信息系统，可达到以最少的资金投入形成乡村智慧旅游体系的目的。省级乡村智慧旅游体系的数据库是省级智慧旅游平台的一个有机组成部分，通过"乡村旅游"的标签进行数据提取之后，省级智慧旅游平台原有的四大职能，即智慧旅游政务、智慧旅游管理、智慧旅游营销与智慧旅游服务的操作界面就可以对应地转换为乡村智慧旅游四大职能的操作界面。省级乡村智慧旅游体系是一个功能齐全的通用模板系统，可以提供给多个不同级别的乡村旅游企业和管理部门重复使用。该系统具有乡村智慧旅游细分职能的可配置性，系统中的有些功能对某些用户来说可能是不需要的，不同的用户可以根据自身需要来定制或选择应用功能。

基于 SaaS 的乡村智慧旅游体系应具有强大的统计功能。在科学制定全省乡村旅游发展评价指标体系的基础上，乡村智慧旅游政务职能建设应明确要求各级用户及时上报统计数据，这样既可以对全省、各市和各县的乡村旅游经济数据进行汇总，也可以对各类型乡村旅游企业经济数据进行归类分析。

二、全国智慧旅游平台的应用

基于 SaaS 的省级乡村智慧旅游体系要完全实现四大职能尚需要全国性智慧旅游平台的辅助。以营销职能的在线交易为例，利用全国知名的分销中介平台更易促成交易；使用基于 GPS 的电子地图 APP，则可以顺利完成旅游交通导航。

由于交通运输的现代化及私家车拥有量的不断提高，自助游客成为乡村旅游市场的主力军。目前自助游客经常使用的全国智慧旅游平台主要是旅游 OTA 形式，诸如携程、美团、大众点评，其服务涵盖了食、住、行、游、购、娱六方面旅游产品的预订与O2O销售。百度地图从最初的导航APP发展成一个新型的OTA软件。百度地图“发现周边”的功能可以查询到周边的六要素旅游产品,还可筛选与排序,并且实现了酒店预订功能。电子地图APP在定位功能上依赖于GPS或者北斗导航定位技术,要求定位点有明确的坐标,如果坐标上传者附上坐标点企业的详细资料,比如餐馆的介绍与图片,那么电子地图App也会全部展示。而且消费者可以在网上发表评价与图片,成为人们的消费参考。所有的OTA软件无一例外地都嵌入了电子地图,以帮助消费者进行定位。故实现乡村智慧旅游的职能,上传地理坐标并完善乡村旅游企业推介的文字与图片,显得尤为重要。

关于是否需要建设省级OTA一直存有争议,笔者认为目前尚无必要。因为游客已经形成了借助全国知名OTA制订旅游计划与实施旅游消费的习惯,而且建设省级OTA需要完善其电子商务功能,需要建立呼叫中心来进行人工仲裁与辅助,运营成本太高。再者,省级OTA不如全国知名OTA运营专业且有规模效益,对于运营人才的吸引力也有限。故开展乡村智慧旅游建设,要在完善智慧管理的基础上树立品牌形象,再入驻知名OTA开展O2O交易,才可以有效开展智慧营销。关于是否需要建设省级电子商务平台来销售土特产品,也一直存有争议,笔者认为也无必要,除上述原因之外,实物性电子商务的开展需要第三方支付平台实现悬挂支付,以此保障顾客的利益。开通第三方支付相对容易,比如支付宝可以开放接口,但是店小二的仲裁机制在没有规模效益的情况下难以维系。我们可以看到,平遥牛肉和雁门清高在淘宝上的销售情况非常好,所谓好产品遇到好平台,智慧营销水到渠成。

相对城市公交,乡村旅游交通多有不便,许多乡村游客担心等不到或者错过旅游班车,草草结束行程去候车,不能够充分利用时间。“车来了”“等车来”和“车等我”公交等车软件为乡村智慧旅游的交通服务提供了提升客户体验的机会。以“车来了”为例,它是由元光科技开发的一款查询公交车实时位置的手机软件。不仅能提供公交车的到站距离、预计到站时间,还能显示整条公交线路的通行状况,让用户不再盲目等待,有效缓解用户候车的不安全感,同时改变用户出行方式。“车来了”目前在实时公交领域App排位全国第一,早在2016年已经覆盖全国66个城市,服务4000万用户,能为公交出行人群每天节省约11分钟时间,2021年车来了将进军100个城市,同时用户实现倍数增长,用户量达到

1 亿。这样的软件可以应用于乡村智慧交通服务，旅游班车运营单位将车载 GPS 数据上传该 App 即可实现，一方面满足了乡村游客的需要，一方面也为乡村居民出行提供了便利。

三、乡村景区的信息化建设

基于 SaaS 的省级乡村智慧旅游体系实质是政府主导的管控平台，它以一套软件满足了多层级多用户需求，且可以不断开发新功能。这种多用户租用共享平台的模式无疑为市县级用户节省了机房建设和软件购买的费用。但是，乡村旅游企业的信息化建设仍然需要购置智能设施和配套软件。餐饮企业的智能设施投资较少，比如物理的平板电脑菜单已经可以被微信电子菜单这样的小程序所取代，而其智能营销与智能服务较多依靠外部中介平台，比如美团团购与外卖、百度周边服务与外卖。但是乡村景区的信息化建设则要耗费大量资金，以购买信息设备并开发集成软件。

乡村景区信息化建设需要把物联网技术、电子通信技术与景区经营管理服务相结合，统筹和规范景区信息的收集、处理和应用，整合资源、信息共享，建立功能强大的旅游资源保护系统、信息服务与管理系统，为游客提供及时准确的信息服务，为景区管理、服务、资源保护的相关决策提供数据支持，以实现景区数字化管理下的可持续发展。具体内容包括办公自动化、营销网络化、即时全区监控、电子门禁管理、电子客服信息系统、安全报警与求助系统。乡村景区信息化系统结构可分为两个层次：基础平台层和应用系统层；三个方面：资源保护数字化、管理运营智能化和产业整合网络化。基础平台层包括基础设施（电力、网络）、系统数据库、数据安全容灾设施和“3S”技术支持。应用系统层交叉涵盖了资源保护数字化的环境监测系统与智能监测系统，以及管理运营智能化的办公自动化系统、多媒体展示系统、车辆调度系统、门禁票务系统与电子商务系统等。资源保护数字化的各系统与管理运营智能化的各系统发生交互，形成了产业网络整合化的决策，用以动态调整商业协同的相关问题。

乡村景区信息化建设工作不可能一蹴而就，应分步完成。首先，根据规划蓝图，确立调整性差的硬件建设，完成供电设施与网络系统的建设。网络光缆的铺设要设置线缆专用渠道，以便二次修缮加装。第二步建设 RS 采集点、门禁系统、多媒体展示系统、LED 告示牌。第三步架设服务器与电脑终端，调试 3S 系统、CRM 系统、门禁系统软件。至此，一个景区的信息化系统便具备了雏形。要重视 3S 建设与应用。“3S”技术是指遥感技术（Remote Sensing，RS）、地理信息系统（Geographical Information System，GIS）、全球定位系统（Global Positioning System，GPS），它们是乡村景区信息化系统的重要技术保障。RS 具有卫星遥感影像处理、开展专题监测等主要功能，可以对乡村景区的各类开发活动和规划实施情况进行动态监测。GIS 可对乡村景区内地形地貌特征、景区基础设施（能源、交通、通信、自来水及排污管道等）进行动态记录和识别。GPS 技术可对景区车流量、区域分布情况实时监控，管理者可根据景区客流状况，对车辆进行分配调度，有效地加强观光车的管理。

乡村信息化建设取得的成就为进一步开展乡村智慧旅游建设，驱动乡村旅游业转型升级创造了条件。但是，我们也要清楚地认识到，乡村智慧旅游的职能功效只有在完善基础设施，改善乡村交通可进入性的基础上，才有可能进一步发挥其重要作用。

第八章　乡村旅游品牌建设

第一节　品牌理论

一、品牌的概念

品牌的英文表达是“brand”，源自古挪威文“brandr”，大致含义是“烧灼的印记”。这是因为古时的人们需要通过“烧灼”这种方式来标记自家牲畜，从而区别于其他人的私有财产。公元10世纪左右，欧洲的工匠们开始借鉴这种方法，在自己的作品上烙下标记，以便客人们更好地将其认出，这些标记就是商标的雏形。公元16世纪早期，备受欧洲人喜爱的威士忌酒被制造者装入烙有生产者名字的木桶中，以帮助人们迅速找到自己所偏爱的那家酒商的威士忌，到这时商标已经逐渐有了品牌的含义。到了1835年，苏格兰的酿酒者正式推出“Old Smuggler”这一品牌，以维护自家特制威士忌酒的品牌声誉。（李想、付雪松，2012）。

当前相关研究对“品牌”概念的诸多解释，都是从客户和企业两个角度进行释义。从客户视角把品牌解释为一种消费体验和情感体验，从企业的角度看，品牌是能够用来建立资产的营销工具，一个品牌就是企业某一产品的有形资产和无形资产之和。李自琼、彭馨馨、陆玉梅（2014）认为，品牌是名称、标识和符号，或这些要素的组合运用，以辨别其他销售者的商品或服务，进而与自己的商品或服务相区分，其增值的源泉是客户心中形成的关于其载体的总印象。

二、品牌的内涵

（一）品牌是资产

当产品具有响亮的品牌之后，市场认可度将极大提高，有利于提高品牌的营销资产价值，对于扩大市场销量和提高营业额都具有重要的意义。

（二）品牌是符号

品牌由名称、标志、象征物、代言人、包装等要素组成，这些识别要素形成了一个有序的符号体系，能让消费者轻松识别。

（三）品牌是个性

品牌能推动追随者或者认同者表达强烈的个人情感，以示与众不同。消费者常以消费某种品牌的产品来展示个人性格特征。

（四）品牌是定位

品牌的识别意味着产品具有独特的形象，对市场具有强烈的辐射能力，常具有较大规模的潜在消费者群体，品牌设计与潜在市场形成了对应关系。

（五）品牌是文化

从消费者角度来看，品牌消费形成了口碑效应，蕴含了消费者的认知评价。从产品生产者的角度来看，品牌蕴含了企业精神和企业理念。

三、品牌建设 CI 理论

CI 是英文“Corporate Identity”的缩写，中文含义是“企业形象识别”，也称为“企业形象”。CI 理论的目的是通过创造良好的企业形象，构建企业商品或服务与客户共存共享的和谐的经济生态关系（吴琼、徐娟燕，2003）。CI 理论主要包括三部分，分别是理念识别（MI）、行为识别（BI）、视觉识别（VI）（张向飞，2010）。

(一)理念识别(MI)

MI(Mind Identity),即理念识别系统,包括企业的战略思想、经营方针和管理理念,是CI的灵魂。

(二)行为识别(BI)

BI(Behavior Identity),即行为识别系统,包括企业管理行为和市场营销行为,是CI的行为表现。

(三)视觉识别(VI)

VI(Visual Identity),即视觉识别系统,包括企业的品牌、商标、代表色,是CI的视觉传达。

理念识别(MI)、行为识别(BI)、视觉识别(VI)要保持文化内涵和逻辑概念的一致性,三者以理念识别(MI)为核心,进行架构和拓展。品牌建设CI理论对于乡村旅游品牌建设具有重要的参考价值。

第二节　中国乡村旅游品牌建设

乡村旅游是乡村传统文化传承、保护和发展的重要载体,其目的是实现经济效益、文化效益、生态效益与文化传承的有机结合。为实现乡村旅游经济效益、文化效益和生态效益的最大化,进行品牌建设是理性的选择。随着经济社会的发展,乡村旅游目的地所面临的竞争环境越来越严峻,创造品牌价值进而提升游客的重游意愿成为乡村旅游目的地的必然战略选择。随着旅游业市场竞争日益激烈,乡村旅游品牌建设的出路在于个性化乡土特色的开发以及经营管理理念的创新。

一、袁家村乡村旅游品牌

位于陕西省咸阳市礼泉县烟霞镇的袁家村,是一个拥有1300多年历史的古村落,具有丰富的关中历史文化遗存和较强的地域特色,2013年入选中国传统村落名录。早年该村因干旱而贫困,20世纪70年代,郭裕禄被推荐为生产队队长并担任党支部书记，他带领村民甩掉了扣在袁家村头上的穷帽子。改革开放后，袁家村先后兴办印刷厂、海绵厂、水泥厂、砖窑厂、药厂等企业，发展成小康村。20世纪90年代后期，随着国家调整产业政策，高能耗、高污染的村办企业相继停产。2000年以后，村民陆续进城务工，袁家村变成了一个"空心村"。2007年，老支书郭裕禄的儿子郭占武担起了重振袁家村的重任，他带领村民，以村为载体，以村民为主体，把袁家村逐渐建设成由"小吃一条街""特产一条街"和"民宿一条街"组成的休闲旅游目的地。把一个最初只有62户，不到300人的袁家村打造成以关中民俗文化为主题的村景一体式旅游景区，建成了文化浓厚、地方特色鲜明的"关中印象体验地"（陈水映、梁学成、余东丰、徐燕，2020）。

袁家村的发展具有典型性，是一个现象级的旅游目的地，自2007年开始发展旅游产业，如今接待游客人次超百万，整个村子资产已经过亿，被奉为乡村旅游黑马之典范，受到业界和媒体等广泛关注。经过10余年的发展，袁家村旅游接待总人数从2007年的3万人次增长到2019年的580万人次，2019年，旅游总收入超10亿元，村民年人均收入10万元，村内常住人口也由原来的62户286人壮大到3000多人，汇聚了1000多名创业者。袁家村还通过统筹周边10余个村庄的产业合作，带动周边数万名农民增收。袁家村先后获得"国家AAAA级旅游景区""全国乡村旅游示范村""国家特色景观旅游名村"等称号，入选"中国十大最有魅力休闲乡村""全国一村一品示范村""中国十佳小康村""中国最美村镇""就地就近转移就业示范基地""最具旅游特色小镇"等。

二、婺源县乡村旅游品牌

婺源位于江西省东北部，被称为"中国最美乡村"。婺源县是中国乡村旅游的代表，也是全国唯一以县名作为景区名称的AAA级景区。婺源生态优美，气候宜人，森林覆盖率高达82%，被称为赣、浙、皖三省交界处的"绿色明珠"。全县共有一个AAAAA级景区，即江湾；13个AAAA级景区，包括篁岭、五龙源、文公山、汪口、李坑等（何新燕，2019）。

婺源的战略目标是"发展全域旅游、建设最美乡村"，力求建设出一个接近3000平方公里的开放式景区，充分加强"中国最美乡村"的品牌效应。品牌是一种无形资产，是生产方的核心竞争力所在。婺源县以“中国最美乡村”为品牌，根据当地实际情况进行特色开发，在同类型竞争者中脱颖而出。婺源县结合自身的特征，打造具有地方特色的吉祥物，在2010年婺源县第一届运动会中的吉祥物，是以婺源特产荷包红鲤鱼为原型设计的，名为“圆圆”，一则是寓意运动会圆满成功，二则是与婺源的“源”同音，体现出地方特色。同时，婺源特色白腿小隼，因长相酷似熊猫，又被称作熊猫鸟。婺源酷叔原创设计的熊猫鸟卡通形象灵感就来源于这一鸟类，他将可爱的卡通形象与婺源景点融合起来，在网络上进行宣传，吸引了不少游客，当地还将这一卡通形象加工为实物商品供游客购买留念（何新燕，2019）。

十九大报告提出了乡村振兴战略的具体要求，乡风文明就是其中之一。婺源县对本土文化资源进行深度开发，在利用本土文化打造特色品牌的同时，又能够丰富村民的文化生活，改善人民的精神面貌。婺源是徽文化发源地之一，依托古色古香的徽派村居打造“水墨·上河”项目，作为传承和弘扬徽州文化，促进婺源文化旅游业繁荣发展的重要载体，将开启婺源高端文化产业发展的大门，“重塑”古徽州历史文化。婺源县在传承徽文化的过程中，又将传统的徽文化与现代文化相结合，实现了徽文化的创造性发展。在借鉴同类型项目的基础上，依据自身特色，走出了一条婺源县特色乡村旅游发展之路。

三、青岛市乡村旅游品牌

青岛作为中国优秀的旅游城市，乡村自然环境优美、乡镇历史文化悠久、乡村旅游资源丰富且分布广泛，发展乡村旅游的自然禀赋良好。近年来，青岛依托丰富的乡村自然风景资源、人文资源以及优越的地理位置，已先后培育出国家级、省级、市级乡村旅游品牌530多家，其中全国休闲农业和乡村旅游示范县（市、区）3处：平度市、崂山区、即墨区；全国休闲农业与乡村旅游示范点8处：平度市大泽山葡萄观光园、崂山区枯桃花卉园、崂山区王哥庄街道晓望社区、黄岛区藏马山乡村旅游休闲度假区、城阳区山色峪社区、城阳区宫家村巨峰葡萄生态观光园、莱西沽河休闲农业示范园、黄岛区海青镇茶叶生态示范区；全国美丽乡村5处：崂山区王哥庄街道青山社区、城阳区城阳街道后田社区、黄岛区灵珠山街道办事处、平度市南村镇姜家埠村、即墨区龙山街道办事处石源村;全国休闲农业精品景点线路4条:城阳区春季赏花一日游、藏马山生态观光园、王台镇观光路线、铁山街道休闲农业路线;中国最美休闲乡村3处:黄岛区藏南镇长阡沟村、城阳区棉花社区、即墨区灵山镇西姜戈庄村;中国美丽田园2家:黄岛区梨花景观、黄岛区墨禅庵果园景观(董文静、王昌森,2018)。

上述乡村旅游品牌建设的案例表明,乡村旅游品牌建设是系统工作,可以是景区景点的品牌建设,也可以是全域乡村旅游的品牌建设;乡村旅游品牌建设与项目构成、服务质量密切相关。这些成功经验对于山西省乡村旅游品牌建设具有重要借鉴意义。

第三节　山西省乡村旅游品牌建设

一、品牌建设必要性和体系构建

(一)乡村旅游品牌建设的必要性

品牌建设对于树立乡村旅游的鲜明形象、提高市场占有率、获得产业发展规模效益具有重要意义。目前,山西省乡村旅游的发展处于全国中下游水平,乡村旅游市场的吸引力不足,山西乡村旅游整体还处于粗放经营的价格竞争阶段。山西乡村旅游发展应该充分认识到品牌建设的必要性和紧迫性,不断完善基础设施建设、完善乡村旅游产业链条、提高管理水平和服务水平,走乡村旅游品牌化发展道路,通过塑造不同的乡村旅游品牌,使得各地乡村旅游特色更加鲜明,提升乡村旅游市场的吸引力。

旅游传承文化的本质基于旅游者的消费体验,因此乡村旅游需要挖掘自身的文化内涵,通过旅游这一载体使文化得以保护、传承和发扬。乡村旅游品牌建设的过程就是对文化的发现、整理和传播的过程。通过品牌的塑造、宣传和发展,向各地人民展现中国优秀的传统文化,增强民族凝聚力和自豪感。

作为朝阳产业的乡村旅游,在乡村振兴和建设美丽乡村中起到了重要的推动作用,为农村经济发展带来新的增长点,调整了农村产业结构,推动了农村现代化进程。乡村旅游的发展符合新时代低碳、绿色、环保、和谐、可持续发展的要求。要想在竞争中取胜，必须独具特色，进行品牌建设，进行有力的品牌宣传，提高品牌知名度和信誉度，实现旅游产品差异化，吸引更多的消费者。

（二）乡村旅游品牌建设体系构建

1. 旅游品牌定位

乡村旅游品牌定位，首先要深入挖掘乡村旅游特色，即有地域风格的乡村性，选择差异化市场营销策略来进行市场定位；其次，以原真性应用展示乡村旅游的乡村性，将原汁原味的乡村旅游资源呈现给乡村游客，提升乡村游客的消费体验。

2. 旅游品牌打造

在特色定位、产品定位、市场定位的基础上，进行乡村旅游产品包装设计。系统化打造乡村旅游品牌，包括设计品牌的理念识别系统、行为识别系统和视觉识别系统，具体包括经营理念、管理服务体系以及品牌的名称和标志，建立有特色、有吸引力的品牌形象。

3. 旅游品牌营销

旅游品牌的营销是提高品牌知名度的重要途径。在现代社会，市场营销的途径和平台愈加多元化，这为乡村旅游品牌体系的营销带来了更多的发展机遇。可以根据山西乡村旅游的市场需求定位，有效选择营销渠道和手段。

4. 旅游品牌保障

品牌建设与营销的成果需要转换为持久的发展动力，这就需要有坚实的品牌保障，包括品牌建设保障和品牌组织保障。品牌建设保障主要通过完善的配套设施、优质的旅游服务、全程化的旅游品牌监测与危机管理，来维持旅游品牌的正面形象及其持久的市场影响力。而品牌组织保障是在政策层面给予品牌建设和运行充分的支持（樊春梅、李松志，2017）。

二、山西乡村旅游品牌建设的不足

山西省乡村旅游业发展迅速，产业规模不断扩大，产品体系不断完善，乡村旅游市场已经形成刚性需求，需求不断增长，发展潜力巨大。但是品牌建设还存在着许多不足。

（一）品牌缺乏特性

目前，山西省乡村旅游的发展水平参差不齐，很多旅游资源的开发并未深入，尤其是缺少品牌特色，使得许多乡村旅游内容和形式都大同小异，缺乏品牌培育意识。很多乡村旅游目的地以农庄的称谓打造，品牌特色难以突出。“农家乐”等雷同的乡村旅游项目开发具有盲目性和重复性，难以形成具有竞争力的品牌优势。

（二）品牌缺乏内涵

对于当地历史文化、农耕文化和民俗文化内涵的发掘尚不够深入，对于今天注重精神文化消费的游客来说，无法形成足够的吸引力。因此，对于乡村景区来说，良好的旅游资源优势无法得到全面的展现；对于游客来说，单一的乡村旅游内容无法满足审美与娱乐需求。

（三）品牌市场定位模糊

对于乡村旅游市场的需求动态把握不全面，对乡村旅游市场的消费偏好分析不足，对于项目开发的前景预测不充分。未能进行有效的乡村旅游市场细分，未能将产品特色与市场需要相对接，市场营销缺乏针对性。

（四）品牌营销手段单一

企业在产品开发和产品推介方面缺乏科学的管理和规划，对于品牌的传播无法形成明显的促进作用。没有形成现代化的营销体系。我们应当充分认识到，有效的品牌营销有助于促进旅游资源的共享与合理配置，对于带动整个山西省乡村旅游发展有重要意义。

（五）品牌管理方式滞后

乡村旅游的从业人员大部分为本土的村民，缺乏较强的专业知识和系统的职业培训，不但开发和经营行为得不到应有的规范，而且管理知识和营销知识欠缺，更缺乏系统的应用能力，导致品牌管理工作不完善。

三、山西乡村旅游品牌建设发展路径

（一）打造品牌个性，保持品牌特色

品牌名称要有市场冲击力和影响力，体现出乡村旅游资源的特点，以增强对目标市场的吸引力。所以，品牌名称在简明易辨的同时，还需要与品牌特色相结合。此外，品牌标记作为品牌特色符号，也应该遵循上述设计理念。品牌口号的设计，也应充分体现品牌及旅游产品本身所蕴含的丰富价值观，以引起目标市场的情感共鸣。

（二）发掘品牌潜能，深化品牌内涵

打造乡村旅游品牌，首先要通盘掌握本地的乡村旅游产业发展潜能，持续开发其产业资源，发挥产业资源特长，有指向性地开发旅游产业的商品与服务。在目前发展形势较好的体验型旅游产品体系之外，山西省乡村旅游品牌建设更应该深入发掘本地丰富的历史文化资源，通过有机结合的方式，融入当前的乡村旅游开发之中，打造极具本地特色的旅游产业资源，丰富乡村旅游品牌的内涵和产业结构。

（三）掌握产业动态，明确市场定位

开展广泛的具有针对性的市场调研，及时掌握省内外旅游产业发展动态及动向，重点分析乡村旅游目标游客群体的需求特征。积极学习运用旅游市场细分方法和大数据技术，准确统计和分析调研数据，结合乡村旅游资源特点，充分挖掘其乡村性和原真性，并对山西省乡村旅游客源进行更加明确、科学的市场定位，打造坚实的品牌营销管理基础。

（四）融入新型业态，强化品牌促销

首先，可以通过开发特色乡村旅游活动，树立独一无二、具有一定影响力的品牌形象与特色。其次，积极融合新业态发展，实现线上线下营销活动“双管齐下”，共同发展。积极开发新兴媒体平台与网络营销

渠道，提升品牌线上市场的知名度与影响力，促进潜在客源的了解与互动，及时掌握产业新动态，不断开发新客源，建立线上游客反馈机制，及时获取游客反馈建议并有针对性地改进提升旅游产品与服务。最后，积极用好传统宣传媒介，采用丰富多样的形式，在潜在客源较多的地区和人流密集处投放品牌广告。

（五）统筹监管和经营，提升品牌管理水平

规范山西乡村旅游产业监管机制，培育壮大山西乡村旅游市场，提升景区服务水平，健全游客反馈建议渠道，切实尊重与维护消费者权益，营造健康有序的旅游市场氛围（樊春梅、李松志，2017）。近年来，随着经济社会发展水平的提升以及发展战略的调整，山西省各级政府更加重视与支持乡村旅游产业的发展，这是乡村旅游产业发展的重要机遇。因此，乡村旅游目的地更加应该加强自身建设，提升品牌意识，不断健全品牌体系，积极适应市场需求，为经济社会的发展做出持续性的贡献。

第九章　乡村旅游利益协调

乡村旅游业不仅涉及吃、住、行、游、购、娱六大方面，还涉及当地政府、当地居民、旅游者、旅游企业等多个利益相关者。

第一节　利益相关者概述

一、利益相关者理论的提出

1927年，美国通用电气公司的一位经理在其就职演说中首次提出公司应该为利益相关者（Stakeholder）服务的思想，1963年，斯坦福研究院首次提出利益相关者概念。利益相关者理论成型于20世纪60年代。1984年，弗里曼在其《战略管理：利益相关者管理的分析方法》一书中明确提出了利益相关者管理理论。他认为："利益相关者是指任何一个影响公司目标完成或受其影响的团体或个人，包括雇员、顾客、供应商、股东、银行、政府，以及能够帮助或损害公司的其他团体（陈俊安，2014）。"这个定义不仅将产业链上游的供应商、企业内部的雇员、产业链下游的顾客看成是利益相关者，还将产业链之外所有影响产业运营的因素都纳入了利益相关者范畴。

利益相关者理论不断发展和充实，并逐渐被应用到旅游研究中。1999年，世界旅游组织首次明确使用了"利益相关者"概念，同时也提出了旅游发展中不同利益相关者行为参照标准。该理论也被认为是实现旅游业可持续发展的一条有效途径（付泳等，2019）。世界环境与发展委员会出版的《我们共同的未来》指出，在可持续旅游的过程中有必要理解利益相关者，可持续发展是一个需要维护的过程，在让一部分利益相关者受益的同时，势必影响到另一部分群体的利益。因此世界环境与发展委员会明确指出，引入利益相关者理论是实现旅游业可持续发展的必要条件。

二、乡村旅游利益相关者分析

（一）利益相关者界定

乡村社区（居民）、乡村旅游者、政府、规划者、外来开发商、旅游企业等都是乡村旅游利益相关者。有的利益主体在整个产业中承担了企业的经营风险，有的则是为旅游企业做出了让步妥协、付出了代价，有的在整个产业中扮演的是监管的角色。

有关旅游的文献中，大多数将旅游专业人员、社会公众、媒体确定为旅游开发的利益相关者，这显然不够全面。有学者以旅游经营者、旅游规划者、当地政府作为核心要素来研究利益相关者群体，这种分类明显过于简单，因为在旅游开发中，主导者可能是政府或相关部门，也可能是旅游企业或其他投资商，还有可能是当地居民个体户或组织，而且他们之间也不仅仅是简单的双边关系，这就增加了利益相关者构成及其相互关系的复杂性（王德刚、贾衍菊，2008）。从可持续发展的角度来看，利益相关者的概念应该从涵盖面更广泛的意义上去考虑，因为可持续发展的理念涉及人类（政府、企业、居民、旅游者等）与非人类（资源、环境）、当代人与后代人等广泛的利益（陈巧云、黄建宏，2016）。因此，旅游开发的利益相关者实际上包含了人类的与非人类的、现实的与潜在的利益主体。根据旅游开发所涉及的领域以及不同领域利益主体的利益性质、相关程度和影响方式，可以将旅游开发的利益相关者分为 3 个层次，即核心层、支持层和边缘层（吴国清，2017）。

1. 核心层利益相关者

核心层利益相关者包括当地政府、旅游企业、当地居民和乡村游客，他们是与旅游开发过程密切关联的群体，旅游业的经济、社会和环境效益与他们密切相关。

第一，当地政府——乡村旅游的调控者。政府是公共旅游资源的最大整合和调配者，是行业运行和发展的“游戏规则制定者”，在旅游发展中扮演着重要角色（邱棣，2010）。乡村旅游开发涉及的政府相关部门，包括旅游、工商、农林业、海洋与渔业、交通运输、水利、环保、建设、国土、宗教事务等部门。从地方政府作为社会责任的履行者和公众利益的护卫者角度来看,政府的利益指向主要体现在公众方面,是公众利益的代言人。可以说,政府的利益指向除了税收、提高就业率以外,还体现着公众的利益。

第二,当地居民——参与者与受益者。居民在乡村旅游开发中不仅作为地方性的传承者和舞台表现者,且本身也是地方性的重要组成部分。他们不仅是利益相关者,还是人文生态旅游资源的重要组成部分,其文化、生活、生产方式所构成的人文景观,与自然景观一起形成最好的互补资源,同时,乡村居民的态度和行为直接影响着旅游者的旅游体验以及对旅游目的地的印象(马腾等,2018)。因此,乡村居民的利益诉求是乡村旅游发展必须面对和需要处理好的问题。旅游地的居民利益有两种:一种是经济利益,另一种则是非经济利益,比如居民原有的生活环境是否受到游客的干扰,他们的生活习惯和当地文化能否得到有效的保护等。

第三,旅游企业——生态旅游的执行者。乡村旅游企业主要有以下几种组织形式:一是业主制旅游企业。这种企业俗称"夫妻店",虽然规模小,形式散,但数量较多,最常见的有各种小型旅馆、大排档、农家乐及旅游景区的土特产商店等。二是合伙旅游企业。乡村合伙制旅游企业也较为普遍,其合伙人大都为关系较为密切的亲属或朋友。合伙人分享企业所得,共同对企业债务承担责任。三是公司制旅游企业。四是旅游企业集团。这些企业在参与经营过程中所占有的资源不同,提供的服务类型不同,所获得的利益也不同,但由于商业经营的逐利性,推动上述旅游企业将经营目标高度集中在获利较大的产品类型上,这就造成了因利趋同和非平等的竞争格局。旅游企业的利益诉求体现在是否可以带来持久高额的回报,以及能否获得良好的声誉(方勇刚,黄蔚艳,2014)。

第四,旅游者——旅游的实践者。旅游者是乡村旅游产品的需求方,是乡村旅游市场的消费者。乡村旅游产品的品质、价格和服务是影响旅游者满意度的主要因素。旅游者追求的利益主要是非经济的,与其他群体和个人的利益有明显的差别。旅游者所追求的利益表现为旅游者在进入旅游目的地后通过旅游体验和认知所获得的各种知识、愉悦和满足感等(张洪双,2010)。另外,诸如交通的便捷性、旅游的安全性、购物以及金融服务的周到性等因素也是游客利益所在。

2. 支持层利益相关者

支持层利益相关者是指那些在某一特定的时间和空间能够给旅游开发带来机会和威胁的利益相关者，其主要包括社会公众、竞争对手或合作对象、非政府组织等。他们对旅游开发的影响是间接的，但在信誉、公众形象方面的作用较大。

3. 边缘层利益相关者

边缘层利益相关者是指潜在的、非人类的、间接作用于旅游开发和旅游业发展的利益主体。核心层和支持层利益相关者考虑的是“人类”“现实”的利益主体。但旅游开发作为一种影响深远的社会活动，其对资源的配置和使用不仅对当代人的利益产生影响，还能够影响后代人的利益；不仅对人类种群的利益产生影响，还能够对非人类的其他种群和自然环境状态产生影响。这些受旅游开发资源配置和使用行为影响的对象，包括人类的和非人类的、现实的和潜在的，以及影响旅游开发的宏观环境——政治、经济、社会文化和技术环境等，都属于旅游开发的利益主体，即边缘层利益相关者。

（二）利益相关者的利益诉求

1. 旅游者追求高质量体验

旅游者是旅游活动的主体，是旅游市场中旅游产品的消费者，是旅游活动开展的重要成员。民族地区乡村旅游者常常倾心于优美宜人的自然风光和风格迥异的少数民族文化，希望在感受文化中购买心仪的旅游产品。他们带着一定的预期走进民族地区，在旅游体验中评价和感知当地所提供的旅游资源、旅游服务甚至村民的待客态度，以此形成对旅游产品的消费欲望。作为旅游产业的服务对象，游客的利益诉求虽然也会在经济利益上有所体现，即他们在旅游中注重产品的价格与品质，但这并非核心诉求，他们更加追求身体上的放松和精神层面的满足。由此可知，旅游者之所以在旅游地付出时间、金钱，经受离开常住地产生的诸多不便，其目的是获得“高质量”“与众不同”的旅游体验（李墨文、赵刚，2020）。

2. 当地居民追求幸福生活

乡村旅游开发多集中于社区，当地村民成为与旅游区接触较为频繁、联系较为紧密的对象，受旅游者行为和景区扩建等因素的影响。当地村民作为人文资源在乡村旅游中被挖掘、展现，村民在获得经济收益的同时，也成为负面影响的最终承受者，如果在旅游开发中村民没有感受到平等和尊重，他们就会出现不满甚至是抵触的情绪，他们对待游客的态度也会从欢迎转向抱怨，因此能否满足村民的利益诉求便成为其旅游活动参与度高低的关键。当前，当地村民的利益诉求主要有以下几个方面：经济上，希望通过参与乡村旅游产业增加经济收入，获得旅游事业的就业岗位，同时利用旅游开发完善当地基础设施建设，改善周围生活环境；教育上，希望能够获得更多的受教育机会，接受专门的旅游培训与指导，进一步提升自身的生存能力；文化上，在外来文化与本土文化交流碰撞中，希望引以为豪的本民族文化和地方文化得到充分的尊重与认同，不被任意商业化，本土文化特色能够保持和发扬。

3. 当地政府追求多重效益

在乡村旅游发展中，当地政府具有宏观调控的作用，承担了诸多责任，其需要寻求乡村旅游发展的方向、方式和路径，制定旅游发展政策、引导企业投资、指导部门管理规划、规范当地旅游行业标准及协调乡村旅游各方利益等。当地政府利用职权对乡村旅游资源确权、分配、开发、管理，为乡村旅游创造良好的发展环境。当地政府在乡村旅游发展中的利益诉求主要表现在以下方面：经济上，借助乡村旅游产业的发展，增加财政收入，带动当地经济以及其他行业发展，促进当地群众就业，提高当地居民生活水平、生活质量；政治上，通过旅游发展提高政府政绩，保证政府公信力及权威性，提升当地知名度、美誉度；环境上，通过乡村旅游开发提升当地社会道德水平，促进生态环境保护，弘扬地方优秀文化，维护社会秩序稳定。当地政府希望实现经济效益、社会效益和环境效益的统一，促进乡村旅游业的可持续发展。

4. 旅游企业追求利益最大化

在乡村旅游中，旅游企业是整合旅游资源、经营旅游产品的主体，从可持续发展的角度看，旅游企业应该充分尊重地方文化传统、保护当地群众生活环境。旅游企业并非当地自然资源和人文资源成本的直接承担者，倘若没有形成有效的保护机制，在利益的驱动下企业可能会因过度开发而对旅游资源原真性造成破坏。旅游企业在乡村旅游开发中投入了一定的开发成本，因此他们的利益诉求主要体现在经济方面：一是追求利益的最大化，扩大企业的发展空间；二是希望获得更多的政策支持，希望有关部门能通过监督和管理的方式，促成较好的旅游开发。

（三）利益相关者存在的矛盾

乡村旅游产业运营是一个相对完整、复杂的系统，从利益相关者视角来看，旅游者在旅游体验中涉及不同主体的利益分配与满足，利益相关者在自身利益追求、主观期望与客观现实状况的多重约束下，难以达成共赢，于是形成了利益的冲突与博弈（刘婷婷，2017）。乡村旅游产业利益相关者之间的冲突多表现在经济利益和文化利益方面。

1. 政府与当地居民之间

政府不仅是旅游业发展的监督者、协调者和旅游规划者，更是公共利益的分配者，与当地居民有着紧密联系。如果为了旅游业的快速发展，在招商引资的过程中，政府只着眼于实现旅游企业的利益诉求，而忽视了当地居民的根本利益，使其在旅游活动中的参与权和话语权被削弱，自然会导致利益分配不均的状况。政府在发展旅游业的过程中势必会征用土地，如果未能与当地居民达成一致，也会导致政府与当地居民产生矛盾。另外，政府在旅游资源开发的过程中，如果存在过度开发、违背当地的文化习俗、破坏居民的生活环境等行为，也会造成两者之间的利益冲突。

2. 旅游企业与当地居民之间

旅游企业和居民利益诉求的冲突点主要在于利益相关者是否能够获得相应均衡的利益。旅游企业的主要诉求是获得最大经济利益，居民的利益诉求是增加收入，获得相应的就业机会，改善生活条件。由于旅游企业更多关注自身的发展和利益，往往忽视居民的利益诉求，比如居民收入没有得到提升，生活条件没有得到改善。居民由于自身文化、环境条件的限制，往往对旅游业认识不足，不能积极地参与到旅游企业运营中，得不到应有的利益分配，这样必然会与旅游企业产生矛盾。因为信息不对称，旅游企业在土地补偿方面更强势，导致出现利益分配不均的问题,加之开发过程中影响到当地居民生产生活或生态环境被破坏,就会加重与居民的矛盾。

3. 当地居民与旅游者之间

旅游发展的初始阶段,居民希望当地的经济水平能得到快速提升,以获得可观的收入并改善生活条件,故而本地居民对旅游者的服务热情高涨,旅游者也被当地居民的真诚和热情所感染,这为当地的旅游带来极大的经济收益和口碑效应。随着市场规模扩大,旅游消费者逐渐增多,他们对本地的生活习惯、文化风貌、交通与自然生态环境等都将产生影响。如果有些当地居民以短期盈利为目的,对旅游者进行乱收费甚至讹诈等,就会导致旅游者与当地居民的矛盾,进而对旅游者的满意度和当地旅游业的发展产生消极影响。

4. 政府与旅游企业之间

政府与旅游企业的主要利益诉求从表面上看基本是一致的,都是为了寻求经济利益,但是在本质上还是有所不同。政府的主要利益诉求是通过大力发展旅游业,为群众提供社会服务,促进当地居民收入增加和经济发展,使得当地居民生活有所改善。一方面通过招商引资,依靠旅游企业开发当地旅游产业;另一方面运用政府政策法规对旅游企业进行监管。旅游企业的最终目的是实现以小成本投入获得大收益的经营,在实现经济利润时,如果其过度重视自身利益,忽视其他利益相关者的利益,对当地居民的生活环境和生态环境产生不良影响,就会导致政府与旅游企业之间的利益冲突。

5. 旅游者与旅游企业之间

旅游者和旅游企业之间是需求与供给的关系。根据旅游者的需求,旅游企业提供相应的旅游产品,并保证旅游产品的体验得以妥善完成,从而获得旅游收入。若旅游企业关注蝇头小利,从而做出损害旅游者的事,如强买强卖、价格欺诈、销售低品质的旅游产品等,则会导致旅游企业与旅游者之间冲突不断。

旅游目的地利益相关者利益冲突的产生主要有以下两个原因:一是政府未能正确行使自己的职能。政府在对当地旅游业进行宏观调控时要做到有的放矢,如果政府"干预"过多,可能会导致当地旅游业失去自身的活力,一旦相关政策不能很好地匹配当地旅游业自身特点,就可能会对当地旅游业的发展造成负面影响；政府也不应对当地旅游业的发展放任不管，要起到纠正和引导作用，如果对那些不良企业和不端行为视若无睹，就会使当地旅游业失去竞争力，让当地旅游业的形象受损。二是缺少一个可以让各方利益相关者互相交流的平台。没有一个交流的平台，各方利益相关者就不能让大家了解自己的诉求，同时也无法了解其他利益相关者的诉求。这样就会使各方利益相关者只注重自身的利益，不能把公共目标与自身目标相结合，导致各方在寻求自身利益最大化的过程中出现一些损害其他利益相关者的行为，造成不必要的冲突和矛盾。

第二节　山西乡村旅游利益协调

在山西省乡村旅游发展的进程中，既有政府主导、企业租赁和社区自主等传统路径，也有高校、民间公益组织参与和社会众筹等创新模式。丁村、碛口等是政府主导开发的代表，企业租赁模式比例最高，皇城相府是社区自主旅游开发的典型，阳泉官沟银圆山庄、小河古村——石评梅故乡等也是村委自主开发的典范。除此以外，还有和顺许村——艺术家文化创意的乡村旅游、寿阳林家坡村——山西众筹兴建的乡村旅游、高平良户村——新乡贤开发的乡村旅游等创新模式。不同开发主体下的乡村旅游形式各异、形势喜人，但在遗产保护、村民收益与社区发展等方面也存在着利益协调的问题。

一、山西乡村旅游利益协调实践

（一）利益视角下的后沟古村旅游

1. 后沟古村概况

后沟古村位于晋中市东部东赵乡，村落历史最早可以追溯到唐代，是一座保存完整的原生态村落。村落坐落于黄土丘陵沟壑上，依山而建。土窑洞、神庙建筑、排水系统构成了后沟古村文化的三大特色（赵辰钊、邵秀英、柳帅，2017）。村中有古戏台、观音堂、菩萨殿。

2002年,由冯骥才先生发起的“中国民间文化遗产抢救工程”在后沟古村落开展民俗采样活动,认为后沟古村是难得一见的历史文化遗产村落,它浓缩了农耕文明的传统经典,其精神信仰、民间文化及生产、生活,展现了中国千百年来自给自足的传统文明。次年,后沟古村被定为中国民间文化遗产抢救工程的古村落农耕文化遗产保护采样地。2006年后沟古村入选山西省第二批历史文化名村,2009年荣获“中国景观村落”称号,2012年后沟古村入选首批中国传统村落名录。

2. 后沟古村旅游利益冲突

后沟古村旅游发展经历了一个先由政府开发规划,后由企业接管经营的过程,是一个多元主体开发经营的典型案例(郭晋媛,2019)。2004年起,榆次区政府对后沟古村风貌与环境进行整治和修复,2005年9月底,后沟古村旅游开发第一期完成,并举办了第五届榆次文化旅游节,标志着后沟古村由保护性开发进入市场运营阶段。后沟古村由此开启了在政府主导下,村委以古村落资源作价出让于经营企业,按照约定利益比例联合开发的模式。

2005年和2006年,政府投资修缮了后沟古村道路交通设施,并在村里安装了移动、联通信号塔,铺设了大约30个路灯,对河道进行了清理,对道路进行硬化处理,配备了23个环保垃圾箱,设置了若干指向标、旅游标志牌,修建了停车场、公厕等必备的旅游设施,旅游景区环境与社区人居环境均得到很大改善。

2007年8月31日,榆次区政府、后沟村委和中宇集团签订了《关于合作开发、经营榆次后沟古村文化旅游的协议书》,成立“山西榆次后沟古村文化旅游开发有限公司”。协议规定,榆次区政府占总股份的26.7%,中宇公司占60%,后沟村委会占13.3%,合作期限为50年,后沟古村由此进入企业租赁旅游经营阶段。企业经营管理过程中,后沟古村旅游按照市场化运营,实行较为严格的门票管理,加之较为优越的区位条件,后沟古村为许多旅行社所青睐,旅游收入逐年提升,由2007年的62.4万元增加到2009年的94万元,游客接待量在2009年突破5万人次。

原住居民生活与景区游客管理的叠置,给企业门票管理带来困难。企业与原住居民之间的利益矛盾及冲突没能得到很好的协调和解决。

企业经营期间,后沟古村的景区环境基本上以政府先期建设的成果为主,企业投入相对较少,景区环境建设步伐缓慢,旅游项目创新不足,自 2009 年后游客人数没有明显增多。这种情况下,居民利益难以兑现,企业经营也面临困难。

2010 年,山西榆次后沟古村文化旅游开发有限公司与太原旅游职业学院达成协议,将后沟古村旅游经营权委托给太原旅游职业学院,由其进行全权管理。针对后沟古村景区运营状况,学院发挥自身优势,在进行旅游市场调研分析的基础上,对后沟景区的旅游产品进行了优化整合,形成了特色专题旅游产品;开发了反映农耕文化的酒作坊、豆腐作坊等,增加了旅游体验和购物;优化主题形象和广告用语,加强与旅行社、媒体的合作,使得后沟景区的综合效益大大提升。2010 年旅游收入突破百万元大关,达到了 110 万元。2012 年,接待 1800 多次旅行团,7.5 万游客,酒坊销售额达 40 多万元,景区旅游总收入达 175 万元。太原旅游职业学院将后沟古村景区作为其实习教学基地,利用教师和学生的专业人才优势,开展相关经营管理活动,进行景区环境治理,使得后沟古村景区面貌得到改善。同时,大学生做导游、教师提供咨询服务,也使景区服务水平和质量得到提高。

后沟古村景区旅游接待量回升的同时,与社区、原住居民利益的协调,依旧是主要问题。比如,作为高校实习基地,大学生实习进一步压缩了原住居民直接在景区就业的空间;旅行社团队以半日游为主,并没有给后沟古村的饮食、住宿带来明显的收益,这就导致原住居民直接参与旅游经营的热情降低,且随着游客的增加,旅游竞争加剧了商业竞争,影响了游客满意度。

2013 年 4 月,经过山西榆次后沟古村文化旅游开发有限公司与太原旅游职业学院协商,双方同意提前一年终止协议,太原旅游职业学院将后沟古村旅游经营管理权交还给企业,标志着后沟古村落旅游再次回到企业经营模式。截至笔者写作本文时,后沟古村文化旅游开发有限公司仍负责后沟古村落的旅游经营管理,在旅游项目开发、营销推广等方面进行了创新,针对景区与社区叠置产生的问题,进行了一些改革,后沟古村落旅游总体效果得到了一些改观,但与古村落遗产保护和原住居民收益之间的矛盾依然难以得到很好解决。

高校接管期间,凭借其自身优势,在特色旅游产品开发和旅行社联合营销方面奠定了基础。企业收回后沟古村景区经营权后,建立了与旅行社交流互动的平台,效仿高校管理时期加强与旅行社关系的做法,积极与太原、榆次、运城等多家旅行社协商并达成合作协议，旅行社出团次数不断增加，接待人数不断上升，景区综合效益得到很大提升。

为了进一步丰富景区的旅游项目，2016 年 4 月景区结合古村落资源优势，策划了“后沟寻宝”的旅游体验项目。为了更好地满足游客需求，同时也为了增加企业利润，在后沟古村外售票口处修建了大型旅游饭店，接待团队游客，景区接待能力提高。

自 2013 年起，企业景区经营多雇用外来人员，原住居民在景区直接就业机会越来越少，尤其是企业在村外修建旅游酒店后，虽然景区接待人数在不断上升，但原住居民的收益并没有相应的增加，村落社区、原住居民与企业经营者之间的矛盾加剧。

由于原住居民对企业开发旅游的负面感知，企业旅游经营面临障碍。2016 年 4 月策划的“后沟寻宝”项目，原准备“五一”假期实行，最终因为设计不完善以及遭抵制而无法付诸实践。由于景区与社区利益诉求的矛盾与冲突，企业收益没有达到预期，现在后沟古村文化旅游开发有限公司正在筹备出售后沟古村景区的股份。

3. 后沟古村案例的反思

从后沟古村的旅游发展历程来看，政府主导开发、企业租赁经营、高校委托管理，都属于乡村旅游开发的“外源式”类型，对于一个收取门票实施景区化管理的古村落旅游地而言，景区与社区叠置的特点，加之以利润最大化为目的的外缘租赁式开发，导致后沟古村落旅游发展中利益冲突不断。主要表现在：一是租赁协议难以实现古村落相关利益主体利益诉求的协调满足，比如一些村民对分红收益不满，村落传统建筑修缮和人居环境改善步伐缓慢，部分游客认为没有实现物有所值的愿望，企业也没有达到自己预期的经济收益。二是景区与社区叠置背景下，收取门票的“景区化”经营管理效果差。古村落原住居民利益边缘化后，必然与经营者对立甚至可能抵触旅游经营活动，这会削弱经营者的收益。三是企业经营者与社区居民之间的沟通机制不完善，致使企业经营优势受制于古村落产权分置、与原住居民利益协调不畅等因素而没有得到充分发挥。旅游开发模式的选择有适应性要求，由于传统村落赋存条件各异，应因地制宜地选择旅游开发主体或模式，并在旅游发展中根据实际情况不断调整，使之更符合传统村落遗产保护和旅游可持续发展（耿娜娜、邵秀英，2019）。

（二）皇城相府旅游利益协调分析

1. 皇城村与皇城相府概况

皇城相府景区在皇城村，皇城村位于山西晋城市阳城县北留镇，2005年入选第二批中国历史文化名村，2012年入选第一批中国传统村落名录。1999年景区收入只有30万元。2001年，电视连续剧《康熙王朝》播映，提升了景区知名度；2002年，皇城相府荣获"山西省十佳文明景区"称号。2001年旅游综合收入达到1500万元，两年翻了50倍。2002年皇城相府进入"国家AAAA级景区"行列。2004年，旅游收入达到3000万元。2010年，皇城相府成为年接待游客百万人次、旅游综合收入3亿元的综合性景区。2011年成为国家AAAAA级景区。2012年接待中外游客178万人次，门票收入1.2亿元，旅游综合收入13.5亿元。皇城相府除了荣获国家AAAAA级旅游景区称号外，还是国家级文化产业示范基地、全省文化旅游示范区，被评为全国旅游行业继北京故宫之后的第二个"中国驰名商标"。2014年12月，皇城相府景区在第七届中国网络旅游节暨全国智慧旅游应用大会上喜获2014年度中国旅游好微博（景区类）荣誉，山西省获此殊荣的旅游景区仅此一家。

2. 皇城相府的旅游发展

皇城村旅游发展是村委自主经营的"内生式"模式。1998年，村委成立皇城相府旅游集团公司，利用煤炭产业的收入建设皇城相府。2000年5月，投入280万元，将《康熙王朝》摄制组拉到皇城相府。2007年，投资1.3亿元建成的皇城相府生态园开始接待游客。2007年开始，投资2.8亿元创建国家AAAAA级景区。皇城村旅游发展带来的效益，有效促进了传统建筑的保护，传统文化得到深度挖掘（比如中华字典博物馆），基础设施逐步完善。开发旅游业的同时，社区进一步发展，2007年，全村70%的农户开办家庭旅社、餐馆或从事旅游商品、交通运输经营；90%的村民住上了花园式别墅；村里100%的劳动力在集团就业的同时，周边村落3000余名农村劳动力也获得了旅游关联就业机会。旅游使这个原先仅有700多人的古村变成一个4500多人的旅游小镇，因此形成了旅游业的"皇城模式"。

3. 皇城模式的利益分配

"皇城模式"首先表现为依靠村委力量,较为顺利地实现产权置换,皇城景区村民搬至新区,旅游集团全面接手经营,实现了保护和开发并重的发展方式。其次,主导开发经营的社区同时拥有所有权和经营权,避免了经营中的产权纠纷;开展企业经营和市场化运作,提高了乡村旅游经营管理效益;经营者与产权所有者一体,社区原住居民利益基本一致。

皇城村经济基础好,为旅游开发的基础设施建设和宣传促销提供了较为充足的资金来源,这是皇城社区主导旅游开发成功的重要因素,所以有人说"皇城模式"不可复制。而对于传统村落活态保护而言,将居民全部搬迁之后,传统村落变成了缺少原住居民的"博物馆",呈现为商业化的景区。这与传统村落遗产原真性保护要求相悖,这是一个需要关注的问题。

二、山西乡村旅游利益协调对策

利益分配是旅游发展中相关群体最关注的焦点,因此,有必要建立乡村旅游利益协调机制来理顺经营管理体系。可以由政府出面建立利益协调机制,通过旅游联席会议或乡村旅游管理小组等方式来实现,人员应涉及政府、旅游企业、乡村居民代表等。共同对当地乡村旅游中涉及利益相关者的事务进行研究和决策,共同维护旅游业和乡村及其居民的共同利益。政府部门作为中立方,要明确监管职能,积极协调利益冲突,为旅游区的发展提供保障。旅游企业和乡村居民代表应就共同关注的相关事项进行商讨、研究、交流,使利益相关者成为"休戚与共"的利益合作体,保障乡村旅游的良性发展。

(一)保障原住居民基本利益

从科学规划与经营管理的角度来看,原住居民应该是乡村旅游的开发者、经营者,但在投资主体面前往往是分散的、弱势的,在科学规划、有序经营、扩大规模、提高服务质量等方面常有局限性,至于对协调发展、品牌经营的认知更有局限性,在市场竞争中也与企业的地位和谈判能力差距很大(乔宇锋、张广智,2016)。但原住居民的诉求得不到满足,也会导致乡村旅游受挫。因此,乡村旅游开发要保障原住居民的利益,村民通过土地出租、土地入股、土地置换可以获得收益,避免利益冲突。

（二）明确环境资源补偿办法

建立环境资源补偿基金,对环境资源进行反哺建设和保护性修缮,保障乡村旅游资源的乡村性和原真性。在乡村旅游开发过程中,如果环境资源被破坏,乡村旅游资源会逐渐丧失乡村性和原真性,这会导致乡村旅游失去核心吸引力,传统文化也会因此失去物质载体而消失。因此,乡村旅游开发要坚决杜绝过度商业化,要坚持可持续发展理念,保护好乡村旅游赖以持续发展的乡村环境资源。环境资源补偿是对所有利益相关者的尊重,也是可持续发展的必要措施。

（三）健全相关法律制度

乡村旅游地的管理部门应将环境资源补偿办法以法律法规的形式确定下来,使利益相关者在解决利益问题时有法可依,防止经营方过度追求商业利益而造成环境的破坏。还应制定产权制度,为乡村旅游开发中的产权交易提供法律依据。利益相关者的分配形式和开发赋权也应该用法律文书形式确定下来,保障多方利益均衡。乡村旅游地管理部门应充分关注乡村旅游开发可能产生的利益冲突,在国家法律法规和相关政策指导下,制定完善的地方法规和管理办法。

（四）建立并完善乡村旅游协会

行业协会是由各个独立的经营单位以及利益相关者代表所组成的,它是介于政府与企业之间、生产者与消费者之间的非营利性组织,也是为双方服务,负责咨询、沟通、协调工作的社会中介组织。要落实并完善协会职责,同时办好协会网站。乡村旅游协会可以成为旅游协会下的分会,各地区旅游协会早已成立,并建立了自己的网站,然而很多旅游协会网站内容并不丰富,几乎没有旅游企业或旅游者反映的情况、意见等,这说明旅游协会网站形同虚设。旅游协会应该在政府和旅游业之间充分发挥桥梁纽带作用,真正为旅游业各利益相关者提供一个“公平”“沟通”“关爱”“共享”的交流平台。

（五）采取参与式旅游开发模式

参与式旅游开发是指以社区为场所，乡村、社区全体居民全面参与旅游开发并获益的管理模式（李占旗、黄凌云，2019）。参与式的旅游开发应该结合社会主义新农村建设，依托资源优势，大力发展“农家乐”“公司+农户”“公司+协会+农户”等发展模式，在旅游开发的同时兼顾农村居民的长远发展，使他们能够共享旅游收益，获得就业或经营机会乃至某些产业的股份，从而使村民获得长久的经济效益，推动乡村旅游的可持续发展。

第十章　乡村旅游长效发展保障

山西乡村旅游已成为山西旅游发展最快的业态，是乡村振兴的产业抓手和城乡一体化发展的有效形式。伴随着蓬勃发展，乡村旅游不可避免地出现了一些问题，如乡村旅游管理人员和服务人员短缺、乡村旅游生态环境和旅游资源被破坏、乡村旅游用地手续不合理不合法等，这些问题制约着乡村旅游长效发展，亟待解决。

第一节　山西乡村旅游人才保障

旅游业是劳动力密集型行业，对管理人员和服务人员的需求量较大。旅游管理人员和服务人员的素质决定了乡村旅游产品的质量。

一、乡村旅游人才现状

（一）旅游人才素质有待提高

1. 经营理念保守落后

乡村地域旅游开发的先进经营理念并未普及，乡村旅游从业人员因循守旧的思想状况还比较普遍。在经营过程中，本地居民对外来投资的渗透心存芥蒂，在利益分割上难以达到均衡状态，外来开发经营者和当地村民的协作关系不理想，经营管理无法形成有效的合力。

2. 服务与管理能力欠缺

山西乡村旅游经过二十多年的开发建设，业态数量有了长足发展，乡村旅游从业人员数量也有所增加，但受区位经济弱势的影响，本地从业人员的素质普遍不高、外来高级管理人员扎根乡村的意愿不强，导致整体服务质量不佳，管理水平不高的现象，进而导致乡村旅游出现浅层次开发、粗放经营管理和产品同质化等问题。

3. 可持续发展动力不足

在制作规划文本时，由于对当地的资源调查和市场分析不足，乡村旅游规划常流于形式，缺乏因地制宜的针对性。旅游管理人员的角色常由村干部承担，其行政工作负荷较重，再加上旅游管理事务，难免顾此失彼。乡村旅游发展缺乏准确把握旅游前沿动态和市场需求的行业分析师，缺乏具有开拓意识和创新精神的旅游经营管理者，导致乡村旅游长效发展出现战略盲点，可持续发展动力不足。

（二）现代管理人员短缺

当前乡村旅游人才培养侧重于基本经营理念和服务操作的培训，乡村旅游从业人员面对农业智能化生产、线上旅游推广和线下旅游经营、农产品电商平台运营等知识时，理解与消化的进度较慢，客观上存在乡村旅游业的人才培养滞后于乡村旅游业发展需求的情况。

（三）人才培训机制不健全

山西乡村旅游发展呈现出的自发性、分散性、规模小、实力弱的特点，与人才培训机制不健全有直接关系。在脱贫攻坚任务的要求下和乡村振兴的背景下，国家和地方政府开始将乡村地区人员培训提上日程，但是还没有形成系统的、科学的培训体系，人才培训机制还有待完善。

（四）乡村旅游人才吸引力弱

乡村旅游目的地，常位于经济弱势的偏远地区，生活条件和工作条件相对艰苦，因此对高级管理人员和高素质服务人员的吸引力较弱。而且乡村旅游有着明显的淡旺季，工作状态不稳定，加之乡村旅游服务工作比较辛苦，参照当地支付能力的薪资待遇往往较低，对旅游专业人才不足以形成强大的吸引力，所以乡村旅游业往往招不到人，或者人才流失非常严重，这是束缚乡村旅游发展的主要瓶颈之一。

二、人才保障措施

人才,不仅是乡村旅游发展的活态要素,也是提升乡村旅游软实力的关键指标。山西乡村旅游如果不解决人才队伍建设问题,管理水平和服务水平都将受到严重制约。故应采取针对性举措,切实保障乡村旅游人才供给,并不断提高从业人员的素质和能力。

(一)重视从业人员的培训

乡村旅游目的地相关管理部门和开发管理方,要重视从业人员培训的组织工作,从乡村旅游工作的全局出发,在旅游淡季安排培训工作,为旺季的管理和运营做好充分准备。制定适用于乡村旅游从业人员的系列培训教案,教案宜深入浅出、明确实用。高度重视人才队伍建设,切忌搞形式、走过场,切实让乡村旅游从业人员得到素质和技能的提升。相关管理部门要针对全域乡村旅游的人才储备开展系统培训,规划相应的人才建设基金,安排相应的财政拨款,并落实到位。

(二)强化政府引导与管理

政府要不断转变职能,发挥主导作用,加强顶层设计,创新制度,优化资源配置,完善旅游基础设施建设,健全旅游人才培养机制,使乡村旅游从业人员适应蓬勃发展的旅游业的需求。强化政府人才队伍建设的职能,应从以下两个方面着手。

1. 对从业人员实施标准化管理

政府要出台乡村旅游人才管理制度,完善人才队伍建设方案,提出明确的从业资格认定标准,严格按照相关制度和标准来约束、规范和指导乡村旅游人才配备工作,以此确保乡村旅游从业人员的专业化和标准化管理,提升乡村旅游管理水平和乡村旅游服务质量。

2. 提高从业人员旅游专业技能

制定乡村旅游发展的行业管理规范,据此对乡村旅游从业人员的管理技能和服务技能提出相应的要求。一方面,从外界招聘乡村旅游高级管理人员,以科学管理的氛围留住人才,并提供合理的薪资报酬;另一方面强化对当地从业人员的培训，政府部门应该主动作为，组织专家学者授课，讲授可持续发展理念、乡村旅游产业融合发展理念、旅游法律法规、“互联网＋乡村旅游”科技应用方法、“乡村旅游＋”多模式发展方式等乡村旅游经营管理知识。

（三）完善人才培训方案

由政府牵头制定系统的人才培训方案，强调现代乡村经营管理方面的理念培训，将可持续发展理念植入人心。普及管理学和营销学的基本理念，奠定良好的从业基础。针对不同受众设计详细的培训内容。培训方案分为两大类，一是针对管理人员的方案，二是针对服务人员的方案。服务人员的培养方案要再次针对服务工种进一步细化，既要有基础知识培训，比如旅游服务礼貌礼仪、乡村旅游管理卫生标准的培训内容，也要有乡村客栈、乡村餐饮、乡村景区服务的相关知识培训。培训方案要因地制宜、因材施教，切实针对当地乡村旅游管理和服务的弱项，耐心细致地教授科学管理和行业服务的理念、技能。

（四）深化与旅游院校的合作

乡村旅游的高质量发展离不开旅游教育的协助和扶持，许多院校在乡村旅游目的地创建户外教学实践基地，进行乡村旅游培训和真题真做的对策性研究，乡村旅游管理者应抓住机遇，积极开展校企合作，配合院校旅游管理专业进行师资队伍建设、专业发展建设、实习基地建设，使旅游教育反哺乡村旅游产业实践，并为乡村旅游发展提供对口的应用型人才。有条件的乡村旅游开发集团，应着重考虑建设与旅游院校的战略合作关系，可挂牌成立乡村旅游产业学院，一方面完成订制人才的培训，保障乡村旅游发展人才储备量，另一方面，可利用院校旅游专业师资力量和科研团队，进行乡村旅游项目研发、乡村旅游管理和服务流程改造、乡村旅游营销方案设计、乡村旅游产业链建设等相关课题研究，为乡村旅游发展提供决策依据。

（五）优化从业人员的成才环境

发现、挖掘和塑造一批行业短缺的特色人才和高层次人才。不断优化人才的发展环境，构筑人才高地，加大对人才的吸引力，从而形成人才的聚集效应，还要优化工作环境，为人才提供良好的事业平台，同时应不断营造出创新的社会氛围，提供多元化的、宽松的且有活力的社会文化环境，从而推动乡村旅游人才培养（李明宇，2016）。

第二节　山西乡村旅游环境保障

一、乡村旅游环境问题

（一）环境污染

部分区域在乡村旅游开发时，缺少调查论证和科学研究的过程，忽视旅游项目规划的科学性和生态环境的保护，只顾追逐乡村短期经济效益，不重视生态环境效益和可持续发展，致使乡村旅游发展中出现各种环境污染问题。

1. 固体污染

固体污染控制是乡村旅游环境整治的重点工作，固体污染源主要包括无机固体垃圾和有机固体垃圾两类。无机固体垃圾包括企业生产过程中产生的垃圾，比如包装材料和废弃原料，具体有废纸、废玻璃、废塑料、废金属；也包括旅游者在消费过程中产生的无机垃圾，比如食品的塑料包装。有机固体垃圾主要是乡村饮食消费产生的生活垃圾，如瓜果皮核和残羹剩饭（张卫军、王传震，2018）。

2. 水污染

依托水域风光开发乡村旅游是常见的资源开发方式，但是随意排污的行为经常污染水质。近岸的客栈、餐馆、游船等所产生的油污和固体垃圾等对水质的破坏非常严重。许多近水服务设施没有垃圾处理方案，直接向水体排污。水面常出现白色垃圾、食品饮料包装和固体垃圾漂浮物，不仅影响了水体风光的美感，降低了乡村游客的审美体验，而且长此以往，会污染地下水源，乡村居民与游客的生命健康面临危害。

3. 大气污染

大气状况对经营者、当地居民和乡村游客都会产生深远的影响。乡村旅游目的地的大气污染源有燃油车辆的废气排放,居民生活和企业经营产生的废气的排放。在有市场规模的乡村旅游目的地,车辆调度非常频繁,燃油车辆的废气排放量非常巨大。居民生火做饭、企业经营的废气排放不达标的现象依然存在,也造成了大气污染。

4. 噪声污染

游客聚集而不保持秩序和安静时会产生噪音,尤其是各种场馆、旅游接待服务区域,游客聚集时的大声喧哗会产生噪声污染,影响游客消费体验。燃油机动车的发动机运作时会产生巨大噪声,娱乐场所的扩音设备控制不当也会产生噪声。

(二)土壤植被的破坏

在有市场规模的乡村旅游目的地,部分游客缺乏绿地保护意识,经常在绿草地穿行,众人的反复踩踏会使土壤板结、植被被破坏。休闲农业用地过度使用化肥,腐殖质得不到及时补充,造成土壤板结龟裂的现象也时有发生。

(三)文化资源的遗失

乡村旅游的文化资源包括历史文化、农耕文化和民俗文化,其乡村性和原真性是吸引旅游者到来的重要因素。城市居民之所以成为乡村游客,正是希望看到与探索这些与城市文化不同的异质文化。但在乡村旅游发展进程中,有急功近利者过度追求商业目的,出现过度商业化,隐没传统乡村文化的现象。

二、环境保障措施

山西乡村旅游目的地建设,对环境资源的依赖性较强。山西乡村旅游的资源优势体现在山水生态方面,其项目开发与空间布局体现为在山地、水体、森林资源富集的乡村区域,开发具备游憩、度假、康养、教育等功能的乡村旅游目的地,推出温泉、冰雪等乡村旅游项目,以弥补北方冬季经营项目的不足。在生态资源富集区,完善基础设施和生态旅游设施建设,推动乡村旅游项目建设。发挥资源优势,开发具有资源特色和产品创意的乡村休闲度假产品,加快推进环城市乡村度假带建设。着力打造华北、环渤海地区乃至全国著名的乡村旅游目的地，彰显“山西好风光”的优势。党的十八大明确提出要大力推进生态文明建设，并将其作为全面建设小康社会的目标之一。无论是国家整体发展战略层面，还是乡村旅游发展的客观规律要求，环境保护工作都要落实到细处实处。加强山西省乡村旅游环境建设，应关注以下举措：

（一）加强政府调控及企业规划

各级政府要充分重视环境保护对于生态文明建设的重要意义，在乡村旅游发展的进程中，设定环境保护红线，完善环境保护法律法规，推行环境保护主体责任制，落实环境保护清单，使得乡村旅游管理人员、服务人员以及乡村游客在环境保护事项上有法可依。强调在乡村旅游开发规划中，明确生态环境保护的战略思想和建设步骤，切实落实环境保护的措施。环境保护工作要层层抓落实，在政府层面，要建立完善的环境保护监督管理机制，约束投资开发主体推行资源节约型和环境友好型的经营管理方式；在企业层面，始终把生态环境保护工作置于所有管理工作和服务工作之上，以可持续发展理念和绿色经营理念，指导乡村旅游产业规划文本的制定和管理运营方案的实施（粮丽萍，2018）。

（二）加大环境保护宣传力度

首先，要加大环境保护相关的意识形态教育，让环保理念深入人心。加强可持续发展理念教育，要认识到乡村旅游业不但要满足当代人对旅游目的地山清水秀、环境宜人的诉求，而且要保护优秀旅游资源和良好旅游环境的代际传递，实现人与环境和谐共存。其次，加强生态文明建设法律法规知识的普及。乡村旅游企业要做到知法守法，在遵守环境保护法律底线的基础上，积极践行绿色环保的经营行为和消费行为。号召旅游者和经营者从点滴做起，从细节的消费行为和经营行为上体现对生态环境的珍爱与保护。第三，实施对乡村旅游参与者的全方位环保宣传。宣传教育对象包括当地居民、乡村游客和旅游经营者。教育当地村民珍爱家园，保护好赖以谋生的旅游资源，创建文明、舒适的生态旅游环境，树立乡村旅游目的地的良好形象。引导乡村游客树立爱环境、爱资源的理念，对乡村游客的不文明行为和不环保行为加以劝诫和规范，在旅游活动过程中宣传环保理念，倡导保护环境、保护资源的文明旅游。组织旅游企业人员开展环保知识宣传教育活动,将生态文明建设的理念贯彻到经营管理活动和旅游服务之中。第四,乡村旅游管理部门要在公共活动区域开设环境保护宣传栏,倡导文明出行和文明旅游,申明对污染环境行为的惩戒措施。

(三)强化生态环境保护奖惩措施

在乡村旅游目的地,从政府管理层面和企业经营层面,全面树立生态文明发展理念,制定针对性的环境保护方案,建立完善的生态环境评价指标体系,以此为依据,严格落实乡村旅游环保工作的督导和检查,保证乡村旅游企业运营符合生态文明建设标准。对生态环境保护工作落实到位的经营单位进行奖励,并树立环保企业标兵样板;对忽视生态文明建设的经营单位进行严格的惩戒,并对照环境保护评价指标体系提出细致的整改意见。全面开展生态环境保护的督导检查工作,对于规模景区的督导检查工作要系统全面、不留死角;对于个体经营企业的督导检查工作,要关注环境卫生有保障、防治污染有措施,发现问题及时处置与更正。

(四)注重乡村旅游资源保护

乡村旅游资源开发要秉承绿色经营理念,实施绿色生态工程,以绿色建筑协会的 LEED(Leadership in Energy and Environmental Design,能源与环境设计先锋)标准完善规划,从场地规划、水系建设、能源利用、材料使用、环境控制等多个方面严格把控建设内容。践行绿色旅游消费观念,大力倡导绿色消费方式,发布绿色旅游消费指南。乡村旅游资源包括自然资源和人文资源两部分,其自然资源也是生态环境的有机组成部分。乡村旅游自然资源种类丰富,包括乡村地质地貌、乡村水域风光、乡村气候气象和乡村生物景观,要加强乡村旅游资源的原生态保护,实现乡村旅游资源的永续利用。乡村旅游人文资源的保护工作也不可忽视,它包括有形的民族村寨、乡村特色建筑和聚落形态、乡村遗迹遗址和古建筑、乡村农业景观、生产工具遗存、宗教建筑和活动场所,还包括无形的乡村农耕文化、民族民俗风情,以及传统礼制和礼仪。对于乡村人文资源的保护,要依照乡村性和原真性保护的原则加以传承和发扬光大。

（五）完善垃圾处理系统的建设

乡村旅游目的地要配备完善的污水处理系统和垃圾处置设施，严格控制污染气体的排放，把水体、土壤、大气三个方面的环境保护工作落实到位（岳欣，2010）。乡村旅游固体垃圾产生量较大，要分类管理、妥当暂存，乡村旅游目的地管理方不能随意掩埋，要交由专业的垃圾站点来统一收纳和处理。特别是有机固体垃圾，要及时处置外运，否则会产生恶臭并滋生细菌。要遵守国家关于水污染防治的各项法律法规，保护我们的生活生存环境，防止水质下降对人类生命健康造成危害。禁止向江河湖海排放废弃油类，应交由环保公司处置。统筹安排建设污水处理设施，自觉交纳污水处理费用。乡村旅游目的地的休闲农业场所，种植过程要采取合理措施，提倡绿色种植，合理使用化肥和农药，防止造成水污染。乡村旅游涉及的畜禽养殖场所，要配备畜禽粪便处理、废水综合利用和无害化处理的设备设施。从事水产养殖的场所，要确定合理的养殖密度，合理投饵和使用药物，防止水污染。大气污染防治是保障公众健康、建设生态文明的必要措施。要遵从国家关于大气污染防治的法律法规。景区景点要推广使用绿色能源车辆，逐渐替代或者禁止燃油车辆。噪声污染控制要抓好两个源头，一是目的地运营车辆的噪音，建议使用新能源电车；二是游客聚集区大声喧哗造成的噪音，控制方法可以采用公告（文字标语和广播通告）提示，或者服务人员举牌提示。

（六）学习优秀案例的经验

洞头村是晋城市城区钟家庄街道办所辖的一个行政村，面积 3.4 平方公里，位于市区东南部群山的环抱之中，是一个典型的山区小村。村西北有一条在陡峭石壁上开凿的“挂壁公里”与城区的公路连接。洞头村曾经是一个出了名的贫困村，在上级政府的关怀下，在村党支部的带领下，抓住机遇，努力完善基础设施，积极改善生态环境，打造出独具一格的乡村生态旅游品牌，迅速从单纯务农转向生态旅游新村，走上了以旅游兴村的发展之路。昔日贫困村，如今变成了一个生态旅游村。村内环境变美了，农民利用自家院子，开办住宿、餐饮、零售、文化娱乐等服务性项目，依靠自己的努力催生农村经济活力。2019 年接待游客 8 万人次，人均年收入达到 1.8 万元。

洞头村生态旅游之所以能够持续健康发展，是因为有一个高起点规划，加强绿化建设，实施村前屋后、院落、道路、村边、山体全方位的美化、绿化，形成多层次、多功能、点线面相结合的旅游系统。院落绿化形成“一院一园，院园相容”的乡村院落绿化格局。在田间地头、沟边、坡边进行合理绿化。对道路、河流沿岸进行绿化建设，形成条带状绿化景观。实践证明，乡村旅游开发与环境资源保护相协调，有效推动了乡村旅游产业可持续发展，取得了良好的经济效益、社会效益和环境效益。

第三节　山西乡村旅游用地保障

一、乡村旅游与用地关系

在落实乡村振兴战略部署的背景下，乡村旅游业作为产业兴旺的典型抓手备受关注。而乡村旅游开发必然涉及乡村用地问题，这是一个极度敏感且极易碰触红线的问题。

《中华人民共和国土地管理法》第四条规定：“国家实行土地用途管制制度。国家编制土地利用总体规划，规定土地用途，将土地分为农用地、建设用地和未利用地。严格限制农用地转为建设用地，控制建设用地总量，对耕地实行特殊保护。前款所称农用地是指直接用于农业生产的土地，包括耕地、林地、草地、农田水利用地、养殖水面等；建设用地是指建造建筑物、构筑物的土地，包括城乡住宅和公共设施用地、工矿用地、交通水利设施用地、旅游用地、军事设施用地等；未利用地是指农用地和建设用地以外的土地。”

农用地中的基本农田保护的红线是不能动的，不能将这些基本耕地转化为建设用地。非基本农田的农用地转为建设用地也是需要相关审核的。未利用地可以建设，但需要经过相关部门的审批。如果擅自在未利用地上建设，会被给予相应处罚。

一方面国家对乡村农用地严格限制征用，另一方面为了提高乡村土地利用率，国家陆续出台了旅游用地配套政策，为开展乡村旅游业，促进一二三产业融合发展提供了便利条件（郑健雄、郭焕成、陈田，2005）。

二、乡村旅游用地问题

（一）用途管制的限制

乡村旅游发展需要配套的设施，比如卫生间、停车场、服务中心和乡村道路。按照国家相关规定，虽然乡村道路可按农用地管理，但其他配套设施的建设必须在建设用地之上。但乡村空间有限，配套设施的建设常常涉及耕地区域，这就不可避免地涉及土地性质变更的问题（蒋可挺，2018）。

（二）用地指标的限制

由于乡村旅游配套设施建设需要新增建设用地指标，而建设用地指标往往会向见效快的工业项目和其他建设项目倾斜，乡村旅游开发往往处于无地可用的局面。

（三）合法用地意识欠缺

村集体或者村民个人在进行乡村旅游开发时，如果忽略用地审批手续，往往会出现未批先建和批少建多的现象。被国土部门的遥感监测系统认定为违法用地之后，当事人触犯了法律会被依法立案处罚，违章建筑也会被依法拆除。

三、解读乡村用地政策

在乡村旅游开发过程中，要充分利用存量土地。村民可以利用自家宅基地开展农家乐、农副产品加工、土特产和工艺品零售业务。成片闲置且具有历史印记的农房可以通过集体征收的方式来规划经营，或者统一租赁经营。以规划先行，优化乡村旅游布局，乡村旅游规划必须服从土地利用总体规划，否则建设审批难以过关。在乡村旅游规划的指导下，以多样化的土地流转方式开展经营。

在保障农用地的基础上，建设用地指标将向乡村旅游建设方向倾斜。乡村旅游产业与可持续发展理念吻合，对于传承“乡愁”文化内涵具有重要意义。土地管理部门应该从政策层面引导乡村旅游规划人员和开发者领会国家的土地利用政策。

《中华人民共和国土地管理法》第三十九条规定:“国家鼓励单位和个人按照土地利用总体规划,在保护和改善生态环境、防止水土流失和土地荒漠化的前提下,开发未利用的土地;适宜开发为农用地的,应当优先开发成农用地。”也就是说,未利用的土地可以搞建设,乡村旅游有建设空间。

2015年12月10日,国土资源部、住房和城乡建设部、国家旅游局联合发布的《关于支持旅游业发展用地政策的意见》强调,各地要有效落实旅游重点项目新增建设用地,加快编制旅游发展规划,对符合相关规划的旅游项目,各地应及时安排新增建设用地计划指标,依法办理土地转用、征收或收回手续,积极组织实施土地供应。在符合生态环境保护要求和相关规划的前提下,对使用荒山、荒地、荒滩及石漠化、边远海岛土地建设的旅游项目,优先安排新增建设用地计划指标。根据上述意见,在符合土地利用总体规划、县域乡村建设规划、乡和村庄规划、风景名胜区规划等相关规划的前提下,农村集体经济组织可以依法使用建设用地,通过自办或以土地使用权入股、联营等方式,与其他单位和个人共同开办住宿、餐饮、停车等旅游接待服务企业。城镇和乡村居民可以利用自有住宅或者其他条件依法从事旅游经营。村集体之外的投资经营者,可依法通过承包经营流转的方式,使用农民集体所有的农用地、未利用地,从事与旅游相关的种植业、林业、畜牧业和渔业生产。

2015年8月,农业部等11部门联合下发的《关于积极开发农业多种功能　大力促进休闲农业发展的通知》指出,在实行最严格的耕地保护制度的前提下,对农民就业增收带动作用大、发展前景好的休闲农业项目用地,各地要将其列入土地利用总体规划和年度计划优先安排,支持农民发展农家乐,闲置宅基地整理结余的建设用地可用于休闲农业;鼓励利用“四荒地”(荒山、荒沟、荒丘、荒滩)发展休闲农业。在逆城市化思潮的影响下,城市居民对乡村旅游的偏好不断增强,乡村旅游需求不断扩大,为农民创办农家乐、休闲农庄提供了市场条件。农民的宅基地、村内集体建设用地、四荒地等都可以用来发展乡村旅游业。

2020年3月,国务院印发《关于授权和委托用地审批权的决定》。这次调整主要是为了破解项目用地“落地难”“落地慢”的难题。给予省级政府更大权力自主调整土地的利用以及空间布局,提高审批的效率、项目落地效率和土地利用效率,以更好地改善营商环境、服务产业发展，并解决农村土地利用方面的低效浪费问题。规定在北京、天津、上海、江苏、浙江、安徽、广东、重庆 8 个地区做试点，期限为 1 年。值得注意的是，土地审批放权还有"三条红线"碰不得，分别是：生态保护、永久基本农田和城镇开发边界。最严格的耕地保护制度和坚决守住耕地保护红线的要求没有放松，"盘活存量"不等于"盘算增量"。

四、乡村旅游土地流转模式

（一）土地交换与置换

几个土地承包人打算开发某一乡村区域，便以交换自己的地块作为条件，将这一区域内分散的土地整合到一起，实现乡村旅游的整体开发，或者休闲农业整体开发，这就是土地使用权交换。村集体在开发乡村旅游产业时，需要围绕旅游吸引物整合土地资源。村集体为了获取某农民的某一块土地，则需要为其配置面积相当的耕地或者宅基地作为置换条件。土地置换后，在聚集的土地范围内，凭借旅游吸引物可做整体乡村旅游开发（杨阿莉、袁晓亮、赫玉玮，2012）。

（二）土地租赁

乡村旅游土地租赁主要包括出租或反租倒包两种形式。出租即土地承包人将土地租赁他人从事乡村旅游活动并获得租金收入。反租倒包即村集体先承租土地，进行整合和规划，建设配套设施，再反包给他人经营乡村旅游业。

（三）土地股份合作制

土地股份合作制指村民以土地承包经营权入股，并将土地交予专业的经营者进行经营活动，经营者获得连片土地的使用权，做整体乡村旅游开发的土地流转模式。村民将按股获得分红，同时也可以在经营方获得就业机会，从而又增加了一份收入。村民与经营者的利益达成一致，形成业兴民富的局面。

五、乡村旅游土地分类利用

从乡村旅游开发的角度来看，三大类土地（农用地、建设用地、未利用地）均有较好的利用空间，既符合国家法律规定，又能为乡村旅游业的深度开发所用。[①]

（一）农用地利用

1. 耕地：严格控制占用

耕地是农用地的主要成分，以从事农业生产为主，是保障粮食生产安全的基础。农田在原则上不允许建设，特别是基本农田作为耕地红线，不能用于建设。在旅游开发方面，可依法通过承包经营的流转方式，使用农用地从事与旅游相关的种植业、林业、畜牧业和渔业生产。可以在不改变土地性质的情况下，建设一些开敞的，不具备遮蔽功能的构筑物。比如，利用农用地建设农乐园，开发户外课堂、休闲农业项目，为人们提供体验“三农”方面的新型产业经营形态。

休闲农业项目在符合土地利用规划，确有必要占用耕地时，可以采用城乡建设用地增减挂钩的方法来解决，即先行在异地垦地，新垦耕地数量和质量验收合格后，再将原耕地用作建设用地。异地可以是本乡镇、本区县，经国家相关主管部门批准也可跨省区实施。这既能保证18亿亩耕地只增不减，又能保证必要的建设用地供应。

2. 林地：近林不进林

林地是森林的载体，能起到生态涵养、防风固沙、林业生产等功能，最具开发价值的是那些生态优美、森林茂密，富含高浓度空气负离子，可以提供自然体验机会，有利于公众健康的林区。

在用地方面，可以建设森林体验（馆）中心、森林养生（馆）中心、森林浴场、解说步道、健身步道等基础设施，但不能在基地范围内建设医院、养老院等大型医疗、养老设施。

实行重大项目规划“近林不进林”的策略，这样可以依托森林旅游

① 李向广．农村“6块地”，如何规避性利用？［EB/OL］.（2020-12-23）［2021-07-08］. https://new.qq.com/omn/20201223/20201223A04TRT00.html.

地的优质生态资源，通过地方政府规划配合，把建设项目布置在外围的村镇建设用地上。确需占用或者征收、征用林地的，要向县级以上人民政府林业主管部门申请，依法办理建设用地审批手续，并缴纳森林植被恢复费。

3. 低丘缓坡地：点状供地，垂直开发

中国南方地区的广大低山丘陵区拥有大面积的低丘缓坡地，这些土地的现状主要是林地、园地、草地及零星的耕地（基本农田），各自所占比例不同。按照利用方式可分为宜农类、宜林（园）类、宜建类三大类，建设用地开发是低丘缓坡开发利用的主要方式之一。

在现行土地法律制度下，存在两种农用地利用方式：第一，不改变土地性质。土地承包经营权可以通过转让、转包、出租、互换、入股和抵押的方式进行流转。由于转包和互换范围限于同一集体经济组织内，因此，社会资本仅可通过转让、出租、入股和抵押的方式进行土地承包经营权的流转。第二，改变土地性质。建设旅游项目确需占用农用地的，可采取重点项目清单制度，把需要建设用地指标的重大旅游项目纳入建设用地协调清单，与土地利用总体规划、土地利用年度计划进行对接与协调，通过土地利用规划的调整，实现农转用和土地征收。这种方式的审批手续非常困难，因为农用地的转用、征用，必须符合土地利用总体规划、城市建设总体规划和土地利用年度计划，而且需要征用永久基本农田的、需要征用永久基本农田以外的耕地超过三十五公顷的、需要征用其他土地超过七十公顷的，都需要报国务院审批。

（二）建设用地利用

1. 集体经营性建设用地：量小可直接入市

在现有政策下，集体建设用地是发展休闲农业和乡村旅游项目的重要用地形式，其中，集体经营性建设用地，在整个集体建设用地当中占比不超过10%。在符合规划和用途管制的前提下，农村集体经营性建设用地可以出让、租赁、入股，实行与国有土地同等入市、同权同价。农村集体经营性建设用地不能用于房地产开发，只能用于旅游、商业、工业等。

2. 宅基地：量大可做文章多

在许多欠发达地区的乡村，因为进城务工人员增多，大量宅基地便被长期闲置。闲置宅基地或宅基地整理结余的建设用地可直接开发利用，发展休闲农业和乡村旅游等多种业态，目前主要存在 4 种宅基地利用方式。

（1）建设租赁住房

为增加租赁住房供应，缓解住房供需矛盾，国家在包括北京、上海、佛山等城市在内的 13 个地区开展利用集体土地建设租赁住房的试点，村镇集体经济组织可以选择自行开发运营，或者通过联营、入股等方式建设运营集体租赁住房。

（2）开发庄园之旅

宅基地所有权仍归农民，将农村闲置住房进行个性化改造，形成"一房一院一地"格局，并根据需求采用市民田园生活、度假养生、文化创意产业等多种模式进行开发，通过互联网、物联网技术平台，与城市租赁住房需求对接，政府、集体经济组织、农户以及城市消费者实现"四赢"。

（3）探索养老产业新模式

与传统的关注城里老人如何在城区、机构养老不同，"乡居式养老"主张盘活乡村存量传统民居，吸引城区老人到乡村养老，以求满足他们向往已久的田园生活。

（4）打造乡村振兴载体

中国宅基地是集体所有且"一户一宅"，在宅基地使用权放活的背景下，整合部分相邻农户的宅基地，可开发为小型的民宿集群。村民将闲置农房、宅基地等集体资产集中在村集体或合作社手中，后者引入社会资本进行民宿项目的开发。

涉及集体建设用地使用权流转，目前存在两种途径：第一，社会资本通过出让、转让或出租的方式获得集体建设用地的流转（"三块地"改革规定的 33 个试点地区）；第二，社会资本与拥有建设用地使用权的农村集体经济组织通过共同举办乡镇企业或契约的方式进行合作。

（三）未利用地利用

未利用地可以转变为建设用地，转变为建设用地后，可以办理宅基地。具有重要生态功能的未利用地应当依法划入生态保护红线，实施严格保护。建设项目占用国土空间规划确定的未利用地的，按照省、自治区、直辖市的规定办理。

为明晰四荒地的范围及其与未利用地的关系，并规范其开发利用，国务院办公厅于 1999 年颁布了《关于进一步做好治理开发农村“四荒”资源工作的通知》(国办发〔1999〕102 号)，明确四荒地属于未利用地且必须为农村集体经济组织所有，不包括耕地、林地、草原以及国有未利用土地。中国存在大量的“四荒地”(荒山、荒沟、荒丘、荒滩等)，这些土地面积广阔，用于乡村旅游开发的潜力大。对于以“四荒地”发展休闲农业和乡村旅游的，相关文件多持鼓励和支持的态度。以山西左权县营疙道村为例，该村位于山西省和河北省交界处，原本是一个偏僻落后、交通极不便利的山村，2004 年整村搬迁后成了一个“空壳村”，村里原有的房屋、水、电、耕地、“四荒地”等资源自然破败、消失。该村在外发展的村民抓住机遇，凭借营疙道村地处黄土高原和华北平原天然界限和分水岭的独特地缘优势，利用 800 亩荒地开发建设日月星生态庄园。经过近 10 年持续投入和精心打造，如今的日月星生态庄园已经成为一个集旅游、林果生产、特色养殖、农产品加工等为一体的国家 AAA 级景区，平均年接待游客 20 万人次，被评为“山西最佳避暑胜地”，实现了由原始农业向一二三产业融合发展的根本转变。

参考文献

[1] 白杨 . 旅游真实与游客 [J]. 桂林旅游高等专科学校学报，2006，17（3）：277-280.

[2] 常玉荣，严淑华 . 传统村落的遗产价值与遗产特性研究 [J]. 河南教育学院学报（哲学社会科学版），2020，39（1）：10-16.

[3] 陈甲全，张义丰，陈美景 . 古村落研究综述 [J]. 安徽农业科学，2008，36（23）：10103-10105.

[4] 陈俊安 . 基于利益相关者理论的乡村旅游开发主体合作机制研究 [J]. 大庆师范学院学报，2014，34（3）：86-88.

[5] 陈柳钦 . 产业发展的集群化、融合化和生态化分析 [J]. 中州学刊，2006（1）：36-39.

[6] 陈柳钦 . 产业融合的发展动因、演进方式及其效应分析 [J]. 西华大学学报（哲学社会科学版），2007，26（4）：14-19.

[7] 陈柳钦 . 产业融合问题研究 [J]. 长安大学学报（社会科学版），2008，10（1）：1-10.

[8] 陈巧云，黄建宏 . 海南乡村旅游发展阶段划分标准研究——基于利益相关者理论和旅游地生命周期理论 [J]. 河北旅游职业学院学报，2016，21（3）：6-10.

[9] 陈水映，梁学成，余东丰，徐燕 . 传统村落向旅游特色小镇转型的驱动因素研究——以陕西袁家村为例 [J]. 旅游学刊，2020，35（7）：73-85.

[10] 陈兴 ."虚拟真实"原则指导下的旅游体验塑造研究——基于人类学视角 [J]. 旅游学刊，2010（11）：14-20.

[11] 陈晓华，谢晚珍 . 徽州传统村落祠堂空间功能更新及活化利用 [J]. 原生态民族文化学刊，2019，11（4）：92-97.

[12] 陈雅萍 . 乡村振兴战略中田园综合体建设发展的对策与建

议——以太原市小店区为例 [J]. 中共太原市委党校学报,2020(3):19-24.

[13] 丁怀堂. 新农村建设中加强古村落保护的思考 [J]. 徽州社会科学,2007(6):17-18.

[14] 杜江,向萍. 关于乡村旅游可持续发展的思考 [J]. 旅游学刊,1999(1):15-18.

[15] 董文静,王昌森. 乡村旅游品牌化建设研究——以青岛市为例 [J]. 山东农业科学,2018(2):169-172.

[16] 段兆瑞,江凤香. 依托农业资源发展乡村旅游的思路 [J]. 乡村科技,2019(20):20-21.

[17] 范春. 论乡村旅游的开发 [J]. 重庆工商大学学报(社会科学版),2002,19(5):20-23.

[18] 范凯. 红色文化与乡村旅游产业融合可持续发展模式探析——以瞿家湾镇陈湾村为例 [J]. 城市住宅,2019,26(2):157-158.

[19] 樊春梅,李松志. 全域旅游视阈下乡村旅游品牌建设与发展路径研究——以江西九江为例 [J]. 中外企业家,2017(24):58-60.

[20] 方勇刚,黄蔚艳. 乡村旅游发展中利益相关者的利益及协调 [J]. 管理观察,2014(13):175-177.

[21] 冯骥才. 传统村落的困境与出路——兼谈传统村落是另一类文化遗产 [J]. 民间文化论坛,2013(1):7-12.

[22] 冯学钢,于秋阳. 论旅游产业与创意城市的融合发展 [J]. 社会科学,2010(11):13-18.

[23] 付泳,刘春健,张慧雯,水文静. 基于利益相关者理论的旅游地利益相关者协调机制研究 [J]. 当代经济,2019(9):152-154.

[24] 高楠,邬超,白凯,马耀峰. 中国传统村落空间分异及影响因素 [J]. 陕西师范大学学报(自然科学版),2020,48(4):97-107.

[25] 高燕,凌常荣. 旅游者对黑衣壮民族文化的真实性感知差异与满意度 [J]. 旅游学刊,2007(11):78-84.

[26] 耿红莉,何艳琳. 贵州天龙屯堡乡村旅游产业组织模式对北京的启示 [J]. 北京农业职业学院学报,2011,25(5):35-39.

[27] 耿娜娜,邵秀英. 三大旅游板块传统村落景观特征与旅游开发路径 [J]. 太原师范学院学报(社会科学版),2019,18(3):87-91.

[28] 龚花萍,闻丽佳,袁卓玉. 旅游电子商务企业 CRM 实施策略 [J].

企业活力,2010（5）: 21–24.

[29] 郭晋媛 . 山西传统村落旅游开发动力机制研究——基于民俗学视角 [J]. 技术经济与管理研究,2019（2）: 122–128.

[30] 韩彩霞 . 城乡融合视野下山西乡村旅游发展路径研究 [J]. 齐齐哈尔师范高等专科学校学报,2020（6）: 92–94.

[31] 韩福丽,王海荣,王东 . 大数据背景下农业旅游产品电子商务平台的构建 [J]. 黑龙江畜牧兽医,2017（5）: 241–245.

[32] 何新燕 . 婺源县乡村旅游发展的 SWOT 分析 [J]. 南方农业,2019,13（22）: 58–62.

[33] 胡燕,陈晟,曹玮,曹昌智 . 传统村落的概念和文化内涵 [J]. 城市发展研究,2014,21（1）: 10–13.

[34] 胡雨凯 . 基于社区参与的三亚中廖村乡村优质旅游构建研究 [J]. 农村经济与科技,2018,29（8）: 66–67.

[35] 贾鸿雁,王金池 . 从建构主义真实性看文学资源的旅游开发——以界首镇"汪曾祺水乡风俗园"项目策划为例 [J]. 旅游学刊,2009,24（5）: 26–30.

[36] 蒋可挺 . 浅谈乡村旅游用地发展中的困境和对策 [J]. 浙江国土资源,2018（8）: 43–44.

[37] 郄艳丽 . 我国传统村落保护制度的反思与创新 [J]. 现代城市研究,2016（1）: 2–9.

[38] 粮丽萍 . 乡村旅游与生态环境保护问题研究 [J]. 怀化学院学报,2018,37（6）: 50–52.

[39] 厉无畏 . 产业融合与产业创新 [J]. 上海管理科学,2002（4）: 4–6.

[40] 李创新,马耀峰,张颖,魏颖 .1993 ~ 2008 年区域入境旅游流优势度时空动态演进模式——基于改进熵值法的实证研究 [J]. 地理研究,2012,31（2）: 257–268.

[41] 李明宇 . 浅析我国旅游人才培养的现状与对策 [J]. 人才资源开发,2016（12）: 55.

[42] 李墨文,赵刚 . 民族地区乡村旅游利益相关者分析 [J]. 延边大学学报(社会科学版),2020,53（3）: 71–77.

[43] 李霞 . 基于 SaaS 模式的旅游服务系统的设计与实现 [D]. 上海: 复旦大学,2013.

[44] 李想，付雪松 . 关于品牌建设的理论思考 [J]. 大庆社会科学，2012（6）：95–100.

[45] 李亚娟，陈田，王婧，汪德根 . 中国历史文化名村的时空分布特征及成因 [J]. 地理研究，2013，32（8）：1477–1485.

[46] 李占旗，黄凌云 . 参与式乡村旅游开发模式的探究 [J]. 济南职业学院学报，2019（5）：82–84.

[47] 林巧，杨启智 . 精准扶贫背景下景区依托型乡村旅游扶贫的困境及对策——以四川省宣汉县鸡坪村为例 [J]. 农村经济与科技，2016，27（17）：84–86.

[48] 刘沛林 . 古村落：亟待研究的乡土文化课题 [J]. 衡阳师专学报（社会科学），1997（2）：72–76.

[49] 刘曙霞 . 乡村旅游创新发展研究 [M]. 北京：中国经济出版社，2017.

[50] 刘婷婷 . 乡村旅游利益相关者矛盾冲突及协调路径 [J]. 农业经济，2017（12）：64–66.

[51] 娄在凤，袁锦贵 . 浙江创意旅游产业发展模式及优化路径研究 [J]. 文化学刊，2015（4）：139–142.

[52] 鲁明月 . 乡村振兴战略背景下芙蓉镇农业旅游业融合发展研究 [J]. 现代商业，2020（32）：96–97.

[53] 吕利云 . 基于智慧旅游平台的婺源乡村旅游提升研究 [D]. 南昌：江西师范大学，2015.

[54] 吕林欣 . 扶贫背景下的山西乡村旅游产业链优化研究 [D]. 太原：山西财经大学，2017.

[55] 马波 . 开发关中地区乡村旅游业的构想 [J]. 国土开发与整治，1995，5（2）：59–64.

[56] 马健 . 产业融合理论研究评述 [J]. 经济学动态，2002（5）：78–81.

[57] 马腾，郑耀星，王淑芳，林荣平，赵亚博 . 乡村旅游开发对地方性的影响及其机制研究——以福建省永定县洪坑村为例 [J]. 世界地理研究，2018，27（3）：143–155.

[58] 毛峰 ."互联网 +"时代乡村旅游可持续发展的路径及对策 [J]. 改革与战略，2016，271（3）：74–77.

[59] 聂子龙，李浩 . 产业融合中的企业战略思考 [J]. 软科学，2003，17（2）：80–83.

[60] 钱小林 . 产业融合理论分析 [J]. 湖南科技学院学报,2011,32（2）: 98–99.

[61] 乔宇锋,张广智 . 合作社在乡村旅游发展中的功能及对策研究 [J]. 中国农民合作社,2016（9）: 46–48.

[62] 邱棣 . 民族村寨社区参与旅游模式探析——以贵州郎德上寨为例 [J]. 四川烹饪高等专科学校学报,2010（4）: 44–47.

[63] 邵秀英,田彬 . 古村落旅游开发的公共管理问题研究 [J]. 人文地理,2010,25（3）: 120–123.

[64] 邵秀英,邬超,刘亚玲,师建红,赵辰钊 . 古村落旅游与社区发展的耦合协调研究——以山西后沟古村落为例 [J]. 干旱区资源与环境,2019,33（5）: 203–208.

[65] 王兵 . 从中外乡村旅游的现状对比看我国乡村旅游的未来 [J]. 旅游学刊,1999,14（2）: 38–42.

[66] 王德刚,贾衍菊 . 成本共担与利益共享——旅游开发的利益相关者及其价值取向研究 [J]. 旅游科学,2008（1）: 9–14,21.

[67] 王璇璇 . 苏州文化创意产业与乡村旅游产业融合模式研究 [J]. 合作经济与科技,2015,527（24）: 28–29.

[68] 吴良平,张健 . 中国入境旅游区域差异的衡量及演变分析 [J]. 旅游科学,2015,29（6）: 1–14.

[69] 吴琼,徐娟燕 . 对 CI 理论的再认识 [J]. 装饰,2003（2）: 42–43.

[70] 夏周青 . 中国传统村落的价值及可持续发展探析 [J]. 中共福建省委党校学报,2015（10）: 62–67.

[71] 徐倩,李阳兵,黄娟 . 景区依托型乡村聚落用地格局与功能演变研究——以黄果树镇石头寨村为例 [J]. 长江流域资源与环境,2020,29（7）: 1545–1554.

[72] 徐嵩龄 . 文化遗产科学的概念性术语翻译与阐释 [J]. 中国科技术语,2008（3）: 58–63.

[73] 杨阿莉,袁晓亮,赫玉玮 . 基于土地流转的乡村旅游产业化发展研究 [J]. 开发研究,2012（6）: 103–106.

[74] 姚国章 ."智慧旅游"的建设框架探析 [J]. 南京邮电大学学报（社会科学版）,2012,14（2）: 13–16.

[75] 尹大禹,瓦哈甫 · 哈力克 . 智慧旅游背景下乡村旅游发展趋势

研究——以乌鲁木齐县为例 [J]. 旅游发展研究,2017（6）: 15-19.

[76] 余东华 . 产业融合与产业组织结构优化 [J]. 天津社会科学,2005（3）: 72-76.

[77] 岳欣 . 乡村旅游发展的外部性研究——以兴国县天鹅湖社区为例 [D]. 南昌: 江西农业大学,2010.

[78] 翟岳辉 . 基于 SaaS 模式的企业管理服务平台设计与实现 [D]. 成都: 电子科技大学,2013.

[79] 张朝枝 . 原真性理解: 旅游与遗产保护视角的演变与差异 [J]. 旅游科学,2008,22（1）: 1-8.

[80] 张浩龙,陈静,周春山 . 中国传统村落研究评述与展望 [J]. 城市规划,2017,41（4）: 74-80.

[81] 张洪双 . 基于利益相关者理论的黑龙江省农村旅游景区管理研究 [J]. 经济研究导刊,2010（23）: 117-118.

[82] 张凌云,黎巎,刘敏 . 智慧旅游的基本概念与理论体系 [J]. 旅游学刊,2012,27（5）: 66-73.

[83] 张卫军,王传震 . 乡村旅游规划生态环境保护策略探析 [J]. 环境科学与管理,2018,43（4）: 154-157.

[84] 张向飞 .CI 理论内涵辨识 [J]. 网络财富,2010（17）: 63.

[85] 赵辰钊,邵秀英,柳帅 . 多元主体开发的后沟古村落旅游 [J]. 城市地理,2017（2）: 246-248.

[86] 赵红梅 . 对旅游体验及相关研究的解读 [J]. 广西民族研究,2007（4）: 171-178.

[87] 郑四渭,赵云云 . 基于产业融合理论的城市旅游业转型升级机制研究 [J]. 商业研究,2010（11）: 95-98.

[88] 郑艳萍 . 智慧旅游视野下传统村落旅游营销策略探究——以江西新干燥石村为例 [J]. 传播与版权,2016（12）: 157-158.

[89] 郑耀星,曾祥辉 . 福建省乡村智慧旅游发展创新策略研究 [J]. 资源开发与市场,2014,30（9）: 1138-1141.

[90] 植草益 . 信息通讯业的产业融合 [J]. 中国工业经济,2001（2）: 24-27.

[91] 周梅 . 山西乡村旅游的发展现状及对策研究 [J]. 山西农经,2018（7）: 25-26.

[92] 周振华 . 产业融合: 产业发展及经济增长的新动力 [J]. 中国工

业经济,2003（4）: 46–52.

[93] 朱红亮 . 品牌概念的发展嬗变 [J]. 西北师范大学学报（社会科学版）,2009（4）: 118–120.

[94] 朱瑞博 . 价值模块的虚拟再整合：以 IC 产业为例 [J]. 中国工业经济,2004（1）: 28–35.

[95] 朱专法 . 山西乡村旅游发展研究 [M]. 太原：山西经济出版社,2016.

[96] 北京市旅游业培训考试中心 . 乡村旅游行业管理 [M]. 北京：旅游教育出版社,2014.

[97] 窦婷婷 . 新农村特色乡村旅游知识问答 [M]. 石家庄：河北科学技术出版社,2017.

[98] 李自琼,彭馨馨,陆玉梅 . 品牌建设理论与实务 [M]. 北京：人民邮电出版社,2014.

[99] 刘光 . 乡村旅游发展研究 [M]. 青岛：中国海洋大学出版社,2016.

[100] 刘沛林 . 古村落：和谐的人居空间 [M]. 上海：上海三联书店,1997.

[101] 邵秀英,耿娜娜 . 山西古村落：遗产保护与遗产旅游 [M]. 北京：旅游教育出版社,2015.

[102] 陶汉军,林南枝 . 旅游经济学 [M]. 上海：上海人民出版社,1994.

[103] 吴国清 . 旅游资源开发与管理 [M]. 重庆：重庆大学出版社,2018.

[104] 夏征农 . 辞海：1999 年版缩印本（音序）[M]. 上海辞书出版社,2002.

[105] 郑健雄,郭焕成,陈田 . 休闲农业与乡村旅游发展 [M]. 徐州：中国矿业大学出版社,2005.

[106]Berry, B. J. L.（1980）.Comparative Urbanization: Divergent Paths in the Twentieth Century. New York: St. Martins Press.

[107]Blaine, T. W., Mohammad, G. & Var, T.（1993）. Demand for rural tourism: An exploratory study.Annals of Tourism Research,20（4）, 770–773.

[108]Boorstin, D. J.（1962）.The Image: A guide to pseudo-events

in America. New York: Harper and Row.

[109]Bouquet, M. & Winter, M. (eds.)(1987). Who From Their Labours Rest? Conflict and Practice in Rural Tourism. London: Gower.

[110]Bramwell, B. (ed.)(1990). Shades of Green: Working Towards Green Tourism in the Countryside (Conference Proceedings). London: English Tourist Board.

[111]Briedenhann, J. & Wickens, E. (2004a). Tourism Routes as a Tool for the Economic Development of Rural Areas – Vibrant Hope or Impossible Dream? Tourism Management, 25, 71–79.

[112]Brown, D. (1996). Genuine fakes. In T. Selwyn (Ed.), The tourist image (pp. 33–47). New York: Wiley.

[113]Butler, R.W. & Hall, C.M. (1998a). 'Conclusion: The Sustainability of Tourism and Recreation in Rural Areas' . In R.W. Butler, C.M. Hall and J. Jenkins (eds.), Tourism and Recreation in Rural Areas, John Wiley & Sons, Chichester and New York, pp.249–258.

[114]Butler, R.W. & Hall, C.M. (1998b). 'Tourism and Recreation in Rural Areas: Myth and Reality.' In D. Hall and L. O' Hanlon (eds), Rural Tourism Management: Sustainable Options, The Scottish Agricultural College, Auchincruive, pp.97–107.

[115]Carter, H. (1981). The Study of Urban Geography. London: Edward Arnold.

[116]Cavaco, C. (1995). Rural Tourism: The Creation of New Tourism Spaces.In A. Montanari and A. Williams (eds.), Tourism: Regions, Spaces and Restructuring, Chichester: Wiley, pp.129–149.

[117]Cho, M. H. (2012). A study of authenticity in traditional Korean folk villages. International Journal of Hospitality & Tourism Administration, 13 (2), 145–171.

[118]Cohen, E. (1979). Rethinking the sociology of tourism. Annals of tourism research, 6 (1), 18–35.

[119]Cohen, E. (1988). Authenticity and commoditization in tourism. Annals of Tourism Research, 15 (3), 371–386.

[120]Cole, S. (2007). Beyond authenticity and commodification. Annals of Tourism Research, 34 (4), 943–960.

[121]Culler, J. (1980). Fabula and sjuzhet in the analysis of narrative: Some American discussions. Poetics Today, 1 (3), 27–37.

[122]Daniel, Y. P. (1996). Tourism dance performances authenticity and creativity. Annals of Tourism Research, 23 (4), 780–797.

[123]Eco, U. (1986). Travels in Hyperreality. London: Picador.

[124]Euro Barometer (1998). Facts and Figures on the Europeans' Holiday. Euro Barometer for DG XXIII, Brussels.

[125]Feifer, M. (1985). Going Places: The Ways of the Tourist from Imperial Rome to the Present Day. London: Macmillan.

[126]Fleischer, A. & Felsenstein, D. (2000). Support for rural tourism: Does it make a difference? Annals of Tourism Research, 27(4), 1007–1024.

[127]Flinn, W.L. (1982). Communities and their relationships to agrarian values. In W.P. Brown and P.F. Hadwinger (eds.), Rural Policy Problems. Lexington: D.C. Heath, pp. 19–32.

[128]Gilbert, D. & Tung, L. (1990). Public organizations and rural marketing planning in England and Wales. Tourism Management, 11(2), 164–172.

[129]Goffman, E. (1959). The Presentation of Self in Everyday Life. Garden City, NY: Doubleday.

[130]Greenwood, D. J. (1977). Culture by the Pound: An Anthropological Perspective on Tourism as Cultural Commoditization. İn V.L. Smith (ed.), Hosts and Guests (pp.129 – 139).

[131]Hall, C. M. (2005). Rural Wine and Food Tourism Cluster and Network Development.In D. Hall, I. Kirkpatrick & M. Mitchell (eds.), Rural Tourism and Sustainable Business. Clevedon, UK: Channel View Publications, pp. 149–164.

[132]Johnson, D.M. (1981).Disney World as structure and symbol: Recreation of the American experience. The Journal of Popular Culture, 15 (1), 157–165.

[133]Kim, G. W. , Kang, W. , Park, C. R. & Lee, D. (2018). Factors of spatial distribution of korean village groves and relevance to

landscape conservation. Landscape & Urban Planning, 176, 30–37.

[134]Kim, H. & Jamal, T. (2007). Touristic quest for existential authenticity. Annals of Tourism Research, 34 (1), 181–201.

[135]King, M. J. (1981). Disneyland and Walt Disney World: Traditional values in futuristic form. The Journal of Popular Culture, 15 (1), 116–140.

[136]Knudson, D.M. (1984). Outdoor Recreation. New York: Macmillan.

[137]Lane, B. (1994). What is rural tourism? Journal of sustainable tourism, 2 (1–2), 7–21.

[138]MacCannell, D. (1973). Staged authenticity: Arrangements of social space in tourist settings. American journal of Sociology, 79 (3), 589–603.

[139]Moore, A. (1980). Walt Disney World: Bounded ritual space and the playful pilgrimage center. Anthropological Quarterly, 207–218.

[140]Mormont, M. (1987). Tourism and Rural Change. In M. Bouquet and M. Winter (eds), Who From Their Labours Rest? Conflict and Practice in Rural Tourism, Avebury, Aldershot, pp.35–44.

[141]Murdoch, J. (1993). Review of the economic impact of holiday villages for the UK Rural Development Commission. Journal of Sustainable Tourism, 1 (2), 145.

[142]Nilsson, J.E. (1995). Industrialiseringen i Sverige. Stockholm: Liber.

[143]Nilsson, P. Å. (2002). Staying on farms: An ideological background. Annals of tourism research, 29 (1), 7–24.

[144]OECD (1992). Business and Jobs in the Rural World. Paris: OECD.— (1993). What Future for our Countryside: A Rural Development Policy. Paris: OECD.— (1994).Tourism policy and international tourism in OECD countries: 1991–1992. Paris: OECD.

[145]Pacione, M. (1984).Rural Geography.London: Harper&Rowe.

[146]Perales, R. M. (2002). Rural tourism in Spain. Annals of Tourism Research, 29 (4), 1101–1110.

[147]Plog, S.C. (1991). Leisure Travel: Making it a Growth Market

Again. New York: John Wiley & Sons.

[148]Rahman, A. A., Hasshim, S. A. & Rozali, R. (2015). Residents' preference on conservation of the malay traditional village in kampong morten, malacca. Procedia – Social and Behavioral Sciences, 202,417–423.

[149]Reichel, A., Lowengart, O. & Milman, A. (2000). Rural tourism in Israel: service quality and orientation. Tourism Management, 21 (5),451–459.

[150]Redfoot, D. L. (1984). Touristic authenticity, touristic angst, and modern reality. Qualitative Sociology,7 (4),291–309.

[151]Robinson, G.M. (1990). Conflict and Change in the Countryside. London: Belhaven.

[152]Runte, A. (1990). Trains of Discovery. Niwot: Colorado, Rinehart Press.

[153]Saarinen, J. (1998).' The Social Construction of Tourist Destinations'. In G. Ringer (ed.), Destinations: Cultural Landscapes of Tourism, London: Routledge.

[154]Savvides, A., Michael, A., Malaktou, E. & Philokyprou, M. (2016). Examination and assessment of insolation conditions of streetscapes of traditional settlements in the eastern mediterranean area – sciencedirect. Habitat International,53 (4),442–452.

[155]Setijanti, P., Defiana, I., Setyawan, W., Silas, J., Firmaningtyas, S. & Ernawati, R. (2015). Traditional settlement livability in creating sustainable living. Procedia – Social and Behavioral Sciences,179,204–211.

[156]Sharpley, R. (2002). Rural tourism and the challenge of tourism diversification: the case of Cyprus. Tourism Management,23(3), 233–244.

[157]Swarbrook, J.(1999). Sustainable Tourism Management,D.C: CABI.

[158]Taylor, J. P. (2001). Authenticity and sincerity in tourism. Annals of tourism research,28 (1),7–26.

[159]Trilling, L. (1972). Sincerity and authenticity. Cambridge,

MA: Harvard University Press.

[160]Urry, J. (1995), Consuming Places. London: Routledge.

[161]Wang, N. (1999). Rethinking authenticity in tourism experience. Annals of Tourism Research, 26 (2), 349–370.

[162]Wang, N. (2000), Tourism and Modernity: A Sociological Analysis. Pergamon, Amsterdam.

[163]WTO (World Tourism Organization) (1996). Rural Tourism to the Rescue of Europe's Countryside. WTO News, 3, 6–7.